Verena von der Heyden-Rynsch

Belauschtes Leben

Frauentagebücher aus drei Jahrhunderten

———————————

Artemis & Winkler

Die Deutsche Bibliothek – CIP-Einheitsaufnahme
Heyden-Rynsch, Verena von der:
Belauschtes Leben: Frauentagebücher aus drei Jahrhunderten /
Verena von der Heyden-Rynsch. –
Düsseldorf; Zürich: Artemis und Winkler, 1997
ISBN 3-538-07045-8

Satz: Fotosatz Moers, Mönchengladbach
Druck und Bindung: Wiener Verlag
Printed in Austria
ISBN 3-538-07045-8

Für Yves

Inhalt

DIE EUROPÄISCHE TAGEBUCHTRADITION 9

ICH-ERWACHEN UND ICH-KULT IM TAGEBUCH 25
Germaine de Staël 25 · Ottilie von Goethe 28 · Adele Schopenhauer 29
Dorothy Wordsworth 33 · George Sand 36 · Maria Bashkirtseff 43

SELBST- UND FREMDBEOBACHTUNG 50
Fanny Mendelssohn 51 · Fanny Lewald 54 · Nadežda Durowa 55
Isabelle Eberhardt 59 · Annemarie Schwarzenbach 66 · Franziska zu
Reventlow 70 · Apollinaria Suslowa 76 · Lou Andreas-Salomé 86
Colette 95 · Rahel Varnhagen 99

SCHÖPFERISCHE PROZESSE – WERKSGESCHICHTE 108
Virginia Woolf 109 · Katherine Mansfield 125 · Dora Carrington 139
Catherine Pozzi 152 · Paula Modersohn-Becker 160 · Käthe Kollwitz 169

EROS UND SEXUALITÄT 181
Anaïs Nin 181 · Elsa Morante 203 · Undine Gruenter 210

DAS ZEITKRITISCHE TAGEBUCH 217
Simone Weil 218 · Simone de Beauvoir 229 · Sibilla Aleramo 244
Sinaida Hippius 251 · Alexandra Kollontaj 258 · Luise Rinser 262
Anne Frank 266

Schlußbemerkung 275

Ausgewählte Literatur 276

Bildnachweis 282

Namenregister 283

Die europäische Tagebuchtradition

>»Ich entdecke immer und immer wieder,
daß das Tagebuch eine Anstrengung gegen
das Dahinschwinden ist, gegen das Verlieren,
gegen das Sterben, gegen die Entwurzelung,
gegen Verfall und Unwirklichkeit.
Ich habe das Gefühl, daß ich etwas rette,
wenn ich es im Tagebuch aufnehme.
Dort ist es lebendig.«
ANAÏS NIN, JANUAR 1946

Ich-Kult und oft zugleich Chronik des Schöpferischen, Erfor-
schung der Selbst- und Welterfahrung, Medium der Ich- und
Zeitanalyse – stets entspringt das Tagebuch der Polarität von Ich
und Welt, wobei die Selbsterfahrung in einem gebrochenen oder
aufgeblähten Narzißmus, die Welterfahrung in einer kritischen
oder kreativen Spurensuche wurzeln kann. Das Tagebuch dient
der »Erfindung des Ichs« (Gustav René Hocke) im Bezug auf sich
selbst ebenso wie im Bezug auf den Anderen, darum bilden diese
Monologe einen Schlüssel zum Verständnis des jeweiligen Individuums wie auch seiner Zeit. Gleichzeitig ist das Tagebuch ein
Refugium, der Ort, wo das Ich, gebrochen, in Frage gestellt oder
umjubelt, sich selbst bis zur Deformation spiegeln, kritisch beobachten, mit sich selbst zaudern oder einfach sich aussprechen
kann und darf. Eine innere Aussprache, die der heimlichen
Beichte oder dem befreienden therapeutischen Dialog gleichkommt. Die eigene Befindlichkeit ist wesentliches Leitmotiv aller Tagebuchaufzeichnungen. So notierte der französische Dichter Benjamin Constant zu Beginn seines berühmten *Journal
intime:* »Ich befinde mich in einer jener Krisen des Herzens und
der Vorstellungskraft, die mehrmals meine Existenz erschüttert
haben« (6. Januar 1803). Unsere sogenannte Seele ist aber ebenso

dem eigenen wie dem fremden Blick unterworfen. Ein Tagebuch wie das der Russin Marie Bashkirtseff, das dem Ich-Kult eine absolute Priorität einräumt, kann nicht umhin, ein sporadisches Augenzwinkern, wenn nicht einen pseudo-verschämten Blick auf den Fremdbeobachter zu werfen. Kein Ich kann letztlich ohne ein Du existieren, auch extrem narzißtische Tagebücher zeugen davon. Die Widerspiegelung im Anderen, und gerade die pathologische, bestärkt das Ich, steigert oder löst es unter Umständen auf. Das Tagebuch, das oft zur »Klagemauer« reduziert, ja geradezu degradiert wird, bildet ferner einen Aufbewahrungsort für »Verbotenes«. Begierden, Wünsche, Träume, Rankünen, die nirgendwo anders dem geduldigen Papier anvertraut werden können, schlagen sich hier hemmungslos nieder. Die Dialektik vom »Enthüllen im Verstecken« (Hocke) erreicht in diesen Aufzeichnungen einen brisanten Höhepunkt: Die Lust der Aussprache, die geradezu ein physisches Bedürfnis werden kann, der Zwang des Niederschreibens, der einer harten Disziplin gleichkommt, legen Ungesagtes, Unterdrücktes, vielschichtig Verborgenes bloß, wenn nicht ausdrücklich, dann doch in Andeutung spürbar. Das gilt besonders für das politische oder erotische Tagebuch. Die Erfahrung der Unfreiheit im öffentlichen wie privaten Bereich, die Angst vor Denunziation oder Indiskretion führt nicht selten zu einer verschlüsselten Sprache. Ein bestürzendes Beispiel dafür bildet das Tagebuch der russischen Botschafterin Alexandra Kollontaj. In eroticis sei auf Katherine Mansfields *Journal noir* hingewiesen, ein Dokument ihrer Bisexualität, das die Stationen ihrer aufflammenden Passion oder ihrer resignierten Abkühlung in einzigartiger Weise einfängt.

Die Lektüre eines Tagebuchs beinhaltet stets auch ein voyeuristisches Element. Jeder Leser lüftet Geheimes, für ihn nicht Bestimmtes, manchmal der Öffentlichkeit bewußt Entzogenes. Formulieren ist eine Form des Sich-Auslieferns, und selten sorgen der Verfasser oder seine Erben dafür, daß die Aufzeichnungen rechtzeitig verschwinden.

Das Schreiben vollzieht sich in der Abkehr von der Welt, der

Diarist ist ein Mensch der Einsamkeit, im Sinne des Goetheschen Wortes: »Ich kehre in mich zurück und finde eine Welt« *(Werther).* Diese Aufzeichnungen werden als »Leben meines Lebens« erlebt und gedeutet, wie es bei Katherine Mansfield der Fall war oder auch als »uterine und mütterliche Geborgenheit« (Béatrice Didier). Berühmte Tagebuchschreiber wie Henri-Frédéric Amiel, Stendhal oder Benjamin Constant haben einen frühen Mutterverlust erlitten, ob aber das Tagebuchschreiben stets einer autistischen, femininen oder inzestuösen Veranlagung entspringt, wie es die französische Spezialistin vertritt, sei dahingestellt. Sicher ist, daß »die Erfindung des Ichs«, die das Tagebuch anstrebt, stets eine Doppelrolle impliziert: Das handelnde Ich steht dem beobachtenden, schreibenden Ich gegenüber. Das ist Subjekt und Objekt zugleich. Dabei bezieht sich die Authentizität der Eintragungen nicht immer unmittelbar auf ihren Wahrheitsgehalt. Das Tagebuch kann ein Freiraum der Selbstverfälschung par excellence werden, denn vermengt und damit verfärbt wird darin alles mögliche: das faktisch Gegebene, das heimlich Erwünschte, das bewußt-unbewußt Verdrängte. Ein spannendes bis erschütterndes Maskenspiel.

Definieren läßt sich das Tagebuch nur annähernd als Niederschrift eines individuellen, primär subjektiv getönten Lebenslaufs. Entscheidendes Kriterium ist die Periodizität: Tag für Tag wird notiert. Erlebtes, Erspürtes schriftlich fixiert, erläutert. »Nulle die sine linea« nahm sich der obsessivste Tagebuchschreiber das 19. Jahrhunderts, Amiel, vor. Teilweise ließe sich von einer »écriture automatique« sprechen, denn für die Niederschrift eines Diariums gibt es keine ästhetischen Normen, das bestimmende Zentrum ist der Verfasser selbst. Darum ist in den meisten Fällen die Struktur keine literarische, sondern eine »seelische«, die keinem künstlerischen Gestaltungswillen folgt. Dies darf gewiß nicht absolut gesetzt werden. Es gibt neben rein persönlichen, »intimen« Tagebüchern auch solche, die sich als Lebensdokument verstehen oder als Arbeitsfeld, das ständig verändert wird.

Obwohl »unliterarisch« im eigentlichen Sinne, fragmentarisch und repetitiv, ist das Tagebuch eines schöpferischen Menschen stets eine Chronik seines kreativen Schaffens. Was Paul Valéry für den Schriftsteller sagt, trifft auf alle Künstler zu: »Tout Journal de l'ego devient vite un journal de l'ego scriptor.« Dabei sind mannigfache Varianten möglich. Das Tagebuch kann ein Notizheft zukünftiger Kompositionen sein, aber ebenso ein Mittel zur Selbstberatung und Selbstkritik, wie es bei Virginia Woolf der Fall war. Besonders faszinierend ist es, wenn die Aufzeichnungen schöpferische Prozesse widerspiegeln und somit zur »ununterbrochenen Genesis eines Werkes« werden wie bei der franko-amerikanischen Schriftstellerin Anaïs Nin. Der Zwiespalt von Geist und Leben wird darin ausgekämpft, auch wenn der Konflikt zwischen unmittelbarem Lebenwollen und Selbstaufgabe um des Werkes willen teilweise ungelöst bleibt bzw. nur in der Dichtung überwunden werden kann.

Das Tagebuch kreativer Menschen bildet oft auch ein alternatives Ausdrucksmittel zu ihrem künstlerischen Werk und eine andere Art, subjektive Wirklichkeit einzufangen. Unter Umständen aber auch einen Ersatz: Gelebt und geschrieben wird nur noch im Tagebuch, scharfe Übergänge zwischen dem Persönlichen und dem Schöpferischen gibt es grundsätzlich dabei nicht. Stets sind diese Notate ein unverkennbarer Ausdruck des individuellen Ichs und ebenso ein mehr oder weniger gelungener Versuch, durch das Werk über sich selbst souverän zu werden.

Der Niederschlag individueller Welterfahrung und -gestaltung führt zu einem distanzierten, wenn nicht sogar kritischen Blick auf die Welt. Es geht selten im Tagebuch nur um eine Spiegelung der Bildungsgeschichte einer Zeit, wie Hocke es erläutert, sondern meist um Zeitanalyse schlechthin. Diese natürlich durch das Prisma des alles bestimmenden und damit verfärbenden oder deformierenden Ichs.

Welche Funktion erfüllt das Tagebuch für seinen Verfasser? Gewiß eine therapeutische ebenso wie eine ethische und eine ästhetische. Zunächst zweifellos eine heilende: Das Tagebuch dient einer Auseinandersetzung mit dem eigenen Ich, einer bekennenden Konfrontation mit den selbst auferlegten oder durch Erziehung aufgezwungenen Lebensentwürfen, Optionen und Prioritäten. Vor allem aber mit der individuellen Vergangenheit und Gegenwart: Phantasmen werden beschworen, Verdrängtes teilweise beleuchtet, freigesetzt, schriftlich eingefangen und damit im Glücksfall erkannt. Der Wille, Gelebtes sprachlich auszuformen, und sei es in einer rohstoffartigen, unliterarischen Form, gerät so in die Nähe einer ästhetischen Bewältigung. Nicht zu übersehen ist in vielen Fällen eine transzendierende, sogar transzendente Dimension. Das sich analysierende, in Frage stellende, suchende Individuum übersteigt fast unmerklich sich selbst auf ein anderes, nicht fixierbares hin.

Ein vielschichtiges Spektrum von Tagebucharten macht den Reiz dieser Notate aus. Tagebuchformen gibt es so viele wie Tagebuchschreiber. Einige Varianten lassen sich dennoch herausgreifen: das »intime« Tagebuch im engeren Sinn, dem persönlichen Leben oder Tod geweiht, das politische bzw. historische, das Tagebuch als Chronik schöpferischer Prozesse, das Notiz-, Reise-, Traumtagebuch und schließlich, als Pseudo-Variante, das fingierte Diarium. Ein weites Feld, eher ein Dickicht der Selbstbeobachtung und Selbstentblößung …

Die Vorläufer des Tagebuchs reichen zurück bis auf die persischen Herrschertaten-Berichte, in denen tagtägliche Aufzeichnungen, datiert und chronologisch geordnet, ein »Aufbewahrungsmittel« (Hocke) für ungewöhnliches Zeitgeschehen waren. Die imperiale Hof-Diaristik des Antiken Rom griff diese Form des öffentlichen Erinnerns auf, die sie mit den für die römische Kultur charakteristischen politischen Autobiographien bereicherte, und setzte mit ihr den Grundstein für die europäischen chronistischen Ereignis-Register. Parallel dazu entwickelte sich im hellenistischen Mittelmeerraum das individuelle Bewußtsein. Der Durchbruch der Subjektivität hat seine Wurzeln in den mannigfachen Texten zur Selbsterkenntnis und Selbstbeobachtung, die von Sokrates, Platon und Aristoteles überliefert wurden, in denen es aber vornehmlich um die Erkenntnis der menschlichen Natur schlechthin ging und nicht um die des einzelnen Individuums. Die *Selbstbetrachtungen, Konfessionen* und *Moralischen Schriften* von Marc Aurel, Augustinus und Seneca, die als erste Welt- und Menschendeutung mit Ich-Analyse verbanden, bilden eine kulturgeschichtliche Antwort auf das griechische Erbe. Der Subjektivismus der Spätantike, einer Zeit schwerster politischer, sozialer und geistiger Krisen, wandte sich immer mehr der Problematik der menschlichen Existenz zu.

In der Renaissance vereinten sich griechisches und römisches Gedankengut allmählich. Die Tradition chronistischer Berichte des Alten Rom und die Denkansätze hellenistischer »Subjektivitätsliteratur« bahnten gemeinsam den Weg für die sich entwickelnde Tagebuchkultur Europas.

Ein frühes, anonymes Chronik-Tagebuch stammt aus Frankreich: *Journal d'un bourgeois de Paris* (1405–1449), in dem Tag für Tag die sozialen Umwälzungen, die der Hundertjährige Krieg mit sich brachte, aufgezeichnet wurden. Der Schreiber läßt ein dramatisches Zeitgefühl und ein starkes subjektives Empfinden für die Veränderungen in einer endenden Epoche erkennen. Ein weiteres bestechendes frühes Beispiel bildet das Tagebuch des italienischen Malers Jacopo da Pontormo (1494–1556), verfaßt zwischen 1554–1556. Pontormo, ein Meister des psychologischen Porträts, notierte während seiner Arbeit am Chor von San Lorenzo in Florenz eingehend seine künstlerische Arbeit und die sie begleitende ästhetische Reflexion. Ergänzt wurden diese durch sehr lebensnahe Beschreibungen seiner alltäglichen Eß- und Lebensgewohnheiten, die im einzelnen kommentiert werden. Auch Leonardo da Vincis (1452–1519) Arbeitsnotizen können als eine Vorform des Tagebuchs gelten, denn sie spiegeln auf einzigartige Weise persönliche Eindrücke wie schöpferische Prozesse und kulturhistorische Fragen seiner Zeit wider.

In Deutschland gab es seit dem frühen 16. Jahrhundert sogenannte Notaten-Journale oder Privatchroniken, die auf Anregung der Humanisten entstanden, so die Albrecht Dürers zwischen 1520 und 1521 oder die des Tübinger Professors Martin Crusius aus den Jahren 1573 bis 1604. Sie offenbaren ein neues bürgerliches Standesbewußtsein und thematisieren politische, wirtschaftliche, religiöse und sogar persönliche Probleme. Später bildeten der Pietismus des 18. Jahrhunderts mit seiner berühmt-berüchtigten »Innerlichkeit« typisch deutscher Prägung und der Weltschmerz der Romantik ein fruchtbares Feld für das Schreiben von Tagebüchern. Goethes *Dichtung und Wahrheit* und sein *Werther* lösten geradezu eine Tagebuch-Epidemie aus.

Die ersten wirklich »intimen« Tagebücher Europas aber wurden in England verfaßt: Ich-Kult und Ich-Analyse blühten dort im 17. Jahrhundert bis hin zu barocken Ausschweifungen auf. Samuel Pepys, James Boswell, Lord Byron: Die Lebensfreude der Voraufklärung tat sich hier keinerlei Zwang an. Freizügige Schilderung von Privatem und entblößende Enthüllung gingen dabei Hand in Hand mit einer subtilen ästhetischen Gestaltung, die das Buchhalterische jedoch nicht ganz überwand. Gezählt, registriert, berechnet wurden stets: das Geld, die Liebesaffären, die Arbeit. So schrieb Samuel Pepys (1633–1703) am 13. November 1665: »Ich hielt Abrechnung mit Kapitän Cocke. Wir gingen nach Glanville und plauderten mit Frau Pennington, die in Kittel und Rock am Fenster saß und willig litt, daß ich ihr die Hand in den Busen steckte und sie lange dort ließ; das deucht mich seltsam, denn sie tat sehr ehrbar und dergleichen.«

Schon 1580 hatte der Gallier Michel de Montaigne in seinen berühmten *Essais* bekannt: »Ich selbst bin Gegenstand meines Buches.« Diese »Registrierungen über das eigene Ich« (Hocke) bildeten den Grundstein für die spätere Tagebuchtradition des schreibfreudigen Frankreichs. Chroniken gab es bereits seit dem 15. Jahrhundert. Dazu kamen im folgenden Jahrhundert die »Carnets« oder »Cahiers«, Notizbücher und Denkschriften aller Art. Das 17. Jahrhundert hingegen, das ganz dem Absolutismus verpflichtet war, empörte sich über den aufkommenden Subjektivismus. Im Zentrum der Weltordnung hatte Gott oder der König zu stehen, eine individuelle Aufzeichnung wäre demnach fast einem Aufruhr gleichgekommen. Erst das Jahrhundert der Aufklärung ermöglichte die Souveränität des Individuums. Die »Säkularisierung« der christlichen Gewissenserforschung und Beichte fand im Tagebuch ihr geeignetes Korrelat. Die systematische Entchristlichung sorgte für eine uneingeschränkte Selbstbespiegelung – der Apotheose des Ichs waren keine Schranken mehr gesetzt. Dem Rationalismus der Aufklärung stand der Solipsismus der Romantik gegenüber: Es gab kein Dogma mehr, keine Sünde, nur noch die totale Bejahung des einzigartigen Ichs. Die folgende Französische Revolution und die Erklärung der Menschenrechte hatten in der breiten Öffentlichkeit eine radikale Veränderung des individuellen Selbstverständnisses mit sich gebracht. Der sentimentale Individualismus der Romantik schließlich erfaßte beinahe das ganze Abendland. Interessant für die europäische Interaktion ist, daß der erste bedeutende Tagebuchschreiber Frankreichs, Benjamin Constant, in intellektuell führenden Kreisen Deutschlands verkehrte und daß der Schweizer Henri-Frédéric Amiel, der mit etwa 16 000 Seiten das umfangreichste Tagebuch verfaßte, ebenso wie der dänische Autor des fiktiven *Tagebuch eines Verführers*, Sören Kierkegaard, sich mit der romantischen Philosophie auseinandergesetzt haben.

Das neue Menschenbild der Aufklärung, die Ich-Verherrlichung romantischer Prägung und die darauf folgende Selbstanalyse, die das Problematische benannte und die individuelles Schicksal nicht nur erleiden, sondern durchschauen lehrte, haben dem Tagebuch seit Ende des 18. Jahrhunderts zur Blüte verholfen. Das Menschliche fand darin Zuflucht, Überprüfung und vor allem Durchdringung dank der befreienden Ausübung des Wortes. Auch wurden intime Tagebücher ab diesem Zeitpunkt veröffentlicht (das von Benjamin Constant 1887, und 1888 dasjenige Stendhals). Tagebücher entwickelten sich zu einer literarischen Gattung, die ihren Höhepunkt in der »Korrespondenz mit der Welt« erreichte, wie Anaïs Nin ihr Tagebuch nannte.

Im Laufe des 19. Jahrhunderts verbreitete sich das Schreiben von Tagebüchern in Rußland grenzenlos. Hocke nennt die Bevölkerung dieses Landes die »tagebuchfreudigste« Europas: »Gerade die individualistische und auch introspektive Diaristik entspricht ihrer Neigung zur Grübelei und zur Analyse aller seelischen Regungen, aber auch einer *heimlichen* Aussprache mit sich selbst über ›verbotene‹ Ideen und Weltprobleme.« Ein fesselndes Beispiel dafür ist Leo Tolstoi. In seinen Aufzeichnungen werden philosophische, oft widersprüchliche Erwägungen, sozialkritische Betrachtungen, religiöse Postulate ebenso wie die zerreißende Haßliebe zu seiner Frau bloßgelegt.

In Spanien hingegen konnte sich das Tagebuch am wenigsten durchsetzen, obwohl Ignatius von Loyola das erste religiös-subjektive Tagebuch der Neuzeit verfaßte. Der Gründer des Jesuitenordens sprach aber stets in seinem *Diario* Gott an – er legte sogar häufig seine Notate auf den Altar, um während der Messe um »Erleuchtung« zu bitten. Eine religiös sublimierte Selbstbeobachtung in Dialogform, die zur wachen Selbstkorrektur anregen sollte und den mystischen Schriften des *Siglo de oro* nahekommt. Ist Spaniens ungewöhnliche Entwicklung innerhalb Europas, die É. M. Cioran als die »eines genialen und unvollendeten Schicksals« (in *Dasein als Versuchung*) bezeichnet, seine jahrhundertelange mystische Tradition, dafür verantwortlich, daß in diesem Land das Tagebuchbedürfnis im Keim erstickt wurde?

Diese knappen Anmerkungen zur geschichtlichen Entwicklung der europäischen Diaristik zeigen, daß das 19. Jahrhundert das Zeitalter des Tagebuchs war. Zur gleichen Zeit, als fieberhaft »Intimes« niedergeschrieben und teilweise versteckt wurde, loderte auch ein neues Interesse für Memoiren und Chroniken aller Art auf. Die Gründe hierfür liegen vermutlich im Historismus der Romantik und ihrer Ästhetik, die das Fragmentarische, das Diskontinuierliche bevorzugte.

Ungeachtet aller nationalen Unterschiede sind sich jedoch alle Tagebuch-Experten darin einig, daß es sich um ein *europäisches Phänomen* handelt. Für Hocke stellt sich das Tagebuch dar als ein »Ausdruck von Menschen, die eine subjektive Problematik erleben in einer Kultur, die schon nach ihrem ersten Höhepunkt im Griechenland des Perikles als problematisch empfunden wurde – bis sich allmählich geradezu eine Kultur des Problematischen, des In-Fragestellens, der reflektierenden Selbst- und Weltbeobachtung entwickelte«. In diesem Sinne stimmen die Tagebuchepochen mit den manieristischen Strömungen in Kunst und Literatur überein. Schon Goethes Bemerkung zu Eckermann am 21. Januar 1826 faßt diese Deutung in einem paradigmatischen Satz zusammen: »Alle im Rückschreiten und in der Auflösung begriffenen Epochen sind subjektiv, dagegen haben alle voranschreitenden Epochen eine objektive Richtung.«

Charakteristisch für das neuzeitliche Tagebuch sind die Spannungsverhältnisse, die das europäische Empfinden und Denken grundlegend bestimmen und die sich in den persönlichen Notaten widerspiegeln. Die Polarität von Mythos und Begriff, Transzendenz und Immanenz, Geist und Seele, Intuition und Analyse, Logik und Traum ist das europäische Merkmal schlechthin. Leitmotiv des abendländischen Bewußtseins ist das Spannungsverhältnis zwischen überlieferter Tradition und neuen Denkimpulsen. Mit der Auseinandersetzung, die zwischen diesen beiden Polen stattfindet, entwickelt sich europäisches Bewußtsein. Dies bedeutet allerdings nicht ein Gefangensein in den eigenen Denksystemen und der Geschichte, wie es der berühmte Europäer Denis de Rougemont formulierte: »Europa wird beim Suchen erschaffen.« Diese Suche wird glücklicherweise seit jeher von vielen fremden Quellen befruchtet und bestimmt.

Paradoxerweise ist neben dem problematischen Bewußtsein der Neuzeit eine weitere europäische Überlieferung bestimmend für das intime Tagebuch: die christliche Mystik. Jeder noch so amoralische Chaotiker bewegt sich im Raum dieser jahrhundertealten, durch die Weltdeutung des christlichen Glaubens geprägten Geschichte. De Sades tagebuchartiges *Portefeuille d'un Homme de Lettres* ebenso wie Baudelaires *Mon Cœur mis à nu* stehen noch in einem unmittelbaren Verhältnis zum Mysterium. Ganz zu schweigen von den existentiellen Tagebüchern des 20. Jahrhunderts.

18

In der Geschichte des europäischen Tagebuchs ist eine Variante überaus fesselnd: das Erscheinen der Frau in einer literarischen Gattung, die, wie viele andere, jahrhundertelang männlicher Autorschaft vorbehalten war. Ein Blick auf die Vergangenheit verrät Unerhörtes: »Diese Seite las sie nun vor, sie war sehr scharf, in Englisch geschrieben, dazu das meiste sehr wahr, von wegen ihres zurückgezogenen Lebens, und wie wenig angenehm das für sie sei ... Ich regte mich sehr auf und befahl ihr, die Abschrift zu zerreißen. Als sie sich weigerte, riß ich ihr den Zettel aus der Hand und zerfetzte ihn, nahm dann auch das ganze Bündel an mich, sprang aus dem Bett und stopfte es in meine Hosentasche, damit sie es mir nicht wegnehmen konnte. (...) Ich nahm ein Blatt nach dem anderen heraus und zerriß es vor ihren Augen, obwohl mein Herz dabei blutete, da sie weinte und bat, es nicht zu tun.« (9. 1. 1663). Samuel Pepys, der berühmteste Tagebuchschreiber der Neuzeit, verging sich so an seiner Frau. Heute delektieren wir uns an seinem *Diary* – das von Lady Pepys ist vernichtet.

Die Bedeutung weiblicher Tagebücher ist unbestreitbar. Früh fingen Frauen an, Tagebuch zu führen. Es war eine, wenn nicht die einzige Möglichkeit, sich schriftlich zu äußern, ohne die Konfrontation mit der Öffentlichkeit oder mit dem eigenen Ehemann zu riskieren.

Ähnlich wie der Briefwechsel bot das Tagebuch der Frau eine mögliche literarische Ausflucht. Hocke spricht in diesem Zusammenhang von einem »erregenden Farbton in der diaristischen Literatur Europas«. Gewiß erregend, aber oft ein notgedrungen selbstgewähltes Refugium, da andere Formen der schriftlichen Selbstfindung und Mitteilung nicht gestattet waren. Gewöhnlich waren diese Tagebücher vom Ende des 18. und vom 19. Jahrhundert, trotz ihrer kundigen Feder, weniger überarbeitet und stilistisch unausgefeilter als die männlichen. Oft stellten sie einen Urschrei oder die Widerspiegelung des »geliebten Wesens« dar. Das Paradox, stets – auch im Journal intime – in Bezug zum anderen zu stehen, ist ein Wesensmerkmal der weiblichen Tagebuchaufzeichnungen. Nicht das Ich, sondern das Du, wenn auch immer wieder gebrochen, ist lange Zeit hindurch Thema und Fundament der meisten Frauentagebücher gewesen. Die Auflösung der eigenen Person im Gegenüber hat ergreifende Zeugnisse hinterlassen: die liebevollen Tagebücher von Dorothy Wordsworth und Madame de Lamartine, ganz zu schweigen von dem Sofja A. Tolstois oder Anna G. Dostojewskijs.

Gleichzeitig gab es auch kreative Formen des Tagebuchs. Für diese Autorinnen war das Schreiben ein Mittel der Selbstfindung und Selbstverwirklichung. Das erste dieser Gattung, 1785 verfaßt und nicht ganz 20 Seiten lang, war das *Journal de mon cœur* der berühmten Germaine de Staël; es läßt bereits das spätere Werk erahnen. Die Autorin war damals 19 Jahre alt und noch keine »Femme de Lettres«. Ihren Aufzeichnungen, meist über familiäre Ereignisse oder über das eigene Gefühlsleben, haftet etwas Kindliches an, dennoch sind Leitmotive ihres späteren Schaffens bereits erkennbar.

Die turbulente George Sand räumte als erste dem Ego eine dominierende Rolle in ihrem Tagebuch ein. In Zeiten der Depression oder des sentimentalen Leerlaufs beschäftigte sie sich unbarmherzig mit dem eigenen Ich, dessen geschwächte Kreativität sie erzürnte und niederdrückte. Zwar mißtraute sie grundsätzlich ihrem Tagebuch, das für sie ein Zeichen von Stagnation, ein Ersatz, nur ein Begleiter in bitteren Durststrecken war, dennoch gehört es zu den interessantesten Selbstzeugnissen schöpferischer Frauen.

Kennzeichnend für das weibliche Tagebuch ist meist ein scharfes Beobachtungsvermögen, das in subtilen Miniaturporträts besonders in Erscheinung tritt. Nicht Klatschen oder erotische Enthüllungen sind dort maßgebend. Entscheidend ist der Blick – der eigene wie der des anderen.

Ein typisches Beispiel dafür bildet das Tagebuch der Baronin von Spitzemberg (1843–1914), eine Mischung aus Memoiren und intimen Aufzeichnungen, das sie sechs Jahrzehnte hindurch geführt und nicht zur Veröffentlichung bestimmt hatte. Sie war eine »heimliche diaristische Sibylle in Berlin, eine verborgene Diagnostikerin, die die abfallenden Kurven der ›Dekadenz‹-Epoche aufzeichnete wie ein Arzt die Fieberkurven eines Kranken« (Hocke). Die persönlichen Erfahrungen in der Berliner Hofgesellschaft, die die Brüchigkeit dieser Epoche klar vor Augen führen, werden darin in knappen Worten, mit Zitaten, Anekdoten, Indiskretionen, zugleich auch sehr kritischen Bemerkungen wiedergegeben. Das sehr subjektive Beobachten und Beurteilen macht den besonderen Reiz dieses Tagebuchs aus. Ein Jahrhundert früher und unter ganz anderen Vorzeichen wurde das Lebensbuch der Margarethe Elisabeth Milow (1748–1794) verfaßt, einer Hamburger Bürgersfrau, die für ihre acht Kinder und für den geliebten Ehemann mit dreißig Jahren begonnen hatte, ihr Leben aufzuschreiben. »Margarethe Elisabeth Milows ›Vermächtnis‹ ist alles das, versteht sich, tiefes 18. Jahrhundert, aber eben doch noch ein bißchen mehr, ja, ein bißchen mehr. Nämlich ein naives Meisterwerk, ein endlich, glücklich gehobener Schatz der deutschen Literatur. Eine gerettete Stimme« (Benedikt Erenz). Ihre Aufzeichnungen sind eine »Kette von Chroniken«, in denen Liebesgeschichte, Lebensstrategien, und seien es die des Verzichts, Krankheitsberichte und wie bei Pepys viele, viele Geldüberlegungen und -probleme vorkommen. Eine unüberhörbare Stimme, die aus einem Pfarrhaus in Wandsbek bei Hamburg bis heute herüberklingt.

Die subjektive, vom Emotionalen getragene Welt- und Ich-Analyse bildet bei den Frauentagebüchern eine Konstante. Auch die nüchternste Vertreterin dieser Gattung, die französische Autorin und Mystikerin Simone Weil, die ihrem sozialpolitischen Engagement eine uneingeschränkte Priorität eingeräumt hat, konnte sich in ihren *Carnets* nie der Kontrapunktik von objektiver und zugleich sehr subjektiver Stellungnahme entziehen. In diesem Zusammenhang sei auf das religiös-mystische Frauentagebuch hingewiesen, zu dem die *Carnets* teilweise gehören. Auffallend ist, wie viele religiöse Tagebücher von Mädchen und Frauen verfaßt worden sind. Der geheime mystische Dialog mit Gott wird darin als Monolog festgehalten und verklärt. Der introspektive Ich-

Kult wird überwunden, die Erfahrungsgrenze um Unendliches erweitert.

Wurden in vergangenen Jahrhunderten schon manche Tagebücher von kreativen Frauen verfaßt, zum Beispiel von Madame de Staël, George Sand, Fanny Mendelssohn, Adele Schopenhauer, so hat diese Spielform des »Journal intime« in unserer Zeit einen geradezu explosiven Höhepunkt erreicht. Das Tagebuch dient aber ohne Zweifel weiterhin dem Ich-Kult. Marie Bashkirtseffs Zeugnis eines verzehrenden Lebenshungers bildet das Paradebeispiel eines weiblichen Narziß, der unerschrocken und permanent sich selbst und das eigene Scheitern protokolliert. Ihr Tagebuch hat viele Künstler fasziniert, so Hugo von Hofmannsthal, und zahllose Mädchen und Frauen, zum Beispiel Katherine Mansfield, dazu angeregt, selbst eines zu führen.

Entscheidend ist aber in unserem Jahrhundert, daß die Tagebücher nicht allein der »Erfindung« und Stilisierung der eigenen Person dienen oder ein memoirenhaftes Notatenbuch über zeitgeschichtliche Wandlungen darstellen, sondern daß sie der Freiraum für schöpferische Prozesse werden, vornehmlich von literarischen. Das Tagebuch wird ein Vorfeld der Schreibkunst, ein Instrument, um sie zu üben und kritisch zu hinterfragen. In diesem Sinne schreibt Leonard Woolf in seinem Vorwort zu Virginia Woolfs *A Writer's Diary*: »Das Tagebuch von Virginia gibt uns ein sehr originelles, psychologisches Bild der schöpferischen Arbeit von innen gesehen.« Ganz neu ist dies gewiß nicht: Schon im 19. Jahrhundert klang leitmotivisch in vielen Tagebüchern die Bewältigung des widersprüchlichen Daseins durch die schöpferische Betätigung an. So schrieb bereits Baudelaire: »Ständig werden wir von der Vorstellung und vom Gefühl der Zeit erdrückt (...) Nur zwei Mittel gibt es, um diesem Alpdruck zu entrinnen –, um zu vergessen: das Vergnügen und die Arbeit. Das Vergnügen braucht uns auf. Die Arbeit stärkt uns. Wählen wir.«

Im 20. Jahrhundert ist das Tagebuch für Künstlerinnen und Literatinnen ein Schauplatz ersten Ranges geworden, ein unverzichtbares Feld der Selbsterkenntnis und -behandlung, Mittel zur Bewältigung innerer wie äußerer Erlebnisse, Werkstatt schlechthin der untrennbaren Einheit von Leben und Kunst. Die Begegnung mit dem »Kairos im Laboratorium« ist allemal faszinierend. Kairos, von den Römern »occasio« genannt, ist in der griechischen Mythologie der Gott des günstigen Augenblicks, der »begnadeten« Stunde, in der dem Künstler der ersehnte schöpferische Einfall zuteil wird. Fast könnte man diese Begegnung eine individuelle Schöpfungsgeschichte nennen, die dem Tagebuch fragmentarisch oder auch bereits in kritischer Auseinandersetzung anvertraut wird.

Im Tagebuch mit überwiegend kreativer Problematik kommt oft die »gewöhnliche« Wirklichkeit nur als Mittel zum Zweck vor, als Rohstoff für spätere Werke. Rilke und Hofmannsthal sind typische Beispiele dafür. Die Werkintimität des Künstlers ist dabei vorrangig, das Tagebuch wird zu einem Dokument der individuellen Bildungsgeschichte. Die Bewältigung im kreativen Bereich legt aber stets ebenso viel menschlichen wie künstlerischen »Stoff« bloß. Der individuelle Charakter, das Temperament, die vielschichtigen Veranlagungen, das sogenannte »Psychische«, bestimmen jedes Tagebuch, seinen Inhalt wie seinen Stil. Dieses gilt gleichermaßen für das eher sachlich-dokumentarische wie für das betont ichbezogene oder werkentwerfende. Immer ist das Tagebuch ein weites Feld der Menschenkunde, des Allzumenschlichen. Die Megalomanie, sich selbst als »Leuchtturm der Menschheit« zu sehen, »alle Tage der Größte der Menschen sein wollen« (Baudelaire), und zugleich das Erkennen der Brüchigkeit, des Ringens um unerreichbare menschliche Größe im individuellen wie im politischen Bereich, fließen darin zusammen. Letztlich stellt das Tagebuch stets »die Frage nach dem Sinn des menschlichen Daseins in Form eines menschlichen Zwiespalts« (Hocke). Ob es aber bestrebt ist, das Humane zu retten, bleibt zu fragen. Reflexion ja – Rettung eher selten, zumal nicht im Tagebuch der Moderne, das meist einen einzigen Maßstab anerkennt: das problematisierte Ich. Die Formulierung und die damit verbundene

Einsicht in die Ambivalenz der menschlichen Natur bildet noch keinen Schritt in Richtung Befreiung oder Rettung. Wir sind weit entfernt von Marc Aurels ethischen *Selbstbetrachtungen* oder Blaise Pascals *Pensées* ebenso wie von Kierkegaards glühender Gottessuche oder Amiels »intellektuell-harmonisierender Lebensgeometrie« – eine bohrende Frage, auf die es heute keine Antwort gibt.

Gegenstand des folgenden kulturgeschichtlichen Streifzugs sind nicht Künstlertagebücher im allgemeinen, sondern eine ihrer faszinierendsten Spielarten: die Tagebuchaufzeichnungen europäischer Schriftstellerinnen und Künstlerinnen, die im ausgehenden 18. Jahrhundert ihren Anfang nahmen und im 20. Jahrhundert eine Blüte erreichten.

Ich-Erwachen und Ich-Kult im Tagebuch

»Es ist ihr Nervensystem das feinste
und komplizierteste Musikinstrument
im Dienste der Subjektivität,
das sich denken läßt.«
HUGO VON HOFMANNSTHAL

Das Menschliche, Allzumenschliche eines frühzeitigen weiblichen Ich-Kultes bzw. einer Ich-Analyse stellt sich im Tagebuch der jungen Mademoiselle Necker, der späteren MADAME DE STAËL, höchst eindringlich dar. Anne Louise Germaine (1766–1817), einzige Tochter des angesehenen Finanzministers Ludwigs XV., stürmische Geliebte des Schriftstellers Benjamin Constant und erbitterte Feindin Napoleons, die das geistige Erbe des 18. Jahrhunderts jenseits der Französischen Revolution fortgeführt und die aufgeklärte, universal gebildete und ebenso kühnromantische europäische Frau personifiziert hat, fing schon früh an, ein persönliches Tagebuch zu führen. Leider wurde es von der Verfasserin selbst gekürzt, geradezu verstümmelt – selbstkritisch gibt sie auch den Grund dafür an: »Es gibt Regungen, die ihre Selbstverständlichkeit verlieren, sobald man sich an sie erinnert oder sich vornimmt, sich daran zu erinnern.« Dennoch stellt es auch in fragmentarischer Form ein kostbares Dokument der europäischen Tagebuchschreiberei dar.
Kaum neunzehnjährig entschloß sich die junge, in Paris ansässige Schweizerin, das *Journal de mon cœur* zu schreiben. Ihr Projekt, Tag für Tag das eigene Leben und ihre Gefühle schriftlich zu

fixieren, verrät ein wachsendes Bedürfnis nach Ich-Analyse durch Widerspiegelung im Tagebuch. »Leben, um sich selbst zu schreiben«, lautete ihre Devise, darin dem Vorsatz ihres späteren Liebhabers Benjamin Constant ähnlich, der sein Tagebuch »wie sein Leben« behandelte. Recht bald sah Mademoiselle Necker ein, daß fast alles, was sie erlebte und niederschrieb, zum Rohstoff für ihr späteres Werk wurde. Noch war sie weit davon entfernt, eine berühmte »femme de lettres« zu sein, dennoch bildete von Anfang an das Projekt der Literarisierung ein Teilziel ihrer persönlichen Notate. Zunächst galt aber ihre Aufmerksamkeit der Entdeckung des eigenen Ichs, die von rousseauischer Rhetorik geprägt war: »Ich schäme mich keineswegs meines Herzens und einsam im Schweigen der Leidenschaften fühle ich es noch für Ehre und Tugend schlagen.« Die Einsicht in die Unzulänglichkeit des Formulierten war ihr indes klar. So begann sie oft ihre Tagebuchseite mit dem Satz: »Malheur à celui qui peut tout exprimer« (Wehe dem, der alles ausdrücken kann). Stets standen ihr vor Augen die »Seelenruhe«, »die erhabene Höhe, wo das Genie zur Ruhe kommt«, das ersehnte »Wunder« einer ausgleichenden Gelassenheit, eines fortwährenden Glückes – sie wurden ihr aber nie zuteil. Wilhelm von Humboldt, der dieser turbulenten Europäerin freundschaftlich zugetan war, schrieb über sie: »Sie hat keine Stille im Gemüt.«

Mittelpunkt des Jugendtagebuches bildete neben der steten Ich-Analyse der über alles geliebte Vater (»Von allen Männern auf dieser Welt hätte ich ihn mir als Liebhaber gewünscht«), den sie geradezu leidenschaftlich aufforderte, an ihren inneren Explorationen teilzunehmen. Seine Maxime »Das Herz des Menschen ist ein Gemälde, das man aus der Entfernung betrachten sollte, dort wo der weise Anordner der Natur es hingestellt hat« wählte sie als Epigraph ihrer Notate. Unbewußt, geradezu »unschuldig« kommt hier die Duplizität des intimen Tagebuchs zum Ausdruck: Man schreibt nur für sich, ersehnt aber gleichzeitig den liebevollen, vertrauten Leser.

Wie Jean Starobinski eingehend in seinem Kommentar zum

Journal erläutert, sieht man auf diesen knappen Seiten eine junge Frau, die vor dem Vater bereits die Gesten und Attitüden einübt, die sie später auf der Weltbühne mit anderen Partnern weiterentwickelt hat. Der ständige Rekurs auf den Gedanken des Opfers ist dabei mehr als frappierend: Alles soll erobert, bezwungen werden, um es dem geliebten Wesen hinzugeben: »Ich möchte von der ganzen Welt angebetet werden, um alles einem einzigen zu opfern…« Gemeint war zweifelsohne der Vater. Louise Germaine war aber zu klug, um sich selbst etwas vorzumachen. Sie wußte, daß ihre äußerlichen Reize sie nicht zum »Objekt der Begierde« machten. Sie war keine hübsche Frau, also mußte sie, um »Anbetung« zu erzielen, ihre überragenden geistigen Fähigkeiten einsetzen. Schon recht früh erkannte sie ernüchtert und melancholisch, daß sie den Beifall und die schrankenlose Bewunderung aller gewinnen mußte, um die Liebe eines einzigen erwecken und bewahren zu können. Diese Einsicht, die im Jugendtagebuch explizit formuliert wird, findet einen breiteren Niederschlag im 1836 erschienenen Essay *De l'influence des passions*, der dank seiner psychologischen Erkenntnisse und seines nuancierten Feminismus eine noch heute gültige Analyse seelischer Vorgänge darstellt.

Das kurze Tagebuch berichtet aber nicht nur über die eigenen Seelenregungen und über den angebeteten Vater, dessen Tod ihr stets vor Augen stand als das größte Unglück ihres Lebens (»O Gott, erspare meinem Herzen ein Unglück, das ich nicht einmal benennen möchte. Würde es mich jemals treffen, verzeihe meinem Herzen, das es zu Dir eilt und sich an Deinem Werk vergreift«), sondern auch über mannigfache Begegnungen, kurze Besuche im elterlichen Haus, sei es, daß es eine Prinzessin oder ein Theoretiker der militärischen Taktik waren, die sie mit kundiger Feder skizzierte. Germaines scharfer Blick erkannte, durchschaute allemal. Besonders brisant gestaltete sich ihre erste Begegnung mit Monsieur de Staël, dem schwedischen Gesandten, den der Vater ihr als künftigen Ehemann erkoren hatte. »Er ist ein durch und durch redlicher Mann, unfähig, etwas Unschickliches weder zu äußern noch zu tun, aber steril und kein Mensch, der sich zu helfen weiß. Unglücklich kann er nur jemand machen, weil er nichts zum Glück beiträgt, nicht weil er dieses trübt. (...) Monsieur de Staël mit seinem hübschen Gesicht, mit seiner Kenntnis der Tanzkunst gestaltete vorzüglich seine Schritte, aber seinen Bewegungen fehlte es an Seele, sein auf mich fixierter Blick war weder durch Geist noch Herz belebt.«

Das Schweizer Schloß Coppet, das Monsieur Necker im Mai 1784 erworben hatte und mit seiner Familie bewohnte, wurde für die Tochter das Paradies schlechthin, da der geliebte Vater dort am glücklichsten war. »Dort, edle Seele, erhabene Seele, in der Zurückgezogenheit mit Frau und Tochter wirst Du den Frieden Deines Genies finden«, schrieb sie hingebungsvoll. Dennoch drohte Gefahr für das eigene, sich immer eigenwilliger behauptende Ich, und diese wurde durchaus gewittert: »Aber mein Herz, das ihn anbetet, würde schaudern, wenn die Tore sich auf immer hinter uns dreien schließen würden.« Verzehrende Gefühle gerieten hier in Streit mit einem kühlen Verstand und der geistigen Dynamik, die ein überhöhtes Ich-Bewußtsein kennzeichneten. In der letzten Aufzeichnung vom 16. August 1785 huldigte die exaltierte Tochter wieder dem Vater und der »Ausübung seines Genies in einem grenzenlosen Raum, in der Gegenwart, in der Zukunft, in Frankreich, in Europa«. Mademoiselle Necker brach hier ihr Tagebuch ab.

Kurz darauf folgten die Heirat, die Gründung eines renommierten Salons in Paris, die Hingabe an das Literarische. Als Autorin von Romanen, Essays und einer umfangreichen Korrespondenz mit allen europäischen Größen ihrer Zeit hat Louise Germaine de Staël eine grenzüberschreitende Wirkung gehabt. Sie, die Benjamin Constant die »Teuflische« nannte und sich selber als einen Menschen bezeichnete, »mit dem man ebensowenig leben kann wie ohne ihn«, hat später nie wieder Tagebuch geführt.

Ganz andere Töne schlugen die jungen deutschen Tagebuchschreiberinnen jener Zeit an: OTTILIE VON GOETHE, geborene von Pogwisch (1796–1872) und ihre Herzensfreundin ADELE

SCHOPENHAUER (1797–1849). Diese ungleichen Freundinnen fanden sich als ganz junge Mädchen in Weimar. Beide lebten »vaterlos« mit ihren Müttern zusammen. Henriette von Pogwisch war eine Hofdame der Herzogin Luise, Johanna Schopenhauer Schriftstellerin und Mutter des berühmten Philosophen. Ottilie von Pogwisch, das »Persönchen«, wie sie der berühmte Schwiegervater nannte, heiratete 1817 August von Goethe, des Dichterfürsten einziges Kind, und zog an den Frauenplan. Ihre Ehe war ein Fiasko. »Ottilie war quirlig, unstet, fühlte sich unerfüllt, verstrickte sich in träumerische Liebeleien und schrieb für sich selbst einmal den treffenden Grabspruch: ›Von Quellen umgeben, verdurstete sie, denn keine bot ihr einen frischen Trunk‹« (Karl Otto Conrady). Sie selbst bekannte, »… daß auch nicht eine gemeinschaftliche Saite in uns klingt; er würde mit jeder anderen Frau glücklicher geworden sein.« Ein verhängnisvolles Schicksal, dem nur der über alles erhabene Schwiegervater und die innige Freundschaft zu Adele Schopenhauer Halt zu gebieten schienen. Ottilie von Goethe war eine »Prinzipienmischung aus Aufklärung und Romantik«. Sie glaubte als Vorkämpferin geistiger Emanzipation, einzig ihrem Gewissen schuldig zu sein, und strebte zugleich als Verfechterin leidenschaftlicher Hingabe das Glück einer unendlichen Liebe an. Ihr kurzes Tagebuch ist als Parallele zu ihrer umfangreichen Korrespondenz mit Adele Schopenhauer interessant. Sie schrieb im geheimen über die betrüblichen Ich-Erfahrungen mit zum Teil eingebildeten Liebhabern. Die Tagebuchaufzeichnungen, die sich einer Ich-Analyse teilweise nähern, richten sich an die Seelenschwester. Die vertraute Freundin wurde zur stets mitlesenden dritten Person, vor der keine Schranken bestanden. Eine typische Erscheinung für das ausgehende 18. / beginnende 19. Jahrhundert.

Anders und viel weiter in der Entwicklung der Diaristik stellt sich Adeles *Tagebuch einer Einsamen* dar, das postum für Ottilie von Goethe bestimmt war. Es umfaßt die vier Jahre, die für ihr Leben entscheidend waren, 1823–1826, und birgt die Geschichte einer hoffnungslosen Liebe, die die junge Frau zur im Schmerz gereiften Einsamen verwandelt hat. Das Tagebuch liest sich wie ein erschütternder psychologischer Roman. Adele Schopenhauer, die Schwester des Philosophen, war vielseitig begabt, aber vom Leben geschunden und geschlagen. Sie war die Tochter der Hofrätin Johanna Schopenhauer, die sich als Autorin von Reisebüchern einen Namen gemacht und als erste deutsche Frau von ihrer Schreibkunst gelebt hat. Besonders wurde aber die energische Mutter bekannt durch ihre Freundschaft mit Goethe, der Magnet und Brennpunkt ihres literarischen Salons in Weimar war. Ähnlich wie bei der Mutter bildete sich um die glücklose Tochter und ihre Freundin Ottilie ein gesellig-literarischer Kreis, der als Vorbote der Romantik betrachtet werden kann. Zusammen gründeten sie den »Orden der Hoffnung«, einen Bund junger Mädchen, die mit Sachspenden den preußischen Kriegsopfern helfen wollten. Zu den ungeheuren Vorzügen im oft beklagten Leben Adeles gehörte der vertraute Umgang mit dem Dichterfürsten. Er betrachtete mit ihr seine Kunstblätter, unterrichtete sie im Vorlesen und ging auch auf ihre künstlerischen Träume und Projekte ein. Sie forderte stets den »Vater«, wie sie ihn nannte, zum Briefwechsel auf, und er war froh, wenn sein Schützling von einer Reise zurückkam. Goethe als Ersatzvater zu haben, war gewiß ein außergewöhnliches Geschenk.

Adele dichtete, schrieb Romane, so ihr 1845 erschienenes Werk *Anna*, das die stürmischen Eindrücke ihrer ersten Weimarer Jahre einfängt, machte Scherenschnitte und verfaßte ein bemerkenswertes Tagebuch, über das sie selbst sagt: »Diese einsamen Gedanken, wie formlose Dunkelheiten packen sie mich an.« Bereits als Neunzehnjährige wurde sie von der Angst vor der »Lebenseinsamkeit« gequält: »Mein Los hat eine Niete, denn ich bleibe krank und alleine«, vertraute sie 1816 dem Tagebuch an. Nichts in ihrem Leben hat zu dem ersehnten glücklichen Ausgang geführt. Ihre Leidenschaft zu Ferdinand Heike, dem von französischen Dragonern versprengten Lützower Jäger, den Ottilie und sie verwundet und hilflos im Weimarer Park vorfanden und dessen Verlust beide »Opfer«, Ottilie und Adele, vorfanden (beide verliebten sich hoffnungslos in ihn), und diese Liebe besiegelte ihre innige Freundschaft, blieb unerfüllt, ebenso eine mehrjährige Beziehung zu einem jungen Jenaer Gelehrten, dem Chemiker Gottfried Osann. Adele war von der Natur nicht besonders begünstigt: Sie war häßlich und fristete am Ende einsam und arm ihr Leben.

Ihre Tagebuchaufzeichnungen setzen 1823 ein, als die Verfasserin 26 Jahre alt war, und enden im Februar 1826 nach einer letzten, herzzerreißenden Aussprache mit dem geliebten Gottfried Osann. In Schmerz und Verzweiflung schrieb sich Adele den Kummer von der Seele. »Unbewußt und nicht in Hinblick auf eine spätere Veröffentlichung gestaltete sich dieses Tagebuch, das ursprünglich nur der vertrautesten Freundin Ottilie von Goethe rückhaltlosen Aufschluß über die Herzensstürme der Verfasserin geben sollte – vielleicht erst nach deren Tode –, zu einem ergreifenden psychologischen Roman, einem weiblichen Gegenstück zu den *Leiden des jungen Werther*«, schreibt H. H. Houben in seinem Vorwort.

Adele sah schon in jungen Jahren ein, daß ihr Leben nicht glücklich sein würde – Resignation kennzeichnet ihre Worte: »... wie ein Mann werde ich durchs Leben ziehen, man wird mich lieben, mir folgen, man wird auf mich bauen, und ich werde dem allen zu genügen streben, oft wirds gelingen. Aber wenn ich dann einem Menschen wohlgethan, so wird mein Weg wieder einsam sein.« Das Liebesleid um den ersehnten Dragoner ließ sie resigniert schreiben: »Zusammen veraltern ist schön, aber erst in späteren Jahren sich vereinen ist Torheit und darf und kann nicht seyn, so lange nichts Wesentliches sich ändert. Armer, armer Gottfried! Wir haben beide uns die Bahn gewählt, die uns trennt, arme, arme Adele.« Ihr durch die enttäuschende Liebeserfahrung gebrochenes Selbstbewußtsein suchte andere Wege der Bestätigung: »Ich hätte viel und einiges sehr Hübsche zu schreiben.«

Abgesehen von ihrer innigen Verbindung zu Ottilie, hatte Adele auch andere überschwengliche Beziehungen. So schrieb sie am 18. Oktober 1823 nach der Trennung von Philippine Fichard: »Beim

Abschied war ich glücklich und trostlos wie ein Kind, glücklich, weil ich mit einer Verehrung, mit einer Demut liebe, wie ich seit der Kindheit nicht mehr geliebt habe, trostlos, weil ich sie ließ (…), weil ich ewig fürchte, nicht zu gut, zu liebenswürdig genug zu sein, um ihr so recht zu gefallen.«

Stets melden sich Selbsterhöhung und -zerknirschung, Begeisterung und vernichtende Kritik zugleich. In diesem Sinne schrieb sie über die Gräfin Amelie Häseler: »Warum lehren mich die Menschen sie kennen? Nun betrüge ich sie« (14. 10. 1824). Auch Ottilie konnte sich Adeles strengem Blick nicht entziehen: »Was sie glücklich sind diese Menschen mit dem regen Wechsel der Gedanken, Stimmungen, Gefühle! Ottilie sieht aus wie eine Leiche und fährt mit Cromie Schlitten, mit ihm, der – – sie haben alles vergessen. Er ist auch nicht mehr sanft. Sie spricht jammernd von ihrem Unglück, und heute und morgen sind Schlittenfahrten, wo sie tanzt und – momentan alles vergißt!« (7. 2. 1825)

Am 21. Februar 1826 wandte sie ihre trübe Resignation gegen sich selbst: »Ich sitze hier, um das Todesurteil jeder Lebenshoffnung, jeden Glücksgedankens, jeden Wunsches – abzuschreiben, nach der großen Urschrift um mich. Ich werde diese Blätter nicht mehr fortsetzen – für wen? weshalb? Ich werde leben, tragen, dulden, hoffnungslos bleiben, freudenlos sterben, denn Leben und Tod sind mir, wenn ichs recht bedenke, gleich fern, beide dem Wunsche fremd!« Damit schließt das *Tagebuch einer Einsamen*. Dieser Titel wurde den Aufzeichnungen postum verliehen. Er faßt Adele Schopenhauers Lebensweg und Lebensgefühl überaus treffend zusammen.

In den vierziger Jahren machte Adele Schopenhauer andere tagebuchartige Reise- und Erfahrungsaufzeichnungen, vor allem während ihrer Reisen mit der Freundin, die eine treue Wegbegleiterin für sie wurde: Sibylle Mertens-Schaaffhausen, eine kluge und gütige Frau, die sich als Sammlerin großen Stils auf dem Gebiet der Kunst und der Altertumskunde einen Namen gemacht hat. Über sie äußerte sich Adele hingerissen (»Sie hat die Eisrinde meines Herzens gelöst«); auch dem verehrten Goethe berichtete sie über die außergewöhnlichen Geistesgaben ihrer rheinischen Freundin. Mit ihr zog sie nach dem Tod der Mutter nach Italien, wo sie ab 1844 mit Unterbrechungen blieb. Adele lebte inmitten der deutschen Kolonie Roms und Neapels, gab sich ihren Kunststudien hin und schrieb einen neuen Roman, *Eine dänische Geschichte*, der 1848 erschien. Der in Norditalien tobende Krieg verhinderte, daß die Freundin nach einem Deutschlandaufenthalt wieder zu ihr zurückkehrte. Adeles Einsamkeitsgefühle wuchsen. 1846 notierte sie: »Ich kam mit schwerem Herzen, und so schön und heiter Neapel war, blieb ich, vielleicht weil ich von der Hitze litt, trüb und schwer im Innern. Vor zwei Jahren war ich um zehn Jahre jünger!« Dennoch versuchte sie jede Einzelheit der südlichen Schönheit zu erspähen, ob Blumen, Pflanzen, Eigentümlichkeiten des Lichts, der Luft. »Fortwährend habe ich mich bemüht, jeden Tag etwas zu sehen, was einen Eindruck in mir hinterläßt.« Zugleich verraten aber diese späten Aufzeichnungen eine Identitätssuche, die in Trauer und Unbefriedigung mündet. »Ja, meine Lage ist schrecklich!« Ob Liebeskummer oder eigene Unfähigkeit, sich selbst zu lieben, stets bricht Adele in Klagen aus: »Immer reicher wurde mein Leben an Freunden, aber immer älter fühlte sich mein Herz.« Über sich selbst äußerte sie resigniert: »Ich habe immer gewußt, daß mein Herz zu weich ist für die harte Hand des Lebens.«

Ich-Suche und Enttäuschung führten Adele Schopenhauer zu täglichen Aufzeichnungen. Das war der rettende Ausweg für ihr von Melancholie und Schwermut geprägtes Naturell. Eine heimtückische Krankheit, die Wassersucht, plagte sie zutiefst. Sie erlag ihr am 25. August 1849. Nicht der berühmte Bruder, sondern die Freundin Sibylle war es, die der Toten auf dem alten Bonner Friedhof ein Grabmal errichtete. Das *Tagebuch einer Einsamen* stammt aus dem Nachlaß der Sibylle Mertens-Schaaffhausen.

Ebenso ergreifend ist das Tagebuch der englischen Dichterin Dorothy Wordsworth (1771–1855), das zwar die Einsamkeit der Schwester eines berühmten Mannes spiegelt, aber auch ein

Erfülltsein. Sie war nicht nur die »exquisite sister« von William Wordsworth, wie Coleridge sie nannte. Sie war auch eine Dichterin, die besonders die Natur als Anlaß und Thema ihrer Lyrik wählte. Ihr angebeteter, eineinhalb Jahre älterer Bruder war eine Schlüsselfigur der englischen Romantik, ein Dichter-Philosoph, dem es vornehmlich um die Genesis der dichterischen Imagination, um die Entwicklung des freien menschlichen Geistes ging. Sein autobiographisches Gedicht *Vorspiel oder die geistige Entwicklung eines Dichters* (1799–1805 entstanden, 1850 erstmals postum erschienen) gehört zu den bedeutendsten der lyrisch-epischen Gattung. In seiner ersten Fassung verherrlicht Wordsworth die Natur, die die Erkenntnis des »abgrundtiefen, unendlichen Seins« vermittelt. Dorothys Sensibilität steht der des geliebten Bruders sehr nahe. Dieses wird besonders in ihren zwei kurzen Tagebüchern deutlich: im *Alfoxden Journal* (1798) und im *Grasmere Journal* (1800–1803), ebenso wie in ihren Gedichten.

Die Geschwister, die stets zusammenlebten, machten gerne lange Spaziergänge durch die Wiesen und am Meeresrand. Dorothys Begeisterung für die Landschaft, die sie gemeinsam betrachteten und genossen, fand abends einen literarischen Niederschlag in ihrem Tagebuch, das teilweise eine Art Skizzenbuch für Williams spätere Gedichte war. Die innige Schwester soll, wie de Quincey festhielt, unsagbar natürlich, wahrhaftig, sehr schnell und lebendig gewesen sein – im praktischen Leben wie in ihrem Verständnis der Dichter. De Quincey rühmt ihre »zigeunerhafte Sonnenbräune« und ihre »glühenden Augen«, Coleridge sagt, daß ihr Blick so »überwach« war und »die kleinste Regung der Natur aufnahm«.

Diesen wachen, alles erlebenden und genießenden Blick finden wir in Dorothys Tagebuch wieder. Tag für Tag wurde die Natur bestaunt, analysiert, schriftlich fixiert. So am 7. März 1798: »Ein einziges Blatt auf dem Wipfel des Baumes – das einzig übriggebliebene Blatt – wirbelte herum wie ein Fetzen, den der Wind wegfegt.« Oder am 31. Oktober des gleichen Jahres: »Der Mond strahlt wie Silberfische im Wasser.« Zunächst stellte sie dem Bruder ihre Aufzeichnungen zur Verfügung und gab zu, ihr zweites Tagebuch, *The Grasmere Journals*, zu schreiben »to please William«. Aber allmählich wurden ihre Tagebuchaufzeichnungen der eigene Zufluchtsort, in dem sie Erlebtes in einer poetischen Prosa festhielt. Dorothy Wordsworths Begabung, die Dinge wie ein Dichter oder ein Maler zu sehen, das heißt in ihrer Ganzheit, macht den Reiz dieser Notizen aus. Es sind Landschaftstagebücher, die keinerlei literarischen Anspruch erheben (»ich würde es verabscheuen, mich selbst als Dichter aufzuspielen«), aber etwas Magisches, beinahe Visionäres besitzen: »Helm Crag erhob sich festumrissen und steil, ein in sich selbst ruhendes Sein, dahinter befand sich der breite Bergkamm, glatt wie Marmor, weiß wie Schnee.« Dorothy war mehr als ein »halber Poet«: »Wenn ich diese schlichten Gebilde im Wasser zwischen den dunklen und schwerelosen Hügeln im strahlenden, sanften Licht betrachtete, wurde ich mehr als nur ein halber Dichter.« Sie schrieb lyrische Prosa in nuancierten, musikalischen Schattierungen und hielt fest, was ihr nach außen hin eintöniger Lebenslauf mit sich brachte, wundersame Naturerlebnisse oder die alltäglichen Situationen, die das Leben des Geschwisterpaares wiedergeben: »William und Coleridge lasen sich gegenseitig Verse vor, ich trank einen kleinen Brandy und fühlte mich in den Himmel versetzt.«

Auch nach der Heirat William Wordsworths mit Mary Hutchinson blieb Dorothy in Grasmere und führte ihr Tagebuch weiter, das fast ein Konzentrat von malerischen Landschaftsbeschreibungen und langen, gesprächsreichen Spaziergängen mit dem hochverehrten Bruder darstellt.

Kaum siebenundvierzig wurde sie das Opfer einer Krankheit, die sich ihres Geistes wie ihres Körpers bemächtigte. 1855 starb sie nach einer langen Zeit des »life-in-death«. Ihr Tagebuch wurde erst 1897 veröffentlicht.

»Man schlage die *Geschichte meines Lebens* auf (…), die *Tagebücher*. Dort kommt sie den Besten gleich. Und welcher Autor war jemals reicher an Einfällen? Sie war die Stimme der Frau in einer Zeit, da die Frau schwieg« (André Maurois über GEORGE SAND). Nicht nur der französische Autor, auch Heinrich Heine, Fjodor Dostojewskij, Iwan Turgenjew, Heinrich Mann und Fanny Lewald huldigten der talentierten Schriftstellerin und der außergewöhnlichen Frau. Baudelaire freilich bezeichnete sie als »Latrine« (»Daß sich einige Männer in diese Kloake vernarren konnten, ist wohl ein Beweis für den Tiefstand der Männer unseres Jahrhunderts«, *Mein entblößtes Herz*, 1857) und Nietzsche als »Milchkuh mit schönem Stil«. Gleichgültig ließ sie kaum jemand. Ihre Feundschaft mit Gustave Flaubert und der sich daraus ergebende Briefwechsel sind zur Legende geworden. Sie lernten sich kennen, als sie nicht mehr ganz jung waren und Flaubert wegen seines weltberühmten Romans *Madame Bovary* in einen Prozeß verwickelt war und mit seinem nächsten Buch *Salambô* auf heftige Kritik stieß. Heinrich Mann schreibt über den Beginn dieser Freundschaft: »Das Bild, das nun von Flaubert in Umlauf kommt, ist etwas gehässig. In diesem Augenblick, während Flaubert in Paris den Sturm besteht, nähert sich ihm jemand als Freund: George Sand. Sie sieht in *Salambô* eines der schönsten Bücher, die je geschrieben wurden, veröffentlicht aus dieser Gesinnung einen Artikel und bestätigt ihn durch einen Brief« (H. Mann, *Eine Freundschaft*, 1905).

Diese so grundverschiedenen Schriftsteller verband eine brüderlich-freundschaftliche Zuneigung. Als George Sand starb, schrieb Flaubert an eine Freundin: »Arme, liebe, große Frau! Man muß sie so kennen, wie ich sie gekannt habe, um zu wissen, welch ungeheuer weibliches Gefühl in diesem bedeutenden Menschen war, und welche ungeheure Zärtlichkeit sich in diesem Genius befand ...«

Die Ururgroßenkelin von August II. dem Starken und seiner wegen ihrer Schönheit und vielseitigen Bildung berühmten Mätresse Maria Aurora von Königsmarck wurde 1804 in Paris als Amantine Aurore Lucile Dupin geboren. Turbulente Kindheit (die Sechsjährige wurde von ihrer Mutter verlassen und von der autoritären Großmutter in die Rolle eines Sohnes gedrängt), die Hei-

1 *George Sand (1804–1876). Stich von Calmatta um 1840*

rat der Neunzehnjährigen mit dem Baron Dudevant, Geburt ihrer zwei Kinder, ihre künstlerische Entwicklung, ihre Gedankenwelt – viele Etappen ihres bewegten Lebens schlagen sich in ihrer Autobiographie *Geschichte meines Lebens* (1854–55) nieder, die zugleich ein farbenprächtiges Zeitgemälde darstellt. Dieses Buch enthüllt aber kaum die unerschrockene, revoltierende Frau, die bereits im 19. Jahrhundert die sozialkritischen und feministischen Ziele verfolgte, die sich heute allmählich durchsetzen.

Mademoiselle Dupin, die spätere George Sand (ein Pseudonym, das sie nach einer leidenschaftlichen Liebesaffäre mit Jules Sandeau wählte), hatte schon früh ein unkonventionelles und für manche schockierendes Auftreten an den Tag gelegt. Sie zog Männerkleidung an, rauchte Zigarren, ließ sich öffentlich mit ihren Liebhabern sehen, mischte sich in das politische Geschehen ein und rief unerschrocken zur gleichberechtigten Teilhabe aller an jeglichem Besitz auf. Die Ankündigung ihrer Memoiren erregte darum großes Aufsehen, doch nach Erscheinen der ersten sechs Bände war die Enttäuschung des Publikums groß. Voyeurismus und Sensationslust blieben unbefriedigt, denn die Autorin verschwieg die pikanten Einzelheiten ihres überreichen Liebeslebens mit Berühmtheiten wie Prosper Mérimée, Alfred de Musset, Chopin und anderen.

Ihr bewegtes Pariser Leben schilderte sie jedoch in dem autobiographisch gefärbten Roman *Léila* (1833), der das Lebensschicksal einer Frau einfängt, die sich im quälenden Streben nach Selbsterkenntnis zermürbt. Hier werden auch die Abgründe der Frigidität und die Unaufrichtigkeit, die oft in der Beziehung zwischen Mann und Frau herrscht, thematisiert. Ein damals bekannter Kritiker empörte sich über den Geruch nach »Kot und Prostitution«, der diesem Roman anhafte. Der damals im Zenit seines Ruhms stehende Alfred de Musset bezeichnete ihn aber als »das wichtigste Werk der neuen Schule«.

Die Geschichte meines Lebens war als öffentliche Autobiographie gedacht. Nicht so das *Journal intime*, das George Sand 1837 niederschrieb, nachdem sie sich nach langen Jahren des Leidens von ihrem Mann, dem Vater ihrer heißgeliebten Kinder Maurice und Solange, hatte scheiden lassen. Dieses sehr persönliche Tagebuch, das aus mehreren Fragmenten besteht und erst viel später von George Sands Tochter Aurora herausgegeben wurde, enthüllt die Seelenqualen der »grande amoureuse«. Begonnen wurde es nach der Reise mit Alfred de Musset nach Venedig, wo sie dem Charme des sie pflegenden Arztes Pietro Pagello erlag. Er folgte ihr nach Paris, wurde aber nach einigen Wochen von der stürmischen Geliebten wieder entlassen. Musset war nicht bereit, diesen Faux-pas zu verzeihen, George Sand verzehrte sich um ihn. Fern war der Tag, als der leidenschaftliche und ausschweifende Dandy ausrief: »George, ich liebe Sie wie ein Kind« und dadurch die Unzähmbare in seinen Bann gezogen hatte. Kurze Zeit darauf bekannte er ernüchtert: »Ich habe den ganzen Tag gearbeitet. Am Abend hatte ich zehn Verse gemacht und eine Flasche Schnaps getrunken; sie hatte einen Liter Milch getrunken und ein halbes Buch geschrieben.« Diese Worte kündigten zweifelsohne das drohende Zerwürfnis an …

Das zwanzigseitige Tagebuch der George Sand stellt ein einziges Liebesleiden dar, zugleich aber auch die luzide Selbsterkenntnis einer stolzen und klugen Frau, für die persönliche Ergüsse nur »Krücken« für das eigene, verwundete Ich bilden: »Sobald das Leben erträglich ist, braucht es nicht überprüft zu werden. Man verdirbt einen Ruhetag, wenn man ihn aus allernächster Nähe anschaut«. George Sand ist am Rande der Verzweiflung, ihr mächtiges Ego leidet, kämpft verbissen, um zu überleben. Ihre Klagen um den Geliebten mischen sich mit der sehr luziden Analyse ihrer eigenen Verfassung: »Ich kann nicht arbeiten. Ach, die Vereinsamung, die Vereinsamung! Ich kann weder arbeiten noch beten. Sainte-Beuve sagt, ich soll mich zerstreuen. Mit wem? Was tun all diese Menschen? Wenn sie eine Stunde lang über Dinge gesprochen haben, die mir fast gleichgültig sind, gehen sie fort. Sie sind nur Statisten, die ihren Platz wechseln. Und ich einsam, auf ewig einsam, möchte mir das Leben nehmen. Wer hat das Recht, mich daran zu hindern?« Und auch: »Ich kann das alles nicht ertragen! Und alles grundlos! Ich bin dreißig Jahre alt, noch schön, wenigstens werde ich es in einigen Tagen wieder sein, wenn ich endlich aufhören könnte zu weinen.« Stets gesellt sich befreiender Humor zu ihrer klinischen Selbstbeobachtung. Das Schwanken zwischen Selbstmitleid und Selbstironie gibt diesen knappen Aufzeichnungen eine ungewöhnliche Brisanz trotz des zerreißenden basso continuo der verlorenen Liebe, der alles andere übertönt.

Zwei Jahre später, 1837, setzt George Sand ihr *Journal intime* fort, und zwar als *Tägliche Gespräche mit dem Dr. Piffoël*, einem Decknamen, hinter dem sie sich selbst versteckt (sie und ihre Kinder wurden wegen ihrer vorspringenden Adlernase die »piffoëls« genannt). Nach einer Reise durch die Schweiz mit dem legendären Paar Marie d'Agoult / Franz Liszt zog sich George Sand in das Schloß Nohant zurück, das sie von ihrer Großmutter geerbt hatte, um ihren schriftstellerischen Neigungen nachzugehen.

Dieses wiederum sehr kurze Tagebuch (zweiundzwanzig Seiten) ist ein Zwiegespräch zwischen den beiden Seelen in George Sands Brust – eine Dualität, die einerseits in ihrem grenzenlosen Willen zur Selbstbehauptung, zur Emanzipation und andererseits zu ihrer bedingungslosen Hingabe deutlich wird. Der Wechsel zwischen männlicher und weiblicher Selbstansprache ist dafür bezeichnend. Die ersten Sätze verraten die Geistesverfassung der unerschrockenen Schriftstellerin: »Ja, mein lieber und anmutiger Doktor, ein Tagebuch schreiben heißt auf die Zukunft verzichten, heißt in der Gegenwart leben, dem *Unerbittlichen* einzugestehen, daß man nichts mehr von ihm erwartet, daß man sich mit jedem Tag abfindet und daß eine Beziehung zwischen gerade diesem Tag und den anderen nicht vorhanden ist. Es heißt ferner, daß man seinen Ozean tropfenweise trinkt, statt ihn schwimmend zu durchkreuzen. (…) Man schreibt nur ein Tagebuch, wenn die Leidenschaften erlöscht oder wenn sie so versteinert sind, daß man sie erforschen kann wie Berge, in denen keine Lawinengefahr mehr droht.«

Als sie diese Sätze niederschrieb, war die Unzähmbare gerade in ihrer Leidenschaft zu dem Republikaner und Führer der Opposition gegen das Regime Louis-Philippes, Michel de Bourges, verfangen. Sie ahnte, daß sie bei ihm ihre Selbständigkeit, ihre freie Art zu lieben, kurz, ihren Stolz aufgeben müsse. So geht sie im Tagebuch mit sich selbst ins Gericht: »Du bildest Dir ein, Piffoël, daß man zum Gegenstand seiner Liebe sagen könne: ›Du bist ein mir ähnliches Wesen; ich habe Dich unter allen Menschen erwählt, weil ich Dich für den größten und besten hielt‹ … Nein, nein, Piffoël, Doktor der Psychologie, Du bist nichts weiter als ein Dummkopf. Das ist nicht die Sprache, die der Mann hören will. Er verachtet die Aufopferung völlig … Mein lieber Piffoël vernimmt also die Weisheit des Lebens, und wenn Du es Dir einfallen läßt, einen Roman zu schreiben, so versuche, das menschliche Herz etwas besser kennenzulernen.«

George Sands Beziehung zum Tagebuch ist mehr als gebrochen, stellt es doch für sie die unverkennbare, unleugbare Niederlage dar. Dennoch ist dieses teils resignierte, teils ironisch ermutigende Gespräch zwischen George und Piffoël ein verheißungsvoller Austausch: »Du lebst. Die Frage ist nicht, ob für Dein Vergnügen oder für Dein Unglück, für Dein Wohl oder für Deinen Untergang. Wer könnte ihr eine Antwort geben? Du lebst, Du atmest. Der Himmel ist schön.« Und weiter: »Du bist sehr klug, Piffoël, außergewöhnlich klug. Du bist sehr philosophisch. Du wirfst einen sehr klarsichtigen Blick auf das Leben, Deine Hand wägt entschieden all die Kinderspiele, die Du nicht zu begehren vermagst. Komplimente, lieber Piffoël. Wirklich Komplimente. Trübsinniges Tier.«

George Sand läßt sich mal von Liszts Musik, mal von weitläufigen Erörterungen der sozialen Lage Frankreichs im 19. Jahrhundert oder zur damaligen Jugenderziehung, mal von fast lyrischen Stimmungen zum Wechsel der Jahreszeiten, mal von feministischen Forderungen fesseln. Oft notiert sie auch nur lakonische Ansichten über das Verhältnis Mann/Frau: »Der Mann weiß, daß er für die Frau unerläßlich ist. Er besitzt zu viel des törichten Selbstvertrauens, und ob Wollust, Galanterie, Eitelkeit, die meisten Frauen sind zu engagiert in ihrer Liebe, daß er sich nicht eine despotische Macht über sie anmaßen würde, ebenso in der Liebe wie im Haß.« Die engagierte Feministin ist aber zugleich eine engagierte Menschenrechtlerin: »Ich habe bemerkt, daß die Mehrzahl der Menschen übermütig und bitter wird, wenn man in einem moralischen Streit Sanftmut und Hingabe walten läßt. Sie wird erträglich und besonnen, sobald man Gewalt oder Härte einsetzt. Verächtliche Spezies! Diese Regel gilt fast unverändert in der Liebe.« Diese Einsichten stimmen sie zutiefst melancholisch, und sie fleht Piffoël an, ihr Alter ego, er möge ihr ein ungebrocheneres Lebensgefühl verleihen. Der Versuchung, Selbstmord zu begehen, folgt die Bitte: »Warum fliehst Du die Einsamkeit, Piffoël? Du hast keinen Fehler begangen und Du siehst ja, daß ein Augenblick der Einsamkeit Dir zur Genesung verhilft. Du siehst doch, daß Dein Herz gut ist und Dein Gewissen legt Zeugnis dafür ab. Warum so sehr leiden? Weil die, die Dich quälen, noch mehr leiden als Du? Armer Doktor, Du allein weißt, wie töricht Du bist, und daß diejenigen, deren Leid Du beweinst, allein um das ihrige weinen.«

Ich-Klagen, Ich-Ernüchterung, Ich-Ermutigung: Diese Aufzeichnungen sind – auch wenn die Verfasserin sich streng und negativ über ihr Tagebuch äußerte (»dieses Fragment, das ich in der Schublade gefunden habe, hat kaum einen Sinn und überhaupt keinen Wert«) – eine Fundgrube von Geistesblitzen, Zeitkritik, Kunstverständnis und vor allem ein einzigartiger Spiegel, eine doppelte Widerspiegelung dieser bahnbrechenden Persönlichkeit des 19. Jahrhunderts. Zum erstenmal in der Geschichte des weiblichen Tagebuchs begegnet uns hier eine Apotheose des Ichs – in Glanz und Elend. Das Selbstbewußtsein der George Sand erlebt in diesem Zeugnis des Scheiterns eine unerhörte Intensivierung. Die Ich-Auflösung wird zur Ich-Steigerung, das ungeliebte Tagebuch zum rettenden Sprungbrett. Kaum ging es ihr besser, steckte sie es fort, und Leben und Schreiben setzten wieder ein.

Apotheose des Ichs und Zwiespalt der Größe sind selten so bestechend wie abstoßend zum Ausdruck gekommen wie im Tagebuch einer jungen Russin, deren Name und »Journal intime« die unterschiedlichsten Denker, Literaten und Künstler gefesselt hat: MARIA KONSTANTINOWA BASHKIRTSEFF.

1858 in Gavronzi (Ukraine) geboren, entstammt sie einer aristokratischen, kosmopolitischen Familie. Ihre Eltern hatten sich kurz nach der Geburt ihrer beiden Kinder getrennt. Maria reiste mit der Mutter und einer Schar von Verwandten, Dienerinnen und Lakaien in Europa umher. Hotels oder gemietete Stadtpalais waren ihr Zuhause. Wien, Baden-Baden, Paris, Rom, Nizza, Reisen durch Italien, Deutschland, die mondänen Kreise der Auslandsrussen – das war ihre neue Heimat. Marie sprach neben Griechisch und Latein fünf Sprachen, spielte mehrere Instrumente und gab sich leidenschaftlich dem Gesangsunterricht hin. Mit zwölf Jahren begann das frühreife und sehr anmutige Mädchen, ein Tagebuch zu führen. Kaum dreizehnjährig verliebte sie sich rückhaltlos in den Herzog von Hamilton, der sie nicht kannte und kurz darauf eine andere heiratete. Durch dieses frühe Leid mußte sie einsehen, daß Traum und Wirklichkeit weit auseinanderklaffen. »Einen schönen Traum möchte ich träumen. Die Wirklichkeit ist gefährlich«, schrieb die Unverbesserliche nach einer zweiten enttäuschenden Erfahrung mit dem Neffen eines römischen Kardinals. Als nach einer Erkältungskrankheit ihre Stimme versagte, beschloß sie mit siebzehn Jahren, sich der Malerei zu widmen: »Ein eitles Geschöpf wie ich muß sich der Malerei widmen, denn diese ist ein unvergängliches Werk.«

Im Oktober 1877 trat sie in die berühmte Académie Julian auf dem Montparnasse ein und begann ein intensives Malstudium. Besonders angezogen fühlte sie sich von der damals herrschenden naturalistischen Strömung der französischen Malerei. Bastien-Lepage, der sich an Millet anlehnte und impressionistische Mittel einsetzte, wurde eines ihrer Vorbilder. Sie vergötterte ihn geradezu und suchte den Umgang mit ihm. Ein fruchtbarer Dialog zwischen dem damals angesehenen Meister und der jungen Russin entwickelte sich, der erst mit dem Tod beider abbrach.

Auch Guy de Maupassant gehörte zu den Fixsternen der jungen Aristokratin. Auf der Suche nach einer glühenden Ersatz-Vater-liebe schrieb sie ihm: »Ich habe Sie in der Hoffnung aufgesucht, Sie dereinst grenzenlos bewundern zu können.« Die anonyme Korrespondenz hörte aber jäh auf, als der einsame Dichter ein Treffen mit der enigmatischen Unbekannten vorschlug.

Eine unbändige Sehnsucht nach Kunst und Ruhm zeichnete Marie Bashkirtseff von Anfang an aus. Schon nach einem Jahr Mal-studiums schrieb sie ins Tagebuch: »Gibt mir die Malerei nicht bald Ruhm genug, so werde ich mich töten, und alles ist aus! So ist's bei mir beschlossene Sache.« 1881 konnte Marie endlich einige ihrer Bilder im alljährlich stattfindenden »Salon« in Paris ausstellen und erste Erfolge verbuchen.

1874 wurde Marie Bashkirtseff von der Schwindsucht befallen. Ständige Schmerzen, Fieberanfälle, Verlust der Stimme, Taubheit waren die Folge ihrer heimtückischen Krankheit, der sie am 30. Oktober 1884 in Paris erlag. Ihr malerisches Werk war lange Zeit hindurch fast unbekannt, heute gewinnt es allmählich an Ansehen. Eine Ausstellung ihrer Gemälde, Zeichnungen und Skulpturen fand unlängst in Nizza statt.

Eine Kultfigur wurde sie aber blitzartig dank ihres 1887 von der Mutter in Paris veröffentlichten (und leider gekürzten) Tagebuchs, das einen Zeitraum von zwölf Jahren umfaßt und eines der bemerkenswertesten Selbstzeugnisse des Jahrhunderts ist. Hugo von Hofmannsthal meint dazu: »Nie wurde ein Leben fieberhafter, lebensdurstiger gelebt. Sie hat die große Gabe des Erlebens, die feine und starke Resonanz für äußere Reize, in der sich Kinder und Künstler begegnen. Ihre unverbrauchten Nerven antworten lebhafter, lauter und origineller auf jede Erregung; ihre biegsame und verführerische Seele funkelt und glüht, aber sie verglüht dabei und mit vierundzwanzig Jahren hat sie ausgeglüht.« Hilde Spiel spricht von einem wichtigen Epochenbuch, das »die Gemüter der Jugend wie ein Schicksalsschlag trifft (...) Sie mit siebzehn zu lesen, war verhängnisvoll. Weder die häufigen Wiederholungen noch die Weitschweifigkeit ihrer Liebesschwüre,

2 Maria Bashkirtseff (1858–1884)

weder ihre krankhafte Eigenliebe noch ihre endlosen Selbstzerfa-
serungen zerstören die Magie«, und vergleicht es mit Weiningers
Epochenwerk *Geschlecht und Charakter*.

Verwunderlich an diesem äußerst klarsichtigen Tagebuch eines
jungen Mädchens ist in erster Linie das Selbstbewußtsein. Provo-
kant, frühreif, eitel, schreibt sie erst dreizehnjährig: »Ich bin
außerordentlich wohlgebaut wie eine Statue. Ich habe viel Haar,
und schönes Haar; ich habe eine sehr hübsche Manier, kokett zu
sein, und ich weiß mit Männern umzugehen ... Wir verbringen
den ganzen Tag damit, mich zu bewundern ... Ich fühle, daß ich
schön bin, und glaube, alles wird mir gelingen ... Ich bin geschaffen für Triumphe und Erregungen!« Zugleich aber klingt schon
die Vorahnung durch, daß sie nicht lange leben wird: »Ich bin
dreizehn Jahre alt; ich verliere die Zeit, was soll aus mir werden?
... Ich will schneller leben, schneller, schneller!« Von Anfang an
wird im Tagebuch fieberhaft Bilanz gezogen über jeden Augenblick, jede Seelenregung, jede Sehnsucht nach dem erhofften
Ruhm. Aber wie Hofmannsthal bemerkt: »Es ist in dieser grenzenlosen Eitelkeit wenigstens unendlich viel Grazie ... Und doch
stehen sehr viele traurige Dinge darin, aber sie verstimmen nicht,
sie erdrücken nicht, und die schönste Lebendigkeit spült sie wieder weg. Es stehen auch gewiß eine Menge Banalitäten darin,
eine Menge alltäglicher Empfindungen und abgegriffener Gedanken: aber eine rätselhafte, alles durchatmende Grazie gibt ihnen Duft und Glanz.«

Marie Bashkirtseffs Anmut war legendär, die wenigen überliefer-
ten Porträts zeigen eine feenhafte Erscheinung, ein Mondwesen
besonderer Art, das sich in einem ständigen narzißtischen Spiegelkabinett bewegt. Weiß war ihre Lieblingsfarbe, darum wurde
sie von dem hingerissenen Publikum – denn Maries Auftreten
kam stets einem Bühnenauftritt gleich – »die Weiße« genannt.
Fast unentwegt bewundert sie sich selbst im Tagebuch: »Ich bin
nämlich hübsch ... meine Frische, meine unvergleichliche Bläs-
se ...«. Mit sechzehn schreibt sie: »Ich will wie Cäsar sein,
Augustus, Marc Aurel, Nero, Carcalla, der Teufel, der Papst! – Ich

will – und ich bin nichts … Ich will in die Gesellschaft, ich will in ihr glänzen, ich will in ihr die erste Stelle einnehmen … Ich will der Mittelpunkt eines glänzenden politischen, eines literarischen, eines wohltätigen, eines frivolen Zirkels sein.« Noch in ihrem Todesjahr ruft sie aus: »Wäre ich ein Mann gewesen, ich hätte Europa erobert.«

Ihr »dämonischer Ehrgeiz« und ihr extremer Narzißmus ließen gewiß keinen Raum für die Liebe offen. Marie war beunruhigt, wenn sie auf andere keinen großen Eindruck machte, aber ihre Wachträume waren ihr stets wichtiger als die Beziehung zu anderen Menschen: »Ach, wenn man die Männer doch nur auf Probe lieben könnte!« klagte sie verzagt. Die Faszination, mit der sie sich ununterbrochen selbst zuschaute, machte jede wahre Begegnung unmöglich: »Warum habe ich mich selbst so geliebt? … Wenn ich irgendeiner wahren Neigung begegnet wäre, so hätte ich mein eigenes Ich vergessen … Aber, Gott sei Dank, ich habe dieses Glück nicht gehabt. Ich bin mir selbst verblieben.« Im Grunde liebte sie nur sich selbst.

Auch ihre Hinwendung zu Gott und die Zuflucht zum Gebet, in den Stunden, wo sie von Angst und Todesahnung geplagt wird, sind nicht frei von der alles überwältigenden Ich-Obsession: »Im Gebet schwinden die Zweifel aus Egoismus«, gesteht sie ein. Allmählich beginnt die Sinnfrage, sie zu bedrängen. Die Anzeichen der Krankheit stürzen sie in Verzweiflung – die äußere Sicherheit wird brüchig. »Es gibt nichts Schrecklicheres, als nicht aufschreien zu können … O Elend, über Elend. Außer meiner Kunst, der ich aus Laune und Ehrgeiz mich widmete und bei der ich aus Eitelkeit blieb, … außer dieser Leidenschaft besitze ich nichts!«

Das Bewußtsein des unaufhaltsamen Verfalls, der allmählichen Zerrüttung der Seele durch die zusehends schwächere körperliche Verfassung wird von Tag zu Tag bedrängender. Mit bitterer Ironie spricht sie zu sich selbst: »Geh, Schwindsuchtskandidatin! Das ist das Ende vom Lied. Es ist gar nicht spaßig!« Das Tagebuch wird für sie immer wichtiger, ihm kann sie sich rückhaltlos anvertrauen. Jetzt ist es nicht mehr ihr Begleiter auf dem Weg des Ruhms, sondern ihre Krücke auf dem des Sterbens. Für Marie Bashkirtseff, die als vierzehnjährige das Tagebuchschreiben über alle Maßen lobte – »denn das Leben eines Menschen, ein ganzes Leben ohne Verstellung und Lüge ist immer etwas Großes und Interessantes« –, werden jetzt die täglichen Aufzeichnungen mehr denn je eine Hilfe zum Überleben. Schonungslos bekundet sie ihre Not, ihre Schmerzen, die Demütigungen, die das Nachlassen der Kräfte nach sich ziehen, die unsagbare Ohnmacht und die Zweifel, die sich ihrer bemächtigen: »Bin ich ein Genie? ... Ich glaube nicht, daß ich welches besitze, aber ich hoffe doch, die Welt wird mir welches zuerkennen.« Das Motto, das auf jedem ihrer fünf Hefte steht, »Gloriae cupiditas«, hallt am Ende gebrochen.

In den letzten Monaten werden die Aufzeichnungen zu Hilferufen, die ein unbezähmbarer Drang nach Mitteilung bestimmt: »Es gibt Dinge, die euch zugrunde richten würden, wenn man sie nicht dazu bestimmte, gelesen und infolgedessen unendlich geteilt zu werden.« Die Offenheit, mit der sie ihren Hochmut und ihre eitle Egozentrik bloßgelegt hat, bringt sie jetzt dazu, ihre Seelenqualen, ihre Angst vor dem Tod zu enthüllen. Sie wollte die Wahrheit schonungslos zu Papier bringen – das tat sie bis zum Schluß. Kurz vor ihrem Ableben hatte sie die Vorahnung des Todes ihres Meisters Bastien-Lepage: »Ja, er stirbt, und das ist mir gleich; ich gebe mir keine Rechenschaft mehr, es ist Etwas, das sich von mir entfernte.« Im selben Monat starb auch sie.

Am 7. August 1874 hatte Maria Bashkirtseff in ihr Tagebuch geschrieben: »Es ist unmöglich! Furchtbares, entsetzliches, schauderhaftes Wort! Sterben, mein Gott, sterben!!! Sterben!!! Ohne von mir irgend etwas hinterlassen zu haben. Sterben wie ein Hund! Wie hunderttausend Frauen gestorben sind, deren Namen auf ihren Grabsteinen kaum leserlich sind!«

Die Besessenheit, Spuren zu hinterlassen, ein unleugbares Zeichen ihrer Existenz, von der sie meint, sie sei über allen anderen erhaben, und die ihr trotzdem entgleitet, hat etwas Verzweifeltes und Erschütterndes. Das Tagebuch der Maria Bashkirtseff ist ein kostbares Zeitdokument, das die Fin de siècle-Stimmung wie kaum ein anderes widerspiegelt. Es ist eine »Mischung von Machtkult, Naivität und Morbidezza« (Adorno), deren Protagonist und zugleich Zuschauer die Autorin selbst war. Und oft verurteilt darin der Zuschauer den Protagonisten. Eine Verdoppelung, die zur Zerreißprobe ohnegleichen wurde. Trotz der rückhaltlosen Egozentrik und des Ich-Kultes der Marie Bashkirtseff übten diese Aufzeichnungen eine große Faszination aus. Ihre radikale Ehrlichkeit fesselte viele. So gesteht zum Beispiel W. N. P. Barbellion in seinem berühmten *Journal of a Disappointed Man*: »Sir Thomas Brown was my father and Marie Bashkirtseff my mother ... I am the scientific investigator of myself.«

Selbst- und Fremdbeobachtung

»Man muß lernen, sich der *gegenwärtigen*
Stunde hinzugeben, nicht wie ich es bisher tat,
nur in der Zukunft zu leben,
denn das ist ein natürlicher Grund
für weiteres Leid. Man muß lernen,
tiefer zu fühlen, *klarer* zu sehen und vor allem,
noch und noch zu *denken*.«
ISABELLE EBERHARDT, 16. JULI 1900

Der »Anatomie« des eigenen Ichs folgt fast dialektisch die Selbstbeobachtung in der Weltbeobachtung. Das Ich wird erweitert
durch seinen Bezug zur Welt, das intime, persönliche Journal
ebenfalls durch das Journal littéraire oder das Reisetagebuch.
Zahlreiche Tagebücher des beginnenden 19. Jahrhunderts weisen
darauf hin: Allmählich kommen neben dem Ich-Kult andere
Aspekte zum Tragen; die Einkerkerung im eigenen Ich wird zugunsten einer Öffnung nach außen hin aufgegeben, vor allem im
Reisetagebuch, das stets auch für andere bestimmt ist und in dem
bildungsgeschichtliche Erfahrungen oder Prozesse festgehalten
werden. Das rückt die Tagebuchaufzeichnungen wieder in die
Nähe der Korrespondenz. In keinem Tagebuch aber, und sei es
noch so »objektiv« und sachlich wie ein Reisebericht, fehlt die
Ich-Suche, die Ich-Frage. Reisetagebücher sind stets eine Fremdbeobachtung, die jedoch jeweils auch die Selbstbeobachtung mit
einbezieht. Sie offenbaren ein selektives Sehen, das oft mehr über
den Beobachter als über das Beobachtete aussagt. Der wache Umgang mit dem Andersgearteten führt zur Erkenntnis, zur Ausfor-
mung der eigenen Persönlichkeit. Dabei ist es zwar wichtig, die
Kultur fremder Länder kennenzulernen, noch wichtiger aber, das
eigene Ich an ihr zu prüfen.

Dies dokumentieren auch die Reisetagebücher schöpferischer Frauen. Wohin führt eine Reise? Bei Fanny Mendelssohn, der Schwester des berühmten Komponisten, durch eine europäische Kulturlandschaft; bei Isabelle Eberhardt, der radikalen Aussteigerin, durch einen exotischen Lebensraum; bei Lou Andreas-Salomé durch ein Zeitgeschehen oder durch eine zeitbedingte Erfahrung wie die einer einjährigen »Lehre« bei Freud. Auch Rahel Varnhagens einzigartiges Sehen und Durchschauen all dessen, was sie umgab, bildet eine einzigartige Reise in einem entgrenzenden Universum. Ihre Aufzeichnungen sind zeitgeschichtliche »Perlen« – sie bilden einen Sonderfall in der schillernden Geschichte der Fremdbeobachtung, die meist eine intensive, beinahe obsessive Selbstbeobachtung bestimmt.

Künstlerbriefe und -tagebücher aus dem Italien des 18. und 19. Jahrhunderts gibt es in reichem Maße: Goethes *Italienische Reise* hat viele Epigonen ins Leben gerufen. Nicht allein das Thema, auch die Zitate des erhabenen Vorbilds wurden fast hemmungslos verwertet und angeführt. Goethes Absicht war anders als die gewöhnlicher Bildungsreisender des 18. Jahrhunderts: »Ich mache diese wunderbare Reise nicht, um mich selbst zu betrügen, sondern um mich an den Gegenständen kennenzulernen«, schrieb er. Nicht als »Gewandelter«, sondern als »Gefundener« wollte er in die Heimat zurückkehren.

In Anlehnung an das überwältigende Muster, aber ebenso durch das eigenwillige Sich-Abheben vom herkömmlichen Raster verdient das *Italienische Tagebuch* der FRANZISKA (FANNY) MENDELSSOHN (1805–1847) besondere Beachtung. Franziska war eine Enkelin des Philosophen und Humanisten Moses Mendelssohn, eines der größten Vertreter der Aufklärung, dem Lessing in seinem *Nathan der Weise* ein literarisches Denkmal gesetzt hat. Die ältere Schwester des Komponisten Felix Mendelssohn-Bartholdy wurde 1805 in Hamburg geboren als Tochter eines Bankiers mit starken musikalischen Neigungen. Die napoleonische Besatzungsmacht zwang die angesehene jüdische Familie, ihr Betätigungsfeld nach Berlin zu verlagern. Dort genoß Fanny eine vorzügliche musikalische Erziehung bei Ludwig Berger und begann schon früh, selbst zu komponieren. Der Vater hatte nichts dagegen einzuwenden, solange es »nur Zierde, niemals Grundbaß« war, schlug aber eine professionelle musikalische Tätigkeit der Tochter entschieden ab – den eigenen künstlerischen Ehrgeiz hatte er auf den Sohn Felix projiziert. So wurden die eigenständigen musikalischen Leistungen der Fanny Mendelssohn verschwiegen, manche sogar dem vier Jahre jüngeren Bruder zugeschrieben: Viele »Lieder ohne Worte« wurden von ihr vollendet, sechs Lieder zu seinem op. 8 und op. 9 steuerte sie ohne Namensnennung bei.

Im Salon ihrer Eltern begegnete Fanny Mendelssohn 1821 Wilhelm Hensel, der als Maler gerade zu Ruhm und Ehre gekommen war. Er war von der jungen Frau fasziniert und warb gleich um ihre Hand. Die zum evangelischen Glauben übergetretene Lea Mendelssohn, Fannys und Felix' Mutter, erklärte aber in scharfen Worten, sie würde nie einen katholischen Schwiegersohn akzeptieren. Nach fünf Jahren Aufenthalt in Italien durfte der zum preußischen Hofmaler avancierte Künstler 1829 Fanny doch heiraten. Jetzt konnte sich die begabte Musikerin ungezwungen ihren Kompositionen hingeben und ein reges Konzertleben im eigenen Haus führen. Zu ihren sonntäglichen Hauskonzerten kamen unter anderen Clara Schumann, Bettina von Arnim, Franz Liszt, Marie d'Agoult, Heinrich Heine.

1839 erfüllte sich Fannys langgehegter Wunsch: eine Reise nach Italien, die über Venedig und Rom bis nach Neapel führte und ein ganzes Jahr dauerte. Diese Reise, über die sie in zahlreichen Briefen und in einem Tagebuch berichtete, verhalf ihr zu einem inneren Aufbruch ohnegleichen. Angetreten wurde sie als klassische Bildungsreise, sie endete aber mit einer befreienden Selbstfindung, die aus der hingebungsvollen Schwester und Ehefrau eine selbstbewußte Künstlerin hervorlockte. Während dieser Zeit im sonnigen Süden schüttelte Fanny ihren preußischen Ernst und ihre Angst, als Komponistin zu versagen, ab. Sie verwandelte sich in eine lebenszugewandte Frau und Künstlerin.

Die deutsche Künstlerkolonie in Rom, zu der Maler wie Veit und Overbeck gehörten, fand die Berliner Jüdin langweilig, zu deutsch, zu katholisch. Wohl fühlte sich Fanny Mendelssohn besonders bei den jungen Franzosen, die ein Stipendium der Académie Française in die Villa Medici geführt hatte. Charles Gounod, der damals als Opernkomponist noch unbekannt war, war von der dreizehn Jahre älteren Fanny fasziniert. Auch für sie wurde diese Begegnung schicksalhaft. »Den Mut, sich vom Klischee des bildungsbürgerlichen Reisebriefes zu lösen und die von der Familie möglicherweise skeptisch gesehenen Entwicklungen der eigenen Psyche in den Mittelpunkt zu stellen, hat sie offenbar erst durch den befreienden Umgang mit den Franzosen gefunden«, schreibt Eva Weissweiler in ihrem Vorwort zum *Italienischen Tagebuch*.

Fannys Italienerlebnis war nicht mehr dem Traumland der Kunst, sondern der eigenen Ich-Findung gewidmet. Diese Selbstfindung war ihrem schöpferischen Tun mehr als förderlich: Sie schrieb in Rom Klavierstücke und Lieder für Vokalensemble und einen größeren A-cappella-Chor. Das wachsende Unverständnis ihres Mannes ließ sie aber in tiefe Depressionen verfallen, aus denen nicht einmal die stürmische Liebe des jungen Gounod sie zu befreien vermochte. In Berlin komponierte sie dann einen Zyklus von Charakterstücken mit dem Titel »Das Jahr«, der die Eindrücke der römischen Jahreszeiten einfängt und von den Musikexperten ihrer Zeit als unkonventionell gescholten wurde.

Das *Italienische Tagebuch* verläuft parallel zur italienischen Korrespondenz, in der Fanny nach dem damaligen Bildungsraster, ähnlich wie Henriette Herz und Dorothea Schlegel, ihre Reiseerlebnisse zu Papier brachte. Das Tagebuch gilt aber nicht allein der kulturellen Mitteilung – »Sonnabend machten wir eine sehr schöne Fahrt bei kaltem, hellem, aber unangenehmem Wetter. Zunächst nach Villa Wolchonsky, mit einer der umfassendsten und schönsten Aussichten in Rom« –, sondern ebenso ihrer seelischen Entfaltung bzw. Befreiung: »Daß wir Deutsche immer warten! Immer den Moment verpassen! Immer zu spät kommen!

Daß man doch aus seiner Zeit, seiner Familie, seinem eigenen Selbst so schwer sich erhebt. Die Sache bewegt und ergreift mich aufs Tiefste.«

Diese Tagebuchaufzeichnungen sind auch Stimmungsberichte: »Nach der Passion erschien der Papst, und es ward eine lateinische Rede mit großem Pathos und unermeßlichem Geschrei gehalten, hierauf kamen die Gebete (…) Auch diese so uralte, einfache und schöne Handlung der Kreuzanbetung hat die katholische Kirche wie so manches andere zur possenhaften Äußerlichkeit heruntergesetzt und knickst wie die Weiber beim Kaffeebesuch … ›Tout dégénère entre les mains du hommes‹.« Sie offenbaren geheime Wünsche: »Ich will mir gar nicht verhehlen, daß die Atmosphäre von Bewunderung und Verehrung, von der ich mich hier umgeben sehe, wohl etwas dazu beitragen mag, ich bin in meiner frühen Jugend lange nicht so angeraspelt worden wie jetzt, und wer kann leugnen, daß es sehr angenehm und erfreulich ist?« Und schließlich enthalten sie treffende Charakterbilder. »T. ist so langweilig, daß die deutsche Sprache zu arm ist, um ihn zu charakterisieren, denn langweilig ist viel zu kurzweilig für ihn.« Ohne sich ganz vom Korrespondenz-Charakter befreien zu können, zeugen diese Aufzeichnungen bereits von der Individualität der Frau zu Beginn des 19. Jahrhunderts. In ihrem Tagebuch hört Fanny Mendelssohn auf, sich als »Frau im Schatten eines Genies« zu betrachten – hier begann ihre geistige Emanzipation.

Eine verblüffende Ähnlichkeit mit diesen Eintragungen hat das *Römische Tagebuch* der Schriftstellerin FANNY LEWALD (1811–1889), das die Jahre 1845/46 umfaßt und erst 1927 postum veröffentlicht wurde.

Fanny Lewald entstammte einer wohlhabenden jüdischen Kaufmannsfamilie aus Königsberg, die ihr eine schöpferische Laufbahn nicht ohne weiteres zubilligte. Der Konflikt zwischen Fannys glühendem Wunsch nach Bildung und der weiblichen Rollenerwartung ihrer Familie überschattete lange Jahre ihr Leben. Die spätere Frauenrechtlerin lehnte jedoch kompromißlos jede Vernunftehe ab und zog vierunddreißigjährig nach Berlin, ihrer Überzeugung folgend, daß jeder Mensch berechtigt sei, »dasjenige zu lernen, wozu er die Neigungen fühlt, und dasjenige auszuüben, was er zu seinem und anderer Menschen Vorteil gut auszuführen vermag« (*Gefühltes und Gedachtes*, 1838–1888). 1843 erschien ihr erster Roman *Clementine*, auf den *Jenny* und *Eine Lebensfrage* folgten. Das umfangreiche Werk Fanny Lewalds setzt sich stets für Freiheit und Toleranz ein. Die zum Protestantismus konvertierte Jüdin gründete in der preußischen Hauptstadt einen künstlerischen, wenn nicht politischen Salon liberal-demokratischer Prägung, dessen Einfluß nicht zu unterschätzen war. Die temperamentvolle Gastgeberin tat sich in diesem Kreis auch als Literatin hervor, die eine fast professionelle literaturkritische Diskussion herausforderte und rückhaltlos ihr Engagement für oder wider den Kulturkampf offenbarte.

Fanny Lewalds Verbindung mit Adolf Stahr, dem damals berühmten Aristoteles-Forscher und *Jahrbuch*-Kritiker, den sie später heiratete und mit dem sie viele Reisen auch zu Heinrich Heine nach Paris unternahm, findet einen einzigartigen Niederschlag in ihrem *Römischen Tagebuch*. Darin fängt sie die Erinnerungen an ihre gemeinsame Reise in das Land ihrer Sehnsüchte ein: In Rom vereinten sich dann ihre Lebenswege. Die Farbigkeit und Fülle ihrer römischen Eindrücke bezieht sich auf die Stadt sowie auf die Menschen, die sie dort trafen. Diese fragmentarischen Aufzeichnungen – erst zwanzig Jahre später verwob sie Fanny Lewald zu einem Ganzen – sind ihrem Lebensgefährten gewidmet, »dem Manne, der sie mit mir in schmerzvollem Glück durchlitten, als ein Zeichen unserer geliebtesten Erinnerung«. Fanny Lewald hat in den langen Jahren ihrer Witwenschaft das Manuskript fertiggestellt, es aber dem Verleger erst zur Veröffentlichung nach ihrem Tod überlassen.

In andere Gefilde führen die Tagebuchaufzeichnungen einer jungen Russin, NADEŽDA A. DUROWA (1783–1866), deren einzige Sehnsucht es war, dem Zaren als Soldat zu dienen. Als Literatin hat sie sich nicht besonders ausgezeichnet, aber die Faszination, die sie auf Puschkin ausübte – er veröffentlichte als erster einen Teil ihrer Aufzeichnungen –, bringt sie, neben den eigenen unbedeutenden Novellen und Essays, unweigerlich in den engeren Kreis der Literatur.

Schon früh hat sich diese »höhere« Tochter eines Husarenhauptmanns gewünscht, die Laufbahn des Vaters einzuschlagen. Vater und Tochter verstanden sich außergewöhnlich gut, manchmal mutete ihr Einverständnis fast wie eine »männliche« Komplizenschaft an. Als sie endlich ein eigenes Pferd bekam, schrieb die kaum Sechzehnjährige: »Jetzt konnte ich endlich der Kompagnon meines Vaters bei seinen täglichen Ausritten sein. Ich war eine verständnisvolle Schülerin, und mein Vater bewunderte meine Begabung und meine Tollkühnheit. Er sagte, ich sei das Abbild seiner Jugend und wäre zweifelsohne die Stütze seines Alters und die Ehre seines Geschlechtes geworden, wenn ich nur bloß als Junge auf die Welt gekommen wäre!« Unter solchen Umständen ist es verständlich, daß Nadežda Durowa sich nie besonders für das Weibliche interessiert, sich sogar fast dagegen empört hat: »Ich war ganz und gar entschlossen, und sollte es mein Leben kosten, mich dieses Geschlechtes zu entledigen, das meiner Meinung nach unter dem göttlichen Fluch stand.«

1801 erzwang dennoch die strenge und nicht gerade verständnisvolle Mutter (»Jeden Tag habe ich sie aufgebracht mit meinen extravaganten Erfindungen und meinem kriegerischen Eifer«, berichtete die einzelgängerische Tochter) eine Heirat mit einem Gerichtsassessor – ein kurzes Zwischenspiel im Leben der Durowa, die nicht zögerte, nach kurzer Zeit Ehemann und Kind zu verlassen, um wieder zum Vater zurückzukehren. Nie nahm sie später wieder Kontakt zu ihrem Kind auf – nie fällt in ihren Aufzeichnungen ein Wort darüber.

1806 konnte endlich die ungestüme Nadežda ihren Traum verwirklichen, als ein Kosakenregiment nach Sarapul kam, wo der Vater seit 1789 Statthalter war. »Ich kann nur als Soldat glücklich werden und darum handle ich so«, schrieb sie in ihrem Tagebuch.

Als Mann verkleidet und unter dem Namen Alexander Solokow zog sie mit den Truppen des Zaren fort. Allein ihr Pferd Alkide verband sie noch mit dem elterlichen Haus. Bald wurde sie auch in den Sog der napoleonischen Kriege gezogen: »Zum ersten Mal habe ich an einer Schlacht teilgenommen. Wie viel Unsinn hatte man mir darüber erzählt, über die erste Schlacht, die Angst, das Zögern und den verbissenen Mut. Absurd! Unser Regiment hat einige Male angegriffen, aber keineswegs alle zusammen. Schwadron nach Schwadron ... Die Neuheit dieses Schauspiels hat meine Aufmerksamkeit verschlungen.« Nach einer eingehenden Beschreibung des Kriegsgeschehens bemerkt sie lakonisch: »All dies erfüllt meine Seele mit so starken Empfindungen, daß mir die Worte fehlen, um sie wiederzugeben.« Am 29. Mai 1807 schreibt sie: »Heilsberg. Die Franzosen haben hier gekämpft mit einer wütenden Versessenheit. Wie schrecklich ist doch der Mensch in seiner Raserei. All die Kennzeichen eines wilden Tieres treffen bei ihm zusammen.« Und weiter heißt es: »Die Franzosen sind ein Feind, der unserer würdig ist, denn sie sind edel und mutig. Aber ein unheilvolles Schicksal, das sich unter dem Namen Napoleon verbirgt, stachelt sie an, nach Rußland zu kommen. Hier werden sie ihre Köpfe lassen, ihre Leiber werden hier verwesen und ihre Knochen zu Staub werden.« Sie selbst wurde bei Borodino von der feindlichen Armee verletzt.

Erstaunlicherweise entlarvte niemand in den Kriegswirren ihre eigentliche Identität, mit Ausnahme des von ihr bewunderten Zaren Alexander I., dessen Reformen – die Abschaffung der Folter, der Zensur und die Neuordnung des russischen Bildungswesens – ihm großes Ansehen eingebracht hatten: »Unser Herrscher ist ein schöner Mann, Bescheidenheit und Barmherzigkeit sprechen aus seinen Augen ... Auf seinem Gesicht zeichnen sich eine gewisse Güte und eine weibliche Zurückhaltung ab. Der Blick, mit dem er seine Soldaten umfing, war gedankenschwer und voller Mitleid. Sein Herz hat sicher geblutet beim Gedanken an unsere letzte Schlacht. Ein großer Teil unserer Armee ist bei Friedland gefallen.« Als sie sich in Petersburg wiedersahen, deutete der

Zar an, sie sei wohl kein Mann, einige Gerüchte, die sich im Lager verstärkten, zwangen ihn, dazu Stellung zu nehmen. Sie leugnete nichts, bat ihn aber, sie nicht fortzuschicken. Als einzige Auszeichnung für ihre Kriegsverdienste wünsche sie sich, weiterhin die Waffen in seinem Dienste tragen zu dürfen. Hier werden die Tagebuchaufzeichnungen etwas sentimental, verständlicherweise. Tatsache ist, daß Alexander I. der unerschrockenen Dame dazu verhalf, ruhmvoll ihre Soldatenkarriere fortzusetzen und ihr den Namen Alexandrow verlieh.

1816 setzte die Durowa nach zehn Jahren härtesten Einsatzes ihrer militärischen Laufbahn ein Ende. Sie zog sich auf das Landgut ihres Bruders zurück und verfaßte dort einige Novellen. Zur selben Zeit überarbeitete sie auch die tagebuchartigen Aufzeichnungen aus ihrem Soldatenleben. Die im Lager schnell niedergeschriebenen Skizzen bekamen einen chronologischen wie inhaltlichen Zusammenhang. An eine Veröffentlichung dachte sie aber damals noch nicht. Erst 1835 entschloß sie sich auf Drängen ihres Bruders, sie einem Verleger anzubieten. Puschkin, den Wassilij Durow seit 1829 kannte, schrieb ihm nach der Lektüre des Manuskripts: »Das Schicksal des Autors ist so verblüffend, so großartig und zugleich geheimnisvoll, daß die Enträtselung nur einen tiefen Eindruck auf die Leserschaft machen kann. Je einfacher, unmittelbarer der Stil ist, um so besser. Das Thema ist in sich so fesselnd, daß es keinerlei Beschönigung bedarf.« Kurz danach wandte er sich an die Autorin: »Soeben habe ich Ihre *Memoiren* gelesen, es war ein Vergnügen. Der Text ist so lebendig, so originell, Ihre Sprache so schön. Der Erfolg scheint mir sicher zu sein.« Ein Jahr später veröffentlichte er Auszüge davon in seiner Zeitschrift *Sovremmennik*.

1836 erschien die vollständige Ausgabe unter dem Titel *Die Offizierin. Das ungewöhnliche Leben der Kavalleristin Nadežda Durowa erzählt von ihr selbst.* Der Erfolg war umwerfend, die Durowa wurde plötzlich eine begehrte Dame der Petersburger Gesellschaft, man riß sich geradezu um diesen ehemaligen »Soldaten«. Der angesehene Literaturkritiker Bielinski lobte besonders ihren

Stil und fragte sich, ob nicht Puschkin ihr dazu verholfen hätte, »diese virile Entschiedenheit und Stärke« in ihre Aufzeichnungen zu bringen. 1839 erschienen sie um einiges erweitert unter dem Titel *Memoiren von Alexandrow*.

Die junge Frau – endlich! – schrieb unbeirrbar weiter. Stets bezogen sich ihre Texte auf ihr einzigartiges Erlebnis, aber der Erfolg der ersten Publikation stellte sich nicht wieder ein. Sie zog also zu ihrem Bruder, wo sie dessen Güter verwaltete und eine Art Tierheim gründete. Bis an ihr Lebensende, 1866, forderte sie eine rechtliche Gleichstellung der Frau in der Gesellschaft. Als sie starb, wurden ihr die militärischen Ehren zuerkannt.

Bestechend an den Aufzeichnungen der Durowa sind nicht allein die nackten Tatsachen, die Erfahrung der Verkleidung, die Kommentare der Frau, die sich tagtäglich im Kampf als Mann ausweist und verhält. Auch der literarische Aspekt spielt darin eine große Rolle: Sie war zugleich eine geistige Tochter Puschkins wie Voltaires. Wie bei allen gebildeten Russen ihrer Zeit war ihr literarisches Schaffen in vielfacher Hinsicht der französischen Kultur verpflichtet. Die später so berühmt gewordenen *Memoiren* gehen auf das Kriegs-Reisetagebuch zurück, das sie um Anekdoten, Geistesblitze, »rekreative« Elemente erweiterte. Dennoch ist die Unmittelbarkeit ihrer Beobachtungen oder ihrer Erlebnisse keineswegs verlorengegangen: Die Schlacht bei Smolensk büßt nichts von ihrem Grauen und von der Angst der Kämpfenden ein – die Realität des Todes auf dem Kriegsfeld wird nicht beschönigt. Ein ironischer Unterton verleiht ihrem Text eine erfrischende Distanz. Nadežda Durowa identifiziert sich derart mit ihrem selbstgewählten »männlichen« Schicksal, daß sie von sich selbst in männlicher Form sprach und ihre Briefe an Puschkin mit Alexandrow unterschrieb.

Ebenso ungewöhnlich stellt sich, in Tagebuchnotizen eingefangen, das Leben der jungen Russin ISABELLE EBERHARDT (1877–1904) dar, die schon zu Lebzeiten eine Legende war. Tollkühn folgte auch sie nur ihrem inneren Drängen und führte ein exzentrisches Leben. Die postume Behauptung, sie sei die Tochter des Dichters Rimbaud – eine Behauptung, die weder erhärtet noch jemals widerlegt werden konnte –, verlieh ihrem rätselvollen, außergewöhnlichen Lebenswandel noch einen weiteren Reiz. »Bis heute weiß ich nicht, was ich mehr bewundern soll: ihr unvollendet gebliebenes Werk, von dessen Fragmenten eine Leuchtkraft wie von Kristallsplittern ausgeht, oder ihr früh vollendetes Leben, das so viele Fragen aufwirft, die uns heute bewegen: Anarchismus, Feminismus, Kolonialismus und islamischer Fanatismus, und dessen einzelne Stationen so phantastisch anmuten, als seien sie von einem orientalischen Märchenerzähler erfunden«, so Hans Christoph Buch 1981 in seinem Vorwort zur deutschen Ausgabe der *Sandmeere*, Isabelle Eberhardts bekanntestes Werk. Ihr wohl bester Porträtist, Lesley Branch, schreibt: »Alles bei ihr war außergewöhnlich. Von allem war ihr Tod das seltsamste, denn sie ertrank in der Wüste!«

Isabelle Eberhardt wurde 1877 in der Nähe von Genf als fünftes Kind einer russischen Adligen geboren, die nach der Geburt ihres dritten Kindes mit dem Hauslehrer der Familie, Alexander Trofimowskij, einem zum Anarchisten gewordenen orthodoxen Priester, durchgebrannt war. Seit 1873 hatte sich das Paar mit den Kindern in der Schweiz niedergelassen, zu jener Zeit die Hochburg politischer Flüchtlinge aus östlichen Ländern. In der Villa Neuve, einer einsam gelegenen Villa am Genfer See, die Madame Eberhardt und der im Familienjargon kurz Vava genannte Trofimowskij bezogen hatten, fanden oft Versammlungen der russischen Nihilisten statt, die vor der zaristischen Geheimpolizei Zuflucht suchten. Der Alltag spielte sich dort recht unkonventionell ab: Die Kinder wurden von ihrem Ziehvater unterrichtet und mußten ihm als Gegenleistung in seinem ökologischen Garten helfen. Isabelle weigerte sich schon früh, Frauenkleider zu tragen, lieber hackte sie Holz mit einer Zigarette im Mund. Sie war überdurchschnittlich intelligent, schon mit zwölf Jahren sprach sie fließend Russisch, Französisch, Deutsch und Italienisch. Griechische und lateinische Texte las sie im Original.

Fasziniert war sie aber seit jeher von der arabischen Sprache wie von der islamischen Kultur und Religion. »Désir d'Orient« – die Sehnsucht nach dem Orient – bestimmte ihr ganzes Leben. Die erste Liebe von Isabelle Eberhardt war, dementsprechend, ein junger Moslem namens Archavir, der auch in Genf lebte. Kaum achtzehnjährig begann sie, eine intensive Korrespondenz mit einem türkischen Schriftgelehrten und einem in der Sahara stationierten französischen Offizier, Eugène Letord, zu führen, der ihre Liebe zur Wüste teilte. Isabelles Übertritt zum Islam 1897 besiegelte ihren Entschluß, Europa zu verlassen und in Nordafrika eine neue Heimat zu finden – eine außergewöhnliche Entscheidung für eine Frau in der damaligen Zeit. Pierre Lotis exotische Literatur machte Furore, ebenso wie Gauguins Südseemalerei. André Gide und Oscar Wilde bereisten den Maghreb, T. E. Lawrence die arabische Halbinsel. Auch Isabelles Lieblingsbruder Augustin, der die radikalen Erziehungsmethoden des abtrünnigen Priesters nicht länger ertragen konnte, setzte sich in die Fremdenlegion ab.

1897 erreichte Isabelle Eberhardt in Begleitung ihrer Mutter Algier. Als Araber verkleidet, erkundete sie die Sitten und Bräuche des Volkes und versuchte, ihren sehnlichsten Wunsch zu verwirklichen: in das Innere der Wüste vorzudringen, die von rebellischen Nomadenstämmen beherrscht wurde. Nach dem Tod der Mutter hielt sie nichts mehr zurück. Unter dem Namen Mahmoud Sadi und als angeblicher Sohn einer Deutschen und eines Tunesiers, der auf Bildungsreise war, reiste sie nach Tunis. Dort besuchte sie die heiligen Orte des Islams ebenso wie die Beduinenzelte und die Bordelle der Hafenstadt. Die ersten Prosaskizzen und Kurzgeschichten entstanden in dieser Zeit. Die Wüste wurde für sie zur zweiten Heimat. Unerschrocken ritt sie von Oase zu Oase. Aber weder die Nachstellungen mancher Kolonialherren noch die stets lauernde Gefahr, für eine verkleidete Agentin gehalten zu werden – die Agentenhysterie war damals groß –, noch die physischen Strapazen konnten ihren Willen brechen.

1900 ließ sie sich in der Wüstenstadt El Oued nieder, um nach einem Mordfall zu fahnden, der ihr etwas Geld einbringen sollte. Dort lernte sie einen jungen Leutnant der heimischen Hilfstruppen, der sogenannten Spahi, kennen, ihren späteren Ehemann Slimene Ehnni. Kurz darauf wurde sie in Behima das Opfer eines religiösen Fanatikers, der auf das geistige Oberhaupt der Kadriya, einer Moslembruderschaft, zu der Isabelle gehörte, einen Mordanschlag ausübte. Schwer verwundet, setzte sich die ärgerniserregende Europäerin noch für den Attentäter ein. Das machte sie um so suspekter – als unerwünschte Ausländerin wurde sie aus der französischen Kolonie verwiesen. Durch ihre Heirat mit Slimene erhielt sie aber einen französischen Paß und damit die Möglichkeit, wieder nach Algerien zu ziehen. 1904 ging sie im Auftrag des neuen französischen Militärkommandanten Hubert Lyautey in geheimer Mission in den Süden, um Kontakte zu den aufständischen Nomaden zu knüpfen. Als sie das Opfer der dort grassierenden Malaria wurde, zog Isabelle Eberhardt mit Slimene in eine Lehmhütte am Ufer eines ausgetrockneten Flußbettes in Ain-Sefra. Ein gewaltiges tropisches Gewitter spülte kurze Zeit darauf alles fort – die Hütten und ihre Einwohner wurden unter den Bergen von Schlamm begraben.

Isabelle Eberhardt war siebenundzwanzig Jahre alt. Hilfstruppen entdeckten ihren halbverwesten Leichnam erst nach langem Suchen. Unter entwurzelten Bäumen und Tierkadavern wurde ein Sack mit Manuskripten sichergestellt. Bei ihrem Begräbnis im islamischen Friedhof von Ain-Sefra bezeichnete der französische General sie als »Außenseiter« und fügte hinzu: »Was für ein Vergnügen, jemanden zu treffen, der ganz er selbst ist, jenseits aller Vorurteile, aller Heuchelei und aller Klischees, und der ein freies Leben führt wie der Vogel in der Luft!«

Außer Reportagen und einigen Kurzgeschichten hat Isabelle Eberhardt zu Lebzeiten nichts veröffentlicht. Erst nach 1906 und in der teilweise zweifelhaften Ausgabe von Victor Barrucand, einem befreundeten liberalen Journalisten, wurden ihre gesamten Schriften dem Publikum zugänglich. Die Erzählungen und Romanfragmente, die unter den Trümmern des eingestürzten Hau-

3 *Isabelle Eberhardt (1877–1904)*

ses von Lyautey gefunden wurden, weisen eine gewisse Konventionalität auf: wenig Handlung, exotische Stimmungsbilder, farbenprächtige Sinnlichkeit. Sie lehnen sich in Stil und Inhalt an das Werk des Schriftstellers Pierre Loti an, der um die Jahrhundertwende sehr populär war. So zum Beispiel *Stunden von Tunis*, das die Trauer um die verstorbene Mutter und das verhängnisvolle Schicksal zum Inhalt hat, das die Frauen ihrer Familie trifft, oder *Im heißen Schatten des Islams*, wo die »Offenbarung von El Oued« und die Bestätigung ihrer Berufung als Schriftstellerin zum Ausdruck kommen, oder *Notizen von unterwegs. Islamische Blätter*.

In ihren tagebuchartigen Aufzeichnungen aus den Jahren 1900 bis 1903 hingegen, in den *Journaliers* (*Tagwerke*), die nicht zur Veröffentlichung bestimmt waren, ist sie von jedem Formwillen, jeder Stilisierungsabsicht befreit und gibt sich kompromißlos preis. »Diese Aufzeichnungen enthalten zumindest eine Art *Schema* meines Lebens, meiner Gedanken und meiner Eindrücke während der eigentümlichsten, der bewegendsten und zweifellos auch der entscheidendsten Phase meines Lebens« (12. April 1901). Hier kommen ihre Obsessionen, ihre Ängste, ihre Sehnsucht und Melancholie, ihre zum Masochismus neigende Sexualität ungeschminkt zum Ausdruck. »In ihren dichtesten Momenten sind diese Aufzeichnungen alles zugleich: exotische Landschaftsschilderung und ethnologische Feldarbeit, intimes Tagebuch und erotische Konfession« (Hans Christoph Buch).

Isabelle Eberhardt schrieb in ihrem ersten Tagebuch am 1. Januar 1900: »Ich bin allein, sitze vor der riesigen grauen Weite des murmelnden Meers ... Ich bin *allein* ... allein, wie ich es schon immer und überall war, wie ich es durch das bezaubernde und enttäuschende große Universum hindurch immer bleiben werde ... *allein*, hinter mir eine ganze Welt enttäuschter Hoffnung, abgestorbener Illusionen und Erinnerungen, die von Tag zu Tag in weitere Ferne rücken, fast unwirklich geworden sind ... Für das Publikum setze ich die Maske des Zynischen, des Ausschweifenden, des großspurig Unbekümmerten auf ... Bis heute hat es niemand verstanden, diese Maske zu durchdringen und meine wahre Seele zu erkennen …, die sich so hoch über jene Niedrigkeiten und Entwürdigungen erhebt, durch die ich mein physisches Dasein aus Verachtung gegenüber den Konventionen und auch aus einem eigentümlichen Bedürfnis nach Leiden schleppe.«

Im zweiten Tagebuch revoltierte sie am 15. Juni 1900 gegen ihre Herkunft: »Ich hasse die schwachsinnige Großspurigkeit des blinden, taubstummen Bourgeois, der sich nie anders besinnen wird … *Denken* muß man lernen.« Stets wurde der geliebte, wenn auch kritisch durchschaute Orient mit dem in ihren Augen verkommenen Abendland konfrontiert. Klarsichtig erkannte Isabelle Eberhardt die Korruptionsgefahr, die das französische Kolonialwesen mit sich brachte: »Ach! Werden die jungen Algerier unserer Tage in zehn, zwanzig Jahren noch sein wie ihre Väter, geprägt von der feierlichen Heiterkeit des unerschütterlichen islamischen Glaubens? … Ach, die schmutzige, bösartige, dummdreiste *Zivilisation*! Warum hat man sie hierher gebracht und eingeimpft? Nicht die Zivilisation des guten Geschmacks, der Kunst, des Denkens, nicht die der europäischen Elite, sondern die, die in Europa selbst verhaßt ist, die erschreckende Zivilisation des niederträchtigen Gewürms der Gosse!« (*Notizen aus Algier*)

Auch die eigenen literarischen Projekte und Vorlieben wurden eingehend notiert, so zum Beispiel für das Tagebuch der Goncourt-Brüder (30. Juni 1900). Leitmotivisch klingt aber stets eine traurige Ernüchterung durch, die auch die betrifft, die ihr am nächsten waren: »O weh, meine Seele ist gealtert. Sie macht sich keine Illusionen mehr, und über die Träume der jugendlichen Seele Slimenes, der zwar nicht an die Ewigkeit, aber immerhin an die unbestimmte Dauer der irdischen Liebe glaubt und an das denkt, was in einem oder gar in sieben Jahren sein wird, kann ich nur lächeln« (9. August 1900). Und dennoch: »Das einzige Wesen, mit dem es mir gelungen ist, in Harmonie zu leben, an dessen Seite ich mich in Sicherheit gefühlt habe – wie süß ist mir die Erinnerung an dieses Gefühl inmitten der gegenwärtigen

Ängste! – –, ist Slimene« (3. Juni 1901). Kurz davor schrieb sie in Batma am 12. April 1901: »Im Vergleich … seien die beängstigenden letzten Tage in El Oued, die Katastrophe von Behima und die ersten Tage im Krankenhaus tausendmal gebenedeit. Das war noch Leiden … Hier ist es Überdruß, der trostlose Überdruß, unter Leuten ohne jede Intelligenz in der abscheulichen Mittelmäßigkeit und inmitten der Schamlosigkeit von Weibern zu leben, die des Namens menschlicher Wesen nicht würdig sind.« Die schrecklichen Erlebnisse des Attentats werden darin wachgerufen und folgenschwer beschrieben: »Die tiefe, zusammengenähte Wunde brennt und sticht. Ich kann nicht mehr! Eine schreckliche Angst bemächtigt sich meiner Seele, und über meine Wangen rollen kindliche Tränen der Ohnmacht« (Februar 1901). Und in bezug auf die öffentliche Bekanntgabe der von ihr selbst erwirkten Nichtbestrafung des Mörders schreibt sie: »Wenn dem so ist, bedeutet es mein Todesurteil, wo immer ich im Süden, dem einzigen Land, in dem wir leben können, auftauchen mag …«

Ihr Tagebuch schließt mit neuen Reiseplänen und mit der Freude, »auf dem gesegneten Boden Afrikas, den ich nie mehr verlassen möchte«, zu sein. Ihre Sehnsucht nach Absolutem, nach Entgrenzung (die durch übermäßigen Gebrauch von Haschisch und Absinth extrem gesteigert wurde) führte die junge Russin in die Mysterien der islamischen Mystik ebenso wie in verborgenste Winkel der von ihr über alles geliebten Wüste – eine »radikale Selbstverwirklichung«, die bei Isabelle mit einer fatalistischen Hinnahme des Schicksals einherging. Ihre Modernität wird dadurch gleichsam unterwandert. Diese Polarität kennzeichnet auch ihre *Tagwerke*, in denen Isabelle/Mahmoud Sadi abwechselnd über sich in der weiblichen und männlichen Form spricht.

In ihrem Wunsch nach Entgrenzung und in ihrer radikalen Absage an das Herkömmliche stand die Schweizer Schriftstellerin ANNEMARIE SCHWARZENBACH (1908–1942) Isabelle Eberhardt sehr nahe. Auch für sie war die Grenzenlosigkeit der Wüste der Freiraum schlechthin, den sie immer wieder aufsuchte, um dort

»namenlosen Anfechtungen zu erliegen«. Persien war für Annemarie Schwarzenbach »*die* Chiffre für ihr Leben und Schreiben«, wie Roger Perret, der Herausgeber von *Tod in Persien*, erläutert. Die Tochter aus großbürgerlichem Zürcher Haus faszinierte schon früh gleichermaßen Männer wie Frauen. Hinter der Maske ihrer androgynen Schönheit verbarg sich unendlich viel Trauer und Zerrissenheit – der französische Dichter Roger Martin du Gard nannte sie darum den »Engel mit dem untröstlichen Gesicht«.

Untröstlich war sie gewiß, die enge Freundin von Erika und Klaus Mann, deren hungriges Herz nie zur Ruhe kam. Ihr Leben war kurz, intensiv und von Schmerz geprägt. Von Jugend auf fühlte sie sich in Zürich, in der Welt schlechthin am falschen Platz, später schrieb sie einmal an Erika Mann über ihre Eltern: »Sie sind im tiefsten Herzen nicht einverstanden mit mir und werden es nie sein.« Schon als Kind war die übersensible Annemarie Schwarzenbach kränklich, der Strenge ihrer preußischen Mutter hilflos ausgeliefert, und dennoch sehnte sie sich nach ihrer Zärtlichkeit. Später studierte sie in Zürich und Paris Geschichte und schrieb eine Dissertation über das Engadin im Mittelalter. Bald sah sie ein, daß sie sich nur beim Schreiben von Romanen, Novellen, Reiseberichten oder Briefen lebendig fühlte. Auch das Tagebuch wurde für sie ein lebensspendender Zufluchtsort.

Nach dem Tod Annemaries vernichtete leider ihre Mutter gegen den ausdrücklichen Willen der Tochter zwei Drittel des literarischen Nachlasses, an erster Stelle die Tagebücher. Vermutlich trieb sie die Angst vor einem Skandal dazu, denn der »untröstliche Engel« war drogensüchtig und lesbisch, Erika Mann war die große Liebe ihres Lebens. Sie zerstörte sich selbst, aber keineswegs unbewußt, zu viele traumatische Erlebnisse hatten ihr Leben überschattet, wie ihre Biographin Nicole Müller ausführt: »Was berührt, ist ihre Zerrissenheit, das, was man heute fraktale Identität nennen würde.«

Schon in sehr jungen Jahren unternahm Annemarie Schwarzenbach Reisen nach Paris, Spanien, Amerika, Syrien, Persien, Rußland, Afghanistan (in Begleitung der berühmten Reiseschriftstellerin Ella Maillart) und fing an, Reportagen zu schreiben, die auch heute nichts von ihrer Aktualität eingebüßt haben. 1935 heiratete sie den französischen Diplomaten Claude Clarac – keine glückliche Verbindung, aber eine Möglichkeit, aus dem Familien-Clan auszubrechen und erneut nach Persien zu ziehen. In dieser Zeit entstand das Buch *Tod in Persien*, das sie selbst als ein »unpersönliches Tagebuch« bezeichnete. Herrliche Beschreibungen der überwältigenden Landschaften werden oft von der quälenden Selbstentfremdung der Autorin durchdrungen: »Ich habe lange über dieses Land geschrieben, in der objektivsten Weise und ohne mir zu nahe zu treten. Woher kommt also jetzt dieser bittere Drang zum Geständnis?« fragte sie sich selbst.

Einsamkeit und Todesahnung stiegen in Annemarie Schwarzenbach auf, die sich vor Heimweh nach der Mutter und den Freunden Erika und Klaus Mann verzehrte: »Wir wollten uns über das Glück unterhalten und merkten nicht, daß wir an den Tod dachten.« Angst führte zur störrischen Verschlossenheit – Morphium brachte für ein paar Stunden die Erlösung vom Ich. Dieses sogenannte Tagebuch ist aber in Wirklichkeit eine Mischung aus Autobiographie, Reisebericht und Erzählung. Die Fiktion der 1935 in Persien niedergeschriebenen Aufzeichnungen wurde bei der Ausarbeitung der endgültigen Fassung 1936 in Sils Maria ausschlaggebend: Das Tagebuch verwandelte sich endgültig in eine Erzählung. Diese ungewöhnlichen Aufzeichnungen behandeln das Ende von Liebe und Hoffnung, den Abschied von Europa, den Zerfall der Kultur, die Angst vor dem Verlust der eigenen Identität, das Sterben von Menschen. Wie Annemarie Schwarzenbach in ihrer Einleitung schreibt: »Ja, um Irrwege handelt es sich in diesem Buch, und sein Thema ist die Hoffnungslosigkeit.« *Tod in Persien* ist, wie Roger Perret schreibt, eine »sprachliche Manifestation dieser bodenlosen Suche nach sich selbst«, die für die Autorin zeitlebens kennzeichnend war.

Nach einem Selbstmordversuch infolge eines Streits mit ihrer Freundin Margot von Opel in New York wurde Annemarie

4 *Annemarie Schwarzenbach (1908–1942)*

Schwarzenbach 1940 in eine psychiatrische Klinik eingeliefert. Als es ihr endlich gelang, nach Europa zurückzukehren, suchte sie nach einem Aufenthalt in Belgisch-Kongo Zuflucht in Sils Maria. Dort starb sie vierunddreißigjährig an den Folgen eines Fahrradunfalls. Die »allmächtige« Mutter informierte einen Psychotherapeuten über die schweren Kopfverletzungen, schickte aber den herbeigeeilten Ehemann mit falschen Informationen weg. Ein schreckliches Ende.

Ebenfalls als Reise durch fremde Länder und Milieus, die erkundet, aufgesogen und für sich übernommen werden, stellt sich das Tagebuch der Franziska zu Reventlow (1871–1918) dar, eine andersgeartete »Aussteigerin« als Isabelle Eberhardt, aber ebenso radikal in ihrem Wunsch nach Entgrenzung und Freiheit.

Franziska zu Reventlow, eine der markantesten Gestalten der Schwabinger Bohème der Jahrhundertwende, die auf einzigartige Weise in ihrem Tagebuch von 1895–1910 geschildert wird, fühlte sich der russischen Malerin Marie Bashkirtseff in ihrem Lebens- und Selbstverwirklichungsdrang sehr nahe: »Ich lese Marie Bashkirtseff, das möchte die einzige Frau gewesen sein, mit der ich mich ganz verstanden hätte, vor allem auch in der Angst, etwas vom Leben zu verlieren und vor dem unerhörten Prügelbekommen vom Schicksal. O Leben, Leben, nur Leben. Das alte Fieber wacht immer mehr auf. Lieber noch verzweifelte Kämpfe als entsagen … Es ist Winter, und ich muß die Zeit vor mir herhetzen, um das Gefühl zu verlieren, daß sie vorüberstreicht« (19. November 1901). Dachte sie aber an Maries »Schauder vor dem Anfassen des wirklichen Lebens«, so brach bei ihr eine vitalitätsstrotzende Reaktion auf: »Nichts ist für uns furchtbar, wenn wir Gladiatoren sein wollen« (18. Februar 1895). Ähnlich wie bei dem russischen Vorbild erschien das Tagebuch der Reventlow auch erst acht Jahre nach ihrem Tod.

Sie wurde 1871 auf dem Familienschloß in Husum geboren, wo der Vater erster preußischer Landrat war. Literarische Interessen – er stand Theodor Storm nahe – und Schöngeisterei zeichneten

70

ihn aus. Die Mutter hingegen war streng und engherzig und beugte sich dem gesellschaftlichen Diktat der aristokratischen Gesellschaft des ausgehenden 19. Jahrhunderts. Schon als Kind bevorzugte Franziska das Turnen, Reiten, Fechten, ihre liebsten Spielgefährten waren die drei Brüder und keineswegs die wohlerzogene »mädchenhafte« Schwester. Dies führte unweigerlich zu ständigen Auseinandersetzungen mit der etikettenbeflissenen Mutter, die das fünfzehnjährige widerspenstige Mädchen in das freiadlige Magdalenenstift zu Altenburg verwies. Lausbubenstreiche und Auflehnung gegen die Lehrerinnen setzten bald der Internatszeit ein Ende. Franziska, die sich schon zu Hause als Stiefkind behandelt vorkam, schrieb darüber: »Nun hatte ich gelernt, daß das Leben und vor allem die Menschen nicht so seien wie ich damals geglaubt. Es gab jetzt so vieles im Leben, was bedrückend war … Was hatte ich denn getan? Wenn ich vergnügt war, mußte ich toben – konnten sie das nicht begreifen? Ich war kaum fünfzehn, als ich hinkam, und sollte ›vernünftig‹ sein. Aber ich hatte fortwährend das Gefühl, mich auslärmen, austoben zu müssen, das mit der Einschränkung nur wuchs.«

In Lübeck, wohin der Vater versetzt worden war, absolvierte sie trotz des mütterlichen Widerwillens eine Lehrerinnenprüfung, obwohl die Malerei sie geradezu magisch anzog. Bald wurde sie dort Mitglied des Ibsen-Clubs, der die junge geistige Elite der Hansestadt zu Lesungen und glühenden Diskussionen über Tolstoi, Ibsen, Jean Paul und Bebel zusammenbrachte. Eine »Wohnstubendekoration« oder ein »brauchbares Haustier«, wie es in Franziskas Augen die meisten unterwürfigen Mädchen aus gutem Hause waren, wollte die aufmüpfige Komteß gewiß nicht werden. »Ich will und muß einmal frei sein, es liegt nun einmal tief in meiner Natur, dies maßlose Sehnen und Streben nach Freiheit. Die kleinste Fessel, die andere gar nicht als solche ansehen, drückt mich unerträglich, unaushaltbar«, schrieb sie einem Freund. Die Eltern versuchten das »schwarze Schaf« der Familie zur Vernunft zu bringen, aber erfolglos. Sie entdeckten auch Liebesbriefe, die ihre erste Liaison bloßstellten und für Aufruhr sorgten. Die temperamentvolle, »uneinsichtige« Tochter wurde umgehend in ein ländliches Pfarrhaus geschickt, wo sie mit Ungeduld den Tag ihrer Volljährigkeit, den 18. Mai 1892, abwartete. Über Wandsbek floh sie nach München, wo sie völlig unbemittelt dastand, da die Eltern sie enterbten und sich von ihr lossagten – die Mutter verweigerte ihr etwas später sogar den Zutritt zum Sterbebett des Vaters. Endlich fühlte Franziska sich aber frei und tauchte begeistert in die Schwabinger Bohème ein, »ein buntes Durcheinander von Malerateliers, verkannten Genies, wirklichen Talenten, Liebe, Freundschaft, Festen« (Vorwort von Else Reventlow zu den Tagebüchern von Franziska zu Reventlow, München 1925).

Ein kurzes Zwischenspiel nur bedeutete für die Unbezähmbare ihre Heirat 1894 mit dem Hamburger Gerichtsassessor Walter Lübke, der darin einwilligte, sie nach München ziehen zu lassen, um ihre Malstudien zu beenden. Der Lebenshunger führte zum Lebensrausch, Franziskas Temperament waren keine Grenzen mehr gesetzt – so wie sie sich als Kind austoben mußte, lebte sie sich jetzt kompromißlos aus: »*Yvette* von Maupassant gelesen, weckt die alte Sehnsucht nach liederlichem Leben in mir auf, d.h. jetzt will ich meine Zeit, Kraft usw. nur noch für die Kunst, aber die Jahre, die ich verloren habe. – Der Champagner war da, doch du trankst ihn nicht. – Und mich reuen die Sünden, die ich nicht beging« (20. Februar 1895). An ihrem ersten Hochzeitstag, am 22. Mai 1895, schrieb sie ins Tagebuch: »Heute liege ich hier und kann so ruhig an damals denken. An den wahnsinnigen Tag – und wie eine sich lösende Entzündung ist der Entschluß in mir aufgebrochen, alles zu sagen, mich zu lösen von diesem Bann und von Schuld und von Lügen.« Kurz darauf befiel sie eine tückische Krankheit, die sie fast ein Jahr lang zur Zurückgezogenheit zwang. Damals brach auch der Ehemann mit ihr. Einsam und verzweifelt flüchtete Franziska anschließend mehr denn je in den Trubel und in die sinnliche Ekstase, um sich zu betäuben und um zu vergessen.

Zeiten der tiefsten Depression, seelische Qualen begleiteten die Exzesse der vermeintlich unbekümmerten Bohemienne. »Ich selbst bin so furchtbar, ja, ein Knäuel wilder Schlangen, die selten beieinander Ruhe haben.« Ein gewisser Walter vermochte aber zeitweilig ihre Sehnsucht nach Leidenschaft zu stillen und ihr zugleich Geborgenheit zu bieten: »Und dann kam die tiefe, ruhige Liebe zu Walter. Wie ein geschundenes Kind hab' ich an seinem Herzen gelegen, so unendlich wund und krank und sündig, und einen kurzen Augenblick geträumt, daß ich eine Heimat habe« (6. Juli 1895). Auf die herzzerreißende Trennung folgte tiefe Verzweiflung, bis dann endlich die Aussicht auf Rettung, auf Versöhnung sich in Franziska auftat: der Wunsch nach einem Kind. »Es ist kein Zweifel mehr. Ich bin froh und ruhig. So elend, daß ich kaum durchs Zimmer gehen kann. Und denke an nichts anderes mehr. Ein Kind, ein Kind. Mein Gott« (Januar 1897). Und ferner: »Mein Kind – all meine Hoffnungen, daß mein Leben noch einmal sich aufbaut« (7. Februar 1897). Gleichzeitig mußte Franziska zu Reventlow aber weiterhin mit quälenden Geldsorgen und problematischen Liebesbeziehungen fertigwerden. Am 1. September kam ihr Sohn Rolf zur Welt, dessen Vater sie nie preisgegeben hat. Das ersehnte Kind bedeutete ihr nunmehr alles: »Alles hängt an ihm, all meine Liebe und all mein Leben, und die Welt ist wieder herrlich für mich geworden, wieder Götter und Tempel und der blaue Himmel darüber« (September 1897). Rainer Maria Rilke, der ihr damals nahestand, legte dem Sohn diese Worte in den Mund: »Fühlst Du denn nicht, daß ich gekommen bin, um Dir alles zurückzugeben, was Du einmal verlassen hast um Deiner rufenden Stunde willen?«

Seit sie in München ihren Lebensunterhalt verdienen mußte, hatte Franziska kurze Texte für den *Simplizissimus* und für die *Rundschau* des Fischer-Verlags geschrieben. Jetzt nahm sie, wenn auch widerwillig, Übersetzungen aus dem Französischen an, um Rolf, mit dem sie die meiste Zeit verbrachte, und sich selber über Wasser zu halten. »Halbtot. Vormittags mit Eis im Bett. Nachmittags eine Geschichte übersetzt. Leihhaus und Überschuß abgeholt. Mit Bubi gespielt« (19. Juni 1898). In Schwabing wurde der Kreis ihrer Freunde immer enger. Einige entscheidende Bekanntschaften, die zu Liebesbeziehungen führten, blieben aber nicht aus, wie beispielsweise die zu dem Philosophen Ludwig Klages: »Ein wunderbarer Abend mit Klages. Ich erzählte ihm fast mein ganzes Leben und auch von Friess. Das erste Mal, daß ich so zu einem Menschen reden konnte. Ich sehnte mich ja immer nach einem Menschen, der fliegen könnte, und ich glaube, er kann es. Wohl mir, daß ich ihn gefunden habe« (19. September 1897). Oder zu dem Rechtsanwalt Dr. Alfred Friess, im Tagebuch unter den Pseudonymen »Monsieur« und »Belami«: »Nächste Woche kommt Friess wieder. Ich habe mich in der Zeit ziemlich von ihm emanzipiert und glaube nicht, daß er die alte Gewalt über mich noch hat« (9. November 1897), aber kurze Zeit danach, am 13. Januar 1898: »Ces nuits là sont la joie de ma vie, la grande et profonde joie. Je ne suis plus seule, j'ai quelqu'un près de moi, et c'est mieux, ce mariage de convenance, que de l'amour plein d'un charme étrange«. Oder zu Adam, dem glühenden Reisebegleiter: »Und Adam – meine Leidenschaft ist zu groß, um sie als Schuld zu fühlen, ich fühle alles als Schuld, was nicht meine Liebe ist. Bei ihm will ich ausruhen davon, ihm den Reichtum geben, den sie in mir anhäuft« (14. April 1898). Parallel zu diesen Affären war sie von stürmischer Leidenschaft zu dem immer wieder auftauchenden Walter erfaßt, dessen Identität nie enthüllt wurde: »Er hat mich vergessen und überwunden, und er hat mich geliebt. Und ich hab' ihm alles zuleid getan, bin von ihm fortgegangen, aber ich habe ihn nicht vergessen, vergesse ihn nie« (3. Februar 1898).

Die zunächst leidenschaftliche Hingabe an die Malerei wich allmählich der Faszination des Literarischen. Auf *Ellen Olestjerne*, eine romanhafte Selbstbiographie, folgten u. a. in den Jahren 1912–18 *Von Paul zu Pedro, Der Geldkomplex, Der Selbstmörderverein*, Werke, die ihr turbulentes Schwabinger Leben widerspiegeln und »charmante Plaudereien« bzw. »graziöse Spielereien« (Else Reventlow) sind, wie die Tagebuchnotiz vom 8. Juli 1908 zeigt, die als Rohentwurf für *Von Paul zu Pedro* diente. »Das Zeitalter der Päule, Paul I. ein recht heiterer Abend. Ich hätte Augen, die einen toll machen könnten, so etwas hört man immer ganz gerne.

Paul II. eine zweifelhafte Errungenschaft aus der Red Cat Bar, wo ich zwei Abende meine Netze auswarf. Er begriff nicht recht, wie ich in ›dieses Leben‹ hineingeraten wäre. ›Armes Kind‹, etc. Wenn er wüßte, wer ich bin!«

Kaum war etwas Geld da, wurden lange Reisen unternommen: nach Konstantinopel, Kleinasien, Korfu, wo sich Mutter und Kind sechs Monate lang niederließen, Rom, Paris. Franziska porträtierte mit dem scharfen Auge einer Malerin alles, was ihr Interesse wachrief. Landschaften, Museen, Harems. Jede Regung von Bubi-Rolf wurde registriert und mit Entzücken notiert. Anders erging es dem Reisebegleiter bzw. dem Geliebten des Augenblicks: »Aber er hat nicht das Lachen, das ich brauche, das Gleiches in mir auslösen kann. Er hat keinen Schmerz in sich, der auf das, was weh in mir, antwortet... Es ist schrecklich, wenn zwei Menschen immer so verkehrt ineinander eingreifen, bei jeder Kleinigkeit dies Hängenbleiben, das nie in Richtigstellen, immer nur in Aushacken endigt«, notierte sie entmutigt am 4. Juli in Vathy. Auch unterwegs arbeitete sie unentwegt, so daß die sie umgebende Landschaft zugunsten des alltäglichen Tagesablaufs zurücktrat, der, wie eine Notiz aus Tigani vom 25. August 1898 verrät, sich recht mühsam gestaltete: »Angefangen, Vorrede zum Dante zu lesen. Dann Brandes *Shakespeare*, nachmittags wieder wildnervös, verfalle immer wieder dem Rauschteufel. Verfluchte Energielosigkeit.«

Die Rückreise nach München brachte eine kurze Trennung von Adam mit sich: »Damit losch wieder etwas aus für mich. Immer steh' ich draußen vor der Tür, wenn die anderen Feste feiern. Dies furchtbare Alleinsein. – Und so quälendes Heimweh nach dem Sommer. Alles, was an Wachheit und Liebesbedürftigkeit in mir ist, schreit auf dagegen. Ich halt' es ja nicht aus, so allein zu sein« (6. Januar 1901). Die folgenden Jahre in München waren fast ausschließlich von ständigen Geldnöten bestimmt, obwohl treue Freunde, vor allem Klages, zu helfen versuchten.

Der fast chronische Geldmangel zwang Franziska schließlich 1909 zu einer Übersiedlung nach Ascona im Kanton Tessin und kurz danach zu einer Formaltrauung mit dem baltischen Baron Rechenberg-Linten. Als dieser vom eigenen Vater enterbt wurde und das restliche Geld dem Bankcrash von 1914 zum Opfer fiel, saßen Mutter und Sohn wieder fast mittellos da. An Plänen fehlte es aber nie: Reisen nach Mailand, München, Palma de Mallorca und Zürich unterbrachen den Aufenthalt in der Südschweiz, wo sie schließlich am 27. Juli 1918 unter großen Schmerzen und in völliger Einsamkeit einem alten, tückischen Leiden erlag. Eine kleine Marmortafel auf dem Friedhof von Locarno verkündet das Ende eines Lebens, das für manche wie ein »lächelndes Hinwegtanzen über alle Schwierigkeiten« aussah: Contessa Francesca Reventlow, 1871–1918.

Die Tagebücher lösten bei ihrem ersten Erscheinen 1925 selbst bei ihren Freunden Schrecken, Ratlosigkeit und zugleich Bewunderung aus, denn sie widersprachen radikal der Vorstellung von verspielter Leichtigkeit, von unskeptischer Selbstbehauptung, die zu oft Franziskas Grundstimmung überdeckt hatten. Als Fünfunddreißigjährige hatte sie bereits das Fazit ihres Lebens gezogen: »Ach, ich bin gelaufen, gelaufen und hingefallen, wieder aufgestanden, umgeworfen, wieder aufgesammelt, bis ich dahin gekommen bin, wo mein Ziel anfängt. Und dann die Angst und die Zweifel und das Kräfteversagen und die Müdigkeit. Aber immer dahinter das Gefühl, ich muß noch etwas Großes zusammenbringen. Das verläßt mich nie.«

Nicht unähnlich in ihrem Lebenshunger und in ihrem bewegten Leben, das sie von Rußland nach Paris, Italien, Deutschland und schließlich in ein abgelegenes Dorf auf der Krim führte, ist die legendäre »ewige Freundin« Fjodor M. Dostojewskijs, Apollinaria Suslowa (1841–1919), gewesen. Auch ihr Tagebuch, das die drei Jahre umfaßt, die sie mit dem russischen Schriftsteller verbrachte – daher der Titel *Meine Jahre der Nähe zu Dostojewskij* –, spiegelt vornehmlich Liebessehnsucht, Seelenqualen, Geldsorgen wider, zugleich aber auch die Freiheitsbesessenheit der glühenden Anhängerin der Nihilistenbewegung, die in der zweiten Hälfte des 19. Jahrhunderts Rußland zukunftweisend prägte. Ebenso enthüllend wie ihre persönlichen Notizen, die erst 1928 in Moskau veröffentlicht wurden, ist gewiß ihre literarische Widerspiegelung in der Gestalt der Polina von Dostojewskijs *Der Spieler*.

Apollinaria wurde als Tochter eines Leibeigenen 1841 in Panino (Nishnij-Nowgorod) geboren. Prokov Suslow erlangte dank seiner Klugheit noch vor der allgemeinen Emanzipation der Leibeigenen (1861) die Freiheit und zog mit seiner Familie nach Petersburg. Die zwei überdurchschnittlich begabten Töchter, Nadežda und Apollinaria, studierten dort Medizin bzw. Literatur, schrieben beachtenswerte Artikel zu politischen und sozialen Fragen und spielten eine bedeutende Rolle in der Petersburger Studentenschaft. Apollinaria stand der Nihilistenbewegung sehr nahe, die unter der geistigen Führung G. Tschernyschewskijs einen unbedingten Glauben an den »neuen Menschen« vertrat, der aus den Trümmern der herrschenden Gesellschaftsordnung erwachsen sollte. Die liberal-umstürzlerischen Ideen, die den Menschen aus allen Zwängen, sei es moralischer, gesellschaftlicher oder familiärer Art, befreien wollten, entsprachen aufs engste Apollinarias Veranlagung. Entgrenzung und Freiheit zeichneten ihre Gedanken, Gefühle und Erwartungen anderen Menschen gegenüber aus.

Freiheit als Fundament jeder Moral war auch Fjodor Dostojewskijs Postulat, der nach vier Jahren Zwangsarbeit und weiteren vier Jahren Militärdienst in Sibirien 1857 nach Petersburg zurückgekehrt war und von der russischen Jugend als heldenhaftes Opfer des autokratischen Systems angesehen und verehrt wurde. Bei einer öffentlichen Vorlesung aus dem Roman *Aufzeichnungen aus einem Totenhaus* (1860/62), der auf seiner Exilerfahrung gründet und das sibirische Zuchthaus als Metapher für die menschliche Gemeinschaft schlechthin darstellt, traf er Apollinaria Suslowa. Üppige rothaarige Zöpfe und wache blaue Augen machten die großgewachsene Einundzwanzigjährige sehr anziehend. Dostojewskij war vierzig Jahre alt, verheiratet und durch die Deportation physisch gebrochen, abgesehen von den epileptischen Anfällen, die ihn zeitlebens plagten. Neben den gemeinsamen sozialkritischen und utopischen Postulaten bildete die Bewunderung beider für die französische Romanschriftstellerin George Sand, die »Prophetin« des Petraschewskij-Zirkels, eine geradezu ideale Verständigungsbasis. Sie begannen, sich regelmäßig zu treffen, zunächst in der Redaktion der von Dostojewskij gegründeten Zeitschrift *Wremja*, schließlich unter vier Augen. Der Dichter wurde Apollinarias erste aufzehrende Liebe.

Von Anfang an war aber ihre Beziehung getrübt. Die junge Studentin war kompromißlos, exzessiv, erwartete von dieser Leidenschaft einen Rausch der Sinne und des Geistes. Zugleich zeichnete sie sich aus durch »ein Miteinander von Begierde und Frigidität, von sexueller Neugierde und Abscheu vor dem Sinnlichen« (Marc Slonim). Die erotischen Perversionen des Liebhabers riefen in ihr einen instinktiven Abscheu hervor. Dieser Abscheu schlug oft in einen scheinbar grundlosen Haß um. Dostojewskijs Leidenschaft für die turbulente Suslowa loderte um so mehr auf – ab Frühjahr 1863 ist sie die Mitte und der Inhalt seiner Existenz. Die Krankheit seiner Frau Marija Dimitrjewna fesselte ihn an ein freudenloses, zurückgezogenes Eheleben. Apollinaria versetzte ihn um so mehr in einen alles übertönenden Liebesrausch. Sie hingegen konnte sich einer tiefen Enttäuschung und Bitterkeit nicht erwehren. Wie Henri Troyat darstellt, hatte die junge Studentin gehofft, »der geniale Dichter würde sie durch seinen Geist beleben, weiterführen, mußte aber betroffen eingestehen, daß sie ihn durch die Sinne beherrschte, ja geradezu knechtete«. Dennoch beschloß das Paar, den Sommer gemeinsam in Europa zu verbringen. Folgenschwere Probleme mit der von ihm herausgegebenen Zeitschrift *Wremja* zwangen jedoch Dostojewskij, in Petersburg zu bleiben.

Apollinaria brach alleine nach Paris auf, wohin der Geliebte nachkommen sollte. Drei bis vier Monate wartete sie vergeblich auf ihn – eine Zeitspanne, die ihr half, sich innerlich von ihm zu lösen. Eine neue Beziehung zu einem spanischen Studenten, Salvador, der schön, unkompliziert und voller Vitalität war, eröffnete der temperamentvollen Russin eine neue Welt. In ihr begegnete Apollinaria der südländischen Sinnlichkeit, die von keinerlei sado-masochistischen Tendenz bestimmt war. Die Leidenschaft der jungen exzentrischen Frau versetzte aber den unbekümmerten Studenten in Angst, wortlos verschwand er aus ihrem Leben. Apollinaria war zutiefst betroffen.

Gerade zu diesem Zeitpunkt traf Dostojewskij, nach einem kurzen Aufenthalt in Wiesbaden, wo er seiner Spielleidenschaft nachgegeben hatte, in Paris ein.

Das Tagebuch der Suslowa beginnt mit seiner Ankunft in der Rue Soufflot, nahe dem Pantheon, wo sie ein bescheidenes Zimmer bewohnte. Die ersten Worte der jungen Geliebten waren bestürzend: »Du kommst etwas zu spät. Noch vor kurzem hatte ich davon geträumt, mit Dir nach Italien zu reisen, und sogar begonnen, Italienisch zu lernen. Innerhalb weniger Tage, in einer Woche ist alles anders geworden. Du hast einmal gemeint, ich sei nicht fähig, mein Herz schnell zu verschenken – nun habe ich es in wenigen Tagen hingegeben, auf den ersten Ruf, ohne Widerstand, ohne Gewißheit, ja fast ohne Hoffnung...« (19. August 1863). Das Tagebuch gibt das Gespräch wieder, das zwischen Apollinaria und Dostojewskij stattgefunden hat. Distanziert, fast nüchtern schildert sie ihr Pariser Wiedersehen. Später widmete sie dieser Szene eine Erzählung *Der Eine und Einzige* (1864). Bezeichnend ist, daß die Frauengestalt dieser Erzählung, die Apollinarias dunkle Stimmung nach ihrer Trennung vom russischen Dichter wiedergibt, am Ende Selbstmord begeht.

Die Notizen der letzten Sommertage berichten über einige Besuche Dostojewskijs, bei denen er sie vor ihrer Leidenschaft zu dem jungen Studenten warnte, so wie am 27. August 1863: »Er liebt Dich nicht!« schrie er auf und griff sich verzweifelt an den Kopf. »Du liebst ihn also wie eine Sklavin! Nicht wahr, du gehst mit ihm bis ans Ende der Welt? Ich fahre aufs Land, sagte ich, während ich in Tränen ausbrach.« Lange Gespräche mit dem ehemaligen Geliebten über Haß und Liebe (1. September) oder über das unstill-

bare Bedürfnis nach Rache der jungen Frau (17. Februar 1864) enthüllen ebenso ihr Inneres wie das Dostojewskijs, das zwischen
Begehren, Eifersucht und Mitleid schwankt. Sie preist sein Verständnis und seine freundschaftliche Treue und weint sich auf seiner Schulter aus: »Nach einigen unwesentlichen Fragen erzählte
ich ihm dann die ganze Geschichte meiner Liebe und auch von
dem gestrigen Zusammentreffen, ohne irgend etwas zu verhehlen. F. M. meinte, man dürfe der ganzen Sache keine allzugroße
Aufmerksamkeit schenken; ich hätte mich natürlich beschmutzt,
aber das sei eine Zufälligkeit« (1. September 1863).
Am 5. September brechen sie gemeinsam über Baden-Baden, wo
Dostojewskij wieder vom Spielrausch ergriffen wird, nach Italien
auf. In dem 1866 entstandenen Roman *Der Spieler* klingt Haßliebe zu Apollinaria durch: »Ich begreife gar nicht, was an ihr zu finden ist! Hübsch ist sie allerdings … Sie bringt ja auch andere um
den Verstand. Der Abdruck ihres Fußes ist schmal und lang – peinigend. Peinigend, das Wort stimmt. Ihr Haar schimmert rötlich.
Die Augen sind veritable Katzenaugen, doch wie stolz und
hochmütig sie einen damit anzublicken versteht.« Und weiter
heißt es: »Der Gedanke, wie sehr sie für mich unerreichbar ist, wie
sehr mein Begehren unmöglich zu realisieren ist, diese Gedanken
vermitteln ihr ein höchstes Glück.« Etwas Unüberwindliches verband sie trotzdem, denn die gemeinsame Reise über Turin – »Ich
hatte wieder zärtliche Gefühle F. M. gegenüber, machte ihm Vor-
würfe und fühlte gleich darauf, daß ich im Unrecht war; dann
wollte ich mein Verschulden wieder gutmachen und war sehr lieb
zu ihm. Er zeigte darüber solche Freude, daß ich gerührt wurde
und meine Zärtlichkeit verdoppelte« – Genua und Livorno ging
weiter bis nach Rom – wo Salvador wieder einen vorrangigen
Platz in Apollinarias Herz einnahm (»Welch wilder Wirrwarr
liegt in all dem, was zwischen mir und ihm vorgegangen ist, welch
ein Abgrund von Widersprüchen in unserer Beziehung!«) – und
Neapel. Dort trafen sie Alexander Herzen. »Er behandelt mich
in der Öffentlichkeit wie eine Schwester, so daß sein Verhalten
Herzen einigermaßen befremdet haben dürfte.« Heftige Diskus-

sionen brechen immer wieder auf, besonders wenn es um Fragen der Frauenemanzipation geht. In politischer und sozialer Hinsicht nahm Apollinaria einen Standpunkt ein, der dem Geschichtsbewußtsein Dostojewskijs genau entgegengesetzt war: Sie sympathisierte mit den extremistischen Bewegungen, die sich unter Alexander II. anbahnten, er verteidigte eine idealistische Ethik, die in der Tradition verwurzelt war. Zärtlich-ambivalente Versöhnungen folgten auf die Streitereien, aber die Kluft zwischen ihnen wurde immer tiefer.

Ende Oktober kehrte Apollinaria aus Berlin, der letzten Etappe ihrer Reise, nach Paris zurück. Dort begann erneut die Sehnsucht und die Suche nach Salvador (24. November). Zugleich korrespondierte sie mit dem nach Petersburg zurückgekehrten Dostojewskij, der einmal wieder mittellos nach einem Roulettabend nur dank der von Apollinaria verpfändeten Uhr die Reise bezahlen konnte. In ihrem Tagebuch übertönt aber weiterhin die Haßliebe alle weiteren Erfahrungen. »Man spricht mir von F. D. Ich verabscheue ihn einfach. Er hat mich so gequält, obwohl er es hätte verhindern können.« Ihr Leiden ist ebenso unbedingt wie ihr Stolz: »Werde ich einmal meinen Stolz ablegen können? Nein, das ist unmöglich, besser ist zu sterben!« Zugleich: »Ich möchte meine Trauer endlich abschütteln!« Trauer um den ersten Geliebten, der nie aus ihrem Leben weichen wird und sie darum die »ewige Freundin« nennt; Trauer ebenfalls um den sich stets verleugnenden jungen Salvador, dessen Gegenwart in Paris für Apollinaria eine ständige Quelle von Unruhe und Mißmut bildet (17. November). Rastlos reist sie von Paris nach Versailles, von Spa nach Zürich. Ebenso rastlos wechselt sie ihre Liebhaber und stürzt sich in zahllose Abenteuer. Sinneslust und Ekel gehen ineinander über: »Jetzt weiß ich, ich sehe es ganz klar, daß ich nicht lieben kann und weder Glück noch Lust in der Liebe zu empfinden vermag, weil die Liebkosungen der Männer mich stets an die vergangenen Beleidigungen und Leiden erinnern« (24. September 1864).

Ihr Streben nach absoluten, »reinen« Gefühlen war gebrochen, nicht aber das nach Freiheit. Die Revolte, im zwischenmenschlichen wie im gesellschaftlichen Bereich, war ihr ureigenes Element. Obwohl sich die junge Russin weiterhin in Paris aufhielt, blieb ihr Europa fremd. Ihre Ablehnung der westlichen Welt wuchs zusehends. (»Ich hasse Paris und kann mich dennoch von dieser Stadt nicht losreißen, vielleicht deshalb, weil sie etwas an sich hat, was Menschen anzieht, die keine bestimmte Heimat und kein bestimmtes Ziel haben.« 5. Dezember 1863) Ihre vernichtende Kritik der Pariser Sitten nimmt den berühmten Topos des Cato auf: »Dieses Volk muß zugrunde gehen!« (12. Dezember 1863). Der französische Leichtsinn stieß sie ebenso ab wie die deutsche Borniertheit. Die Galerie ihrer Liebhaber war international: ein Amerikaner, ein älterer Engländer, ein holländischer Arzt, ein Georgier, ein Franzose. »Nach reifen Überlegungen bin ich zu dem Schluß gekommen, daß man alles anstellen muß, was man für nützlich hält«, schrieb Ende 1864 die Femme fatale, die jetzt ihre Macht über ihre Verehrer erprobte. Im Grunde ähnelte sie aber eher einer gebrochenen Passionaria, die an ihrer eigenen Kompromißlosigkeit zugrunde gehen mußte.

Zwei russische Literatinnen, die ebenfalls in Paris lebten, Gräfin Salias de Turnemir, als Jewgenija Tur Autorin zahlreicher Erfolgsromane, und Marija M. Markewitsch, alias Marko Wowtschok, wurden ihre Freundinnen (vgl. 17. April 1864). Die gemeinsame Begeisterung für die Frauenemanzipation und die ebenfalls gemeinsame Ablehnung Turgenjews untermauerten ihre gegenseitige Sympathie (vgl. 17. April 1864). Dank der Gräfin Salias kam Apollinaria wieder mit dem Kreis von Alexander Herzen in Berührung, dessen utopischer Sozialismus mit slawophilen Tendenzen die »ewige Freundin« Dostojewskijs fesselte. Dort lernte sie einige radikal-nihilistische junge Revolutionäre kennen, die wegen ihrer Ideen Rußland hatten verlassen müssen. Ihr Tagebuch spiegelt das intensive Leben wider, das sie damals führte. Die Rückkehr nach Rußland begann sie immer drängender zu beschäftigen. So schrieb sie im Dezember 1864: »Ich denke viel an meine Rückkehr nach Rußland. Wohin werde ich mich wenden?

Ich werde dort niemals so frei sein können, wie ich es mir wünsche, und kann den Sinn meiner Abhängigkeit nicht einsehen.«
Eine Reise nach Petersburg Anfang November führte sie wieder mit Dostojewskij zusammen. Er bat sie damals, seine Frau zu werden, aber Apollinaria lehnte verbittert ab. Die Idealisierung hatte aufgehört, aber nicht die gegenseitige Quälerei: »Heute habe ich Fjodor Dostojewskij gesehen. Wir haben uns ununterbrochen gestritten und uns gegenseitig widersprochen«, bemerkt sie lakonisch in ihrem Tagebuch. Auch ein zweiter Heiratsantrag stieß auf Ablehnung. Die Pariser Freunde spornten sie an, diesen Schritt doch zu wagen, um dadurch Dostojewskijs Zeitschrift in ein radikales Blatt umzuwandeln. Sie ließ sich aber nicht darauf ein. Zeitlebens ging Apollinaria keinen Kompromiß ein: »Lieber aus Kummer sterben, aber frei, unabhängig von der äußeren Welt, treu den eigenen Überzeugungen, und Gott seine Seele zurückgeben ebenso unbestechlich und rein, wie man sie bekommen hat, eher als nachgeben, einwilligen in niedrigen, unwürdigen Dingen. Ich empfinde das Leben als so gemein, so jämmerlich, daß ich es kaum ertragen kann. Mein Gott, ist es möglich, daß es immer so weitergeht? Lohnte es sich überhaupt, geboren zu werden?« (17. September 1865)
Apollinaria kehrte nach Paris zurück. Ein Jahr später heiratete Dostojewskij Anna Grigorjewna Snitkin, eine neunzehnjährige Stenographin, der er in 24 Tagen den *Spieler* diktiert hatte, als er im Begriff war, dem Wuchervertrag seines Verlegers zum Opfer zu fallen. Apollinarias Aufzeichnungen kreisten zunehmend um »russische« Themen. Ein gewisses Heimweh nach Rußland wurde allmählich vernehmbar. Um Paris zu entkommen, zog sie nach Montpellier, in die französische Provinz, die ihr aber auch nicht so recht behagte: »Das Volk ist hier furchtbar gutmütig, aber voller entsetzlicher Vorurteile ... Die Gebildeten sind überzeugt, sie wüßten bereits alles, hätten alles erreicht, und sie haben für nichts mehr auf der Welt Bewunderung. Die Provinzler hassen Paris, und dieser Haß wirkt manchmal genau so lächerlich übertrieben wie der Haß der Franzosen gegen die Engländer.« (8. März 1865)

Apollinarias Rückkehr stand nichts mehr im Weg. In Petersburg traf sie sich wieder mit Dostojewskij, und die alten Streitereien fingen wieder an: »Er bietet mir schon seit längerem seine Hand und sein Herz an und ärgert mich damit bloß. Er sprach von meinem Charakter und sagte: ›In dem Fall, daß Du einmal heiraten solltest, bin ich sicher, daß Du bereits am dritten Tag Deinen Ehemann hassen und verlassen würdest … Du kannst mir nicht verzeihen, daß Du Dich mir einmal hingegeben hast, und willst Dich an mir rächen. Das ist ein echter weiblicher Zug.‹« (2. November 1865)

Das Tagebuch der Suslowa endet am 6. November 1865 mit einem verblüffenden Bild von sich selbst: »Ich sagte, ich wollte eine Heilige werden, ich werde barfuß im Kreml-Garten in Moskau tanzen und erzählen, Engel unterhielten sich mit mir und dergleichen.« 1868 legte sie in Moskau die Lehrerinnenprüfung ab und zog ins Dorf Iwanowo (Wladimir). Dort eröffnete sie eine Mädchenschule, um die Bauernkinder der Umgebung zu unterrichten und ihrem Wunsch entsprechend »für das russische Volk zu arbeiten«. Als Sympathisantin der nihilistischen Bewegung und darum verdächtig, wurde sie aber von der Polizei ständig observiert. Als ein Polizeibericht kundtat: »A. S. ist bekannt als eine der wichtigsten Nihilistinnen. Sie proklamiert öffentlich deren Lehren und hat im Ausland enge Beziehungen zu regierungsfeindlichen Kreisen gehabt«, wurde die Schule geschlossen.

1870 stand Apollinaria Suslowa auf der Liste der Teilnehmerinnen eines Seminars für Frauenbildung an der Moskauer Universität. Danach zog sie zu ihrem Bruder, um die Erziehung seiner Kinder zu übernehmen.

1880 hielt sie sich erneut in St. Petersburg auf, wo sie Wassilij Rosanow (1856–1919) begegnete. Der damals vierundzwanzigjährige glühende Anhänger Dostojewskijs – sein Essay »Dostojewskij und seine Legende vom Großinquisitor« (1890) ist nicht nur eine mystisch-religiöse Interpretation des Romans, sondern auch eine Darlegung der eigenen irrationalistischen Geschichtsphilosophie – verliebte sich stürmisch in die ehemalige Geliebte des verehrten

Meisters. Sie war damals vierzig Jahre alt, unabhängig und immer noch eine hinreißende Schönheit. Im selben Jahr wurde die Ehe geschlossen, die für den exaltierten Jungphilosophen den Charakter erotischen Mystizismus annahm. Seine alles beherrschende erotische Obsession zerstörte in kurzer Zeit die Beziehung. Wieder war Apollinaria statt auf Geist und Geborgenheit auf Lust und Begierde gestoßen. Das Zusammenleben wurde zur Hölle. Das Paar quälte und verfolgte sich gegenseitig mit Ausbrüchen von Eifersucht und Haß. Apollinaria holte sich bei den jungen Studenten ihres Mannes, was sie zu ihrem psychischen Gleichgewicht brauchte; Rosanow hatte bereits zwei Kinder aus einer Verbindung mit einer anderen Frau. Nach sechs Jahren gegenseitiger Qualen kam es endlich zur Trennung, die zunächst beide aus erpresserischen Gründen abgelehnt hatten.

Apollinarias Spuren verlieren sich in Sewastopol auf der Krim. Dort gründete sie einen Kindergarten und starb 1919 während der Wirren der Revolution.

Das Tagebuch der Apollinaria Suslowa ist nicht allein Ausdruck narzißtischer Erkundung und ein »schmerzstillendes Mittel« (Amiel). Es ist ebenso ein Dokument der russischen Mentalität Ende des 19. / Anfang des 20. Jahrhunderts. Ein emanzipierter, freiheitsdurstiger Zugang zur Realität, gepaart mit scharfer Beobachtungsgabe und kritischer Distanz, zeichnet diese knapp 160 Seiten aus. Klingt im Tagebuch der Anna Grigorjewna, Dostojewskijs zweiter Frau, eine Auslöschung der Identität der liebenden Frau an, so lodert in dem der Suslowa stets eine unbändige Selbstbehauptung auf. Sie versinnbildlicht das Postulat, das Alexander Herzen in seinen *Lebenserinnerungen* aufgestellt hat: »Die Idee war die Emanzipation der Frau, die zur Mitarbeiterin an dem allgemeinen Kulturwerk aufgerufen wurde, die Rückgabe ihres Schicksals in ihre eigenen Hände und ein Bund mit ihr als gleichwertige Persönlichkeit.«

Die Emanzipation der Frau, ihre geistige wie soziale Unabhängigkeit, hat in Rußland eine lange Tradition. Schon Peter der

Große erließ ein Gesetz, das den Eltern verbot, die Töchter zur Ehe zu zwingen. Frauen bestimmten im 18. Jahrhundert den Ton in Rußland; sie stiegen auf den Thron und regierten autokratisch, wie das Beispiel von Katharina II. zeigt. Die hochgebildete Prinzessin Daschkow, eine Zeitgenossin der Zarin, wurde sogar Präsidentin der Petersburger Akademie der Wissenschaften. In der zweiten Hälfte des 19. Jahrhunderts äußerte sich der weibliche Freiheitsdrang besonders im Bereich der Volksbildung. Dank der nihilistischen Bewegung kamen damals diese Postulate auch den Töchtern von Leibeigenen zugute, wie es Apollinaria und Nadežda Suslowa zeigen. Pädagogische und medizinische Bildungsanstalten wurden von den sogenannten Kursistinnen erstürmt, unbeugsame Amazonen, die ein Ziel anstrebten: Freiheit durch Bildung, Bildung für alle.

Es ist durchaus denkbar, daß diese emanzipatorische Tradition auf die gesellschaftliche Position der Frau im russischen Mittelalter zurückgeht, das nicht nach westlichem Muster geprägt war und in dem der ritterliche Kodex der Mann-Frau-Beziehung nicht galt. Im russischen Mittelalter genoß die Frau die gleichen Rechte wie der Mann, sie verwaltete selbstverantwortlich den eigenen Besitz und zog in den Krieg an der Seite ihres Gefährten. Sie war die unabhängig mitdenkende und verantwortungsvoll mitwirkende Kampfgefährtin. Für eine Minneethik westeuropäischer Prägung blieb da kaum Zeit. Dies bestimmte selbstverständlich die Einstellung beider Geschlechter zueinander. Das virile Element, das an die Virago der italienischen Renaissance erinnert, verdrängte aber keineswegs das »ewig Weibliche«, ganz im Gegenteil, die tolerante Gleichberechtigung und Mitverantwortung potenzierten es eher. Ein bestechendes Beispiel dafür bildete in unserem Jahrhundert Lou Andreas-Salomé, deren ungebrochene Widerstandskraft und unüberhörbarer Freiheitsdrang die Charaktermerkmale der russischen Frau aufweisen.

Lou (Louise) Andreas-Salomé (1861–1937) wurde als sechstes Kind und einzige Tochter des Generals Gustav von Salomé in St. Petersburg geboren. Seit Generationen hatte die deutschstämmige Familie im Baltikum gelebt, 1810 war sie nach St. Petersburg gezogen, in die Hauptstadt des Zarenreichs. Wie sie in ihrem *Lebensrückblick* schildert, fühlte Lou sich aber stets als Russin. Prägend war für sie die innige Vater-Tochter-Beziehung, die sich in ihren späteren Freundschaften mit älteren Männern widerspiegelt. Ebenso wie Apollinaria Suslowa war sie von dem Gedankengut der russischen Nihilisten beseelt; Tschernyschewskijs Roman *Was tun?* (1863), das Kultbuch der radikal gesinnten russischen Jugend, entsprach auch ihrem Sehnen und Suchen. Individualismus und Freiheit waren das Herzstück dieses neuen Glaubens, der auf den Materialismus Feuerbachs und den utopischen Sozialismus Fouriers und Saint-Simons gründete. Lou kannte sogar Turgenjew persönlich, in dessen Roman *Väter und Söhne* die erste Beschreibung eines Nihilisten steht: »Ein Nihilist ist ein Mensch, der sich keiner Autorität beugt, der kein einziges Prinzip auf Treu und Glauben annimmt, mit wieviel Respekt dieses Prinzip auch sonst anerkannt worden wäre.«

Das Postulat der allein maßgebenden Vernunft und die sich daraus ergebende intellektuelle Redlichkeit entsprach Lous klarem Verstand, ihrer mitreißenden Phantasie und besonders ihrem Bedürfnis, Konventionen zu brechen und Freiheit zu wagen. Nach dem Tod des Vaters schloß sie sich dem Pastor der Niederländischen Gesandtschaft und Erzieher der Zarenkinder, Hendrik Gillot, an, der für sie ein Ersatz der frühen Erfahrung der Gott-Vater-Kind-Einheit wurde. Als er ihr aber einen Heiratsantrag machte, brach die geistig-seelische Beziehung auseinander.

Lou zog 1880 nach Zürich, um dort Theologie, Philosophie und Kunstgeschichte zu studieren. Mit ihrer Mutter bereiste sie Europa, u. a. auch Rom, wo sie im Haus der Malwida von Meysenbug verkehrte. In diesem Kreis, wo man sich eingehend mit der Philosophie Schopenhauers beschäftigte, lernte Lou von Salomé 1882 den jungen Philosophen Paul Rée kennen, mit dem sie später in Berlin zusammenlebte. Damals erfolgte auch die erste Begegnung mit Friedrich Nietzsche.

Beide Philosophen liebten die sehr eigenständige junge Russin, sie wies aber entschieden beider Heiratsanträge ab. Ihre Freundschaft zu dritt wurde zur Legende. Lous »total entriegelter Freiheitsdrang« lief parallel zu ihrem »für Lebenszeiten abgeschlossenen Liebesleben«. Der Verzicht auf sexuelle Erfüllung setzte schöpferische Kräfte frei, die Sexualisierung des Denkens ersetzte ihr das sexuelle Tun. In einem eigens für Rée geführten Tagebuch hielt sie ihre philosophischen Gespräche mit Nietzsche fest, die sich auch in ihrem ersten Roman *Im Kampf um Gott* (1885) niederschlugen. Im Tagebuch resümiert sie ihre seelische Verfassung: »Für uns Freidenker, welche nichts Heiliges mehr haben, was sie als religiös oder moralisch groß anbeten könnten, gibt es trotzdem noch Größe, welche uns zur Bewunderung, ja zur Ehrfurcht zwingt. Ich ahnte diese Größe an Nietzsche ... Es gibt keine Wertschätzung der Richtungen mehr, die der Mensch einschlägt, aber es gibt eine Größe der Kraft.« Abschließend bemerkt sie über Nietzsche: »Ich habe übergroßes Vertrauen zu seiner Lehrerkraft.« Er hingegen machte sich zur gleichen Zeit Notizen über Lous »Unfähigkeit zur Liebe« und über ihr »fehlendes Feingefühl für Nehmen und Geben«.

Die darauf folgende Studienzeit mit Paul Rée in Berlin erwies sich für Lou als ideale Lebensform. »Hier war das gesunde, klare Klima, auf das ich zustrebte«, notierte sie in ihrem *Lebensrückblick*. Sie war damals die einzige Frau unter später namhaften Wissenschaftlern wie Hermann Ebbinghaus, Ferdinand Tönnies u. a. »Ich hatte den Spitznamen die Exzellenz, wie in meinem russischen Paß, wo ich nach russischer Sitte als einzige Tochter des Vaters Titel erbte«, ironisierte die Vielbewunderte.

1885 trennte sie sich von Paul Rée, für den sie brüderliche Liebe empfand, und begegnete dem Orientalisten Friedrich Carl Andreas, dem Sohn einer deutsch-malayischen Frau und eines armenischen Prinzen. Sie heirateten 1887. Die »Gewalt des Unwiderstehlichen« sei ihr in Andreas begegnet, mit dem sie eher eine Tochter-Vater- als eine Liebesbeziehung aufnahm. In ihren Tagebuchaufzeichnungen setzte sie sich oft mit der Frage auseinander, worin wohl das »Vermählende« mit Friedrich Carl Andreas

5 *Lou Andreas-Salomé (1861–1937)*

bestünde, da sie die Erwachsenensexualität von vornherein ausgeklammert hatte. Die »gemeinsame Höhe«, in der sie beide »gipfeln wollen«, verbände sie, schrieb sie, gewiß nicht das Sexuelle.

Allmählich wurde für Lou das Schreiben zum Beruf – Aufsätze, Theaterkritiken, Essays: *Henrik Ibsens Frauengestalten* (1892), *F. Nietzsche in seinen Werken* (1894), *Ruth* (1895), *Fenitschka, Eine Ausschweifung* (1898), eine Erzählung, die ihre Begegnung mit Frank Wedekind in Paris schildert.

Unentwegte Reisen kennzeichneten ihr Leben, das sich immer mehr von dem Andreas' absetzte: Paris, St. Petersburg, Wien, München. Dort lernte sie 1897 den einundzwanzigjährigen Rainer Maria Rilke kennen, der sie später auf zwei Rußlandreisen begleitete. »René Maria kommt zu Lou Andreas-Salomé wie Louise vor Jahren zu Gillot kam, als schwärmerischer Gottsucher zu einem Menschen, der für sich bereits eine entschiedene Position gefunden hat. Lou Andreas-Salomé wirkt, wie damals Gillot, als Halt und Versprechen für eigene Klärungsprozesse« (Linde Salber).

Das Träumerische, Wirklichkeitsferne, Sehnsuchtsvolle des jungen Dichters erinnerte sie an ihre eigenen frühen Seelenzustände, die sie seit langem durch disziplinierte Arbeit, durch rationale Durchschauung und Bewältigung in Schranken gehalten hatte. Lou erhielt nunmehr in den drei Jahren der Liebe, ebenso wie in den langen Jahren der Freundschaft, die Rolle eines »geliebten Mentors«. Ihre Rußlandreisen mit Rilke, die erste 1899 noch in Begleitung ihres Mannes Friedrich Carl Andreas, und ihr Liebeserlebnis mit dem jungen Dichter brachten in ihr erneut die Saiten des »Seelenlebens« zum Erklingen, die zeitweise verstummt waren. Das »Einfache«, »Ursprüngliche«, »Naive« der russischen Dichtung und Kultur sah Lou Andreas-Salomé als eine Möglichkeit der Regeneration für die westliche Welt an: »... dies sind Züge, die dem heutigen modernen Menschen, dem alt und müde gewordenen Kulturmenschen, unweigerlich zusagen ...«

Im Kreml, in der kleinen Kapelle der iberischen Muttergottes, begann Lou mit der Niederschrift ihres Reisetagebuchs von 1900.

Leider ist es bisher unveröffentlicht geblieben. Der bald nach ihrer Rückkehr geschriebene Roman *Rodinka* stellt in einer literarisierten Version Lous Begegnung mit ihrer Heimat dar. Als er 1923 erschien, fügte die Autorin die Widmung hinzu: »An Anna Freud, ihr zu erzählen von dem, was ich am tiefsten geliebt habe.« Die beiden Rußlandreisen haben zweifelsohne für sie ein »Zurückwachsen in die Kindheit« (Linde Salber) bedeutet. Auch die Beziehung Lou–Rilke erfuhr damals eine deutliche Kristallisierung: Er suchte stets ihre Anbetung, ihren Schutz, die ambivalente Beziehung des Kindes zur Mutter. Sie hingegen schreibt in ihrem *Lebensrückblick*: »... war ich jahrelang Deine Frau, so deshalb, weil Du mir das erstmalig Wirkliche gewesen bist. Darin wurden wir Gatten, noch ehe wir Freunde geworden, und befreundet wurden wir kaum aus Wahl, sondern aus ebenso untergründig vollzogenen Vermählungen. Nicht zwei Hälften suchten sich in uns: die überraschte Ganzheit erkannte sich ... So waren wir Geschwister – doch wie aus Vorzeiten, bevor Inzest zum Sakrileg geworden.« Der damals zehnjährige Dichter Boris Pasternak, mit dessen Vater sie Tolstois Landgut in Jasnaja Poljana besuchten, beschrieb später das seltsame Paar, das Lou und Rainer Maria abgaben: »Unmittelbar vor unserer Abfahrt trat ein Mann im schwarzen Tiroler Umhang an das Fenster unseres Abteils. Bei ihm war eine hochgewachsene Frau. Sie mochte wohl seine Mutter sein oder eine ältere Schwester.«

1901 kam es zur Trennung von Rilke, Lou konnte seine Empfindlichkeiten nicht mehr ertragen und schrieb ihm: »Allmählich wurde ich selber verzerrt, zerquält, überanstrengt ... gab die eigene Nervenkraft aus ...« Im gleichen Jahr heiratete Rilke die Worpsweder Künstlerin Clara Westhoff, und Paul Rée verunglückte tödlich in Celerina. Lou wurde indes die Geliebte des Arztes Pineles. Eine Schwangerschaft mit Fehlgeburt war nicht gerade geeignet, das Paar zusammenzufügen, zumal Lou nur noch nach Lust und Laune den Arzt und Liebhaber aufsuchte und erneut verließ, um mit anderen Männern zu reisen. 1903 zog sie mit Friedrich Carl Andreas und seiner inzwischen zur Geliebten avancierten Haushälterin nach Göttingen. Mehrere Erzählungen, rastloses Reisen, eine stete Sorge um Rilke, dessen Hilferufe sie vermutlich veranlaßten, sich der Psychoanalyse zuzuwenden, bestimmten von nun an Lous Leben. Bevor sie nach Wien ging, versuchte sie aber ihre These von dem grundsätzlichen seelischen Unterschied zwischen Mann und Frau, von der Frau als Lebenskünstler zu erhärten. Der augenfällige Unterschied zwischen dem Künstler und der Frau besteht ihrer Ansicht nach darin, daß beim Künstler das Schöpferische sich im Werk ausdrückt, hingegen bei der Frau sich alles ins Leben hinein entlädt. Lous Feminismus widerspricht der These von der Gleichberechtigung beider Geschlechter – das würde für sie die Zustimmung einer männlich ausgelegten Lebensinterpretation bedeuten. Für sie ist das Weibliche einzig als das »Ewig«-Weibliche zu bestimmen.

1912 entschloß sie sich nach ihren autodidaktischen Vorstudien der Psychoanalyse, nach Wien zu fahren, um an den Freudschen Mittwochabenden und an seinem Kolleg teilzunehmen. Der Meister antwortete umgehend auf ihren Antrag: »Verehrte gnädige Frau. Wenn Sie nach Wien kommen, werden wir alle bemüht sein, Ihnen das wenige, was sich an der Psychoanalyse zeigen und mitteilen läßt, zugänglich zu machen.«

Dort entstand das Tagebuch *In der Schule bei Freud*, das erst 1958 veröffentlicht wurde. Es umfaßt den Winter 1912/13 in Wien während ihres Studiums bei Freud, als sie das Kolleg »Einzelne Kapitel aus der Lehre der Psychoanalyse« hörte, und das darauf folgende Halbjahr, als sie am Münchener Psychoanalytischen Kongreß teilnahm. Lou lernte die neue Wissenschaft in der Phase ihrer stärksten Entfaltung, vor dem Ersten Weltkrieg, kennen. Sie war hingerissen vom »erstrahlenden Umfänglicherwerden des eigenen Lebens durch das Sich-herantasten an die Wurzeln, mit denen es der Totalität eingesenkt ist«, ihr Hauptinteresse galt dem Funktionieren des Seelischen, das heißt vornehmlich auch des Unbewußten. Der Narzißmus, den sie aus ihrer eigenen Lebensgeschichte so gut kennengelernt hatte, wurde für sie das Thema schlechthin der Psychoanalyse. Im Tagebuch ebenso wie in den

Briefen jener Zeit nahm sie immer wieder Stellung dazu. Der Narzißmus, wie sie es selber nannte, war ihr »Spezialfimmel« geworden. »Wir ruhen eben in einer Allgeborgenheit, aus der uns das spitzeste, zugespitzteste Ichtum in Zweifel und Unruhe aufstört. Paradoxerweise bringen wir jedoch auch diesem Ichtum immer wieder unsere Liebe entgegen.« Und »Das Narzißtische im schöpferischen Sinn ist keine zu überschreitende Stufe mehr, vielmehr eine dauernde Begleitschaft allen tiefen Erlebens« (5. März 1913). Das Tagebuch schildert gleichermaßen die Explorationen der Erkenntnis wie des Unbewußten. Lou Andreas-Salomés »Erlebnis Freud« gründet in der ungeheuren Bedeutung, die der Vater der Psychoanalyse dem Unbewußten und Irrationalen einräumte. Lou folgte seinen Spuren, stimmte zu oder setzte sich entschieden ab. Ihre Aufzeichnungen verarbeiten die Kollegmitteilungen Freuds, der sich auch ihr, als einziger Frau, die an dem inneren Kreis der Mittwochabende teilnahm, in persönlichen Gesprächen erschloß. In kurzen, sehr dichten Darstellungen gibt Lou Andreas-Salomé die Fragen und Erörterungen wieder, die Freuds Erkenntnisse auslösten. Alfred Adler hatte sich gerade von ihm getrennt, der Bruch mit C. G. Jung vollzog sich auch. Lou nahm Kontakt mit beiden auf, setzte sich mit ihren Lehren auseinander und entschied sich für Freud, der ihre Verstandeskraft und ihren selbständigen Beitrag zur Forschung hervorhob. Die Tagebuchaufzeichnungen umfassen auch Lou Andreas-Salomés Begegnung mit Max Scheler und vor allem das Wiedersehen mit Rilke in Göttingen, München und Dresden. Eine psychoanalytische Aufarbeitung ihrer Beziehung zum ehemaligen Geliebten, ebenso wie eine Deutung seines Künstlertums, strebte sie zweifelsohne damit an. Als er sie am 9. Juli 1913 besuchte, notierte sie: »Doch da stand das Problem vor uns, daß er sich in seiner eigenen Geisteshaut nicht besser, sondern kränker fühlte als einst. Wir sprachen viel darüber. Es ist nur zu verstehen, wenn irgendein Besserwerden sich mit diesem Sichschlechterfühlen bezahlt macht: der Umstand gerade, daß er nicht mehr in zwei Wesen auseinanderfällt, die sich sogar zu fremd sind, um auch nur aneinander zu leiden – dieser Umstand macht ihn leiden an allem, was sich nicht recht in ihm organisiert und realisiert und doch bereits mit ihm eins ist, keine abgespaltene Persönlichkeit mehr. Gleichzeitig damit schien sich alles Schiefgehende, Entgleisende in ihm zu hysterisieren – noch mehr als früher.« Und am 10. Oktober des gleichen Jahres schrieb sie: »Zum Entzückendsten an Rainers Wesen gehört, daß trotz der Zartheit, die ihm alles Starke zur unterjochenden Gefahr macht, ihn doch jegliches Unterjochen nicht weibisch verführt, sondern ihn bricht. Es ist das zugleich durchaus Männliche in ihm, weswegen man so zart allem aus dem Wege gehen muß, was ihn unterjochen könnte – weswegen man eigene Kraft nur heiter benutzen darf, um ihm Freiheit zu geben, zu verschaffen.«

1915 gründete Lou Andreas-Salomé eine eigene psychoanalytische Praxis in Göttingen und arbeitete mit Freuds Tochter Anna zusammen an der Durchleuchtung komplizierter Phantasien, vor allem Schlagphantasien, bei Kindern. Die Untrennbarkeit von Liebe und Schmerz kehrt in Lous Schriften häufig wieder. Das Herauskristallisieren und Beleben dieser Seelenzustände war ihre Stärke: »Jetzt frage ich mich nicht mehr bei Kranken: wodurch erkrankte er?, sondern auch, nicht minder argwöhnisch, beim Gesunden: wodurch blieb er gesund? – um welchen Preis?« (Brief an Rilke, 16. März 1924). Lous Tagebuchaufzeichnungen ähneln einer Reise im Reich der Seele, die durchaus mit einer geographischen Erkundung parallel zu setzen ist. »Bei mir geht es ja in der Tat so weit, daß ich geradezu noch neugierig bin, was im Wunderknäuel ›Leben‹ es wohl noch alles abzustricken geben wird« (Brief an Freud, 4. Mai 1927). Die Arbeit verlieh ihrem Leben einen Sinn. Oft hatte sie bis zu zehn Analysestunden täglich – Freud sprach sogar von einem verhüllten Selbstmordversuch.

Bis zu Rilkes Tod 1926 führten beide eine Korrespondenz, die trotz der verschiedenen Lebenswege eine unerschütterliche innige Verbindung kundtut. Als 1930 Andreas starb, begann eine Zeit der letzten Einsamkeit. Die Machtübernahme Hitlers und die Verfolgung der Psychoanalyse als »jüdisch-kulturbolsche-

wistisch-sexualistische Psychologie« erschwerte Lous Berufs-
ausübung, ihr Leben überhaupt. In ihrem *Lebensrückblick* bekennt
sie, dem Menschen bleibe das Dasein »ein Vexierbild: hält es doch
uns selber mit eingezeichnet in sein offenes Geheimnis«.
Am 5. Februar 1937 starb sie zwei Jahre nach einer Krebsoperation
in ihrem Haus Loufried in Göttingen. »Die letzten 25 Jahre dieser außerordentlichen Frau gehörten der Psychoanalyse an, zu der
sie wertvolle wissenschaftliche Arbeiten beitrug und die sie auch
praktisch ausübte. Ich sage nicht viel, wenn ich bekenne, daß wir
es alle als eine Ehre empfanden, als sie in die Reihen unserer Mit-
arbeiter und Mitkämpfer eintrat, und gleichzeitig als eine neue
Gewähr für den Wahrheitsgehalt der analytischen Lehren …«,
schrieb Siegmund Freud in seinem »Nachruf«.

Nicht minder faszinierend als die Erkundung entlegener Bereiche
sind die Selbstzeugnisse, die das eigene kulturelle Umfeld widerspiegeln, so auch die einer berühmten Schriftstellerin unseres
Jahrhunderts, über die André Gide überschwenglich schrieb:
»Welch' vortreffliche Sicherheit in der Wortwahl! Welch' Empfindsamkeit in der Nuance! Und all das so spielerisch, in der Art
von La Fontaine, als sei es nur en passant, und doch ist all dies das
Ergebnis einer emsigen Bearbeitung – ein wahrhaft auserlesenes
Ergebnis«. Als sie 1954 starb, war sie zweifelsohne die bekannteste
»femme de lettres« des europäischen Kontinents, Mitglied der
belgischen Académie Royale und Bestsellerautorin der Romane
Claudine, Chéri, Gigi, die fieberhaft verschlungen wurden.
Sidonie-Gabrielle Colette Robineau-Duclos, weltweit bekannt
als Colette, wurde 1873 in Saint-Sauveur geboren. Der französische Schriftsteller J.-M.-G. Le Clézio charakterisiert sie am tref-
fendsten, wenn er über sie sagt: »Begehren und Lust sind für sie
keine Rechtfertigungen, sondern ein Ausdruck von Lebenskraft,
von ihrer ununterbrochenen und langsamen Explosion.«
Colettes Jugend in der französischen Provinz war heiter und problemlos. Die ersten Kontakte mit der Literatur kamen 1891 zu-
stande, als sie den dreizehn Jahre älteren Henry Gauthier-Villars,

alias Willy, kennenlernte, den sie zwei Jahre später heiratete. Willy, Sohn eines Verlegers, führte die hochintelligente, geistvolle junge Frau dem »Tout-Paris des lettres« vor, unter anderen Marcel Proust, Anatole France, Claude Debussy, Rachilde, Anne de Noailles. Die Jungvermählte, die oft krank war, wußte von Anfang an, daß ihr Mann unzählige Liebesabenteuer hatte, es gelang ihr aber nicht, sich von ihm zu trennen. Ganz im Gegenteil, sie wurde sogar sein »ghost writer«. Die *Claudine*-Romanreihe (1900–1903) erschien zunächst unter seinem Namen und erntete großen Erfolg. Colette durfte nur das Bild dafür abgeben, mit Bubikopf und mädchenhafter Schulkleidung begleitete sie Willy auf seinen literarischen Umzügen. Bald ging die gesellschaftlich vorgeführte, aber innerhalb ihrer vier Wände recht einsame junge Frau ihren eigenen Weg, der sie auf lesbische Pfade führte. Stets offenbarte sie später unter der Maske der Literatur ihre Neigung für das Ambivalente und ihre Bisexualität: »Überaus heftig ist das Verführerische an einem Wesen, dessen Geschlecht ungewiß und verschleiert ist«, notierte sie in *Das Reine und das Unreine* (1941, Sammeltitel für die 1932 erschienenen *Ces plaisirs*). So sehr Colettes Werk feminin, aber keineswegs feministisch ist – »Ihre Heldinnen sind weder Suffragetten noch Amazonen, ihnen liegen keineswegs die anerkannten Rollen der Revolte« (Mona Ozouf) –, so sehr ist es auch von einer entschiedenen Virilität geprägt. Die Frau hat in ihren Romanen immer alle Fäden in der Hand, auch wenn sie verliebt ist, enttäuscht oder hintergangen wird. Cocteau nannte die temperamentvolle Schriftstellerin eine »Befreierin der femininen Psychologie«, lobte aber zugleich ihre männliche Stärke, ihren »echten mentalen Hermaphroditismus«.

Die lang sich hinziehende Ehekrise mit Willy endete schließlich mit der Trennung, die 1907 juristisch besiegelt wurde. Colette lebte schon seit einigen Jahren mit der Marquise de Belbeuf, der sogenannten Missy, zusammen und hatte bereits 1903 einen Artikel unter eigenem Namen publiziert. Endlich konnte sie nun ihr Leben als »freie Frau« so gestalten, wie sie es wollte. Schreiben wurde ihr Hauptanliegen: Zeitungsartikel, Romane, Erzählungen.

Ihre Theaterkritiken, die eine Geschichte des französischen Theaters zwischen beiden Weltkriegen bilden, sind unübertroffen. Nebenher führte sie ihr Liebesleben mit Missy weiter, vernachlässigte aber auch nicht, neue Bekanntschaften zu schließen, so mit Henry de Jouvenel, dem Chefredakteur des »Matin«. Er wurde ihre große Liebe, ihr Ehemann und der Vater ihres Kindes. 1920 erschien Colettes berühmtester Roman *Chéri*. Paris lag ihr zu Füßen. Henrys politische Laufbahn und Colettes literarische Karriere und gesellschaftliche Inszenierung ließen sich aber nicht so recht vereinen. Ein Sohn aus der ersten Ehe ihres Mannes, Bertrand de Jouvenel, wurde, kaum achtzehnjährig, der Liebhaber der temperamentvollen Stiefmutter. Ihr Hang für viel jüngere, feminine Männer war bekannt – vielleicht eine Revanche für die trostlosen Jahre ihrer Ehe mit dem »Faun« Willy?

Allmählich begann Colette neben den Artikeln und Romanen autobiographische Notizen niederzuschreiben. 1924 veröffentlichte sie *Aventures quotidiennes*, eine Sammlung von Chroniken, die sich auf Zeitgeschehen beziehen. Die Selbsterforschung durch Fremdbeobachtung nahm hier ihren Anfang. 1925 ging sie eine Liaison mit einem sechzehn Jahre jüngeren Mann ein, Maurice Goudeket. Die berühmte Autorin schrieb und reiste viel. 1936 verfaßte sie den autobiographischen Text *Mes apprentissages*, der eine Art Abrechnung mit dem vor vier Jahren verstorbenen Willy ist. »Welches Alter habe ich erreicht? Neunundzwanzig, dreißig? Schon das Alter, in dem sich die Kräfte, die die Dauer besorgen, organisieren, das Alter, in dem man den Krankheiten Widerstand leisten muß, das Alter, in dem man weder für jemand, noch wegen jemandem stirbt. Schon jene Erstarrungen, die ich mit der Versteinerung vergleiche …« – »Ich habe niemals mit Scham, Leichtigkeit oder Zärtlichkeit weinen können … die Tränen sind für mich ebenso grausam wie der Ekel … vielleicht, weil ich mich so bemüht habe, sie zu verdrängen.«

Während einer Reise mit Maurice in Marokko im Jahre 1938 wurde Colette Zeugin des Prozesses der Prostituierten Oum-El-Hassen. Daraufhin schrieb sie einen umwerfenden Text, der später in ihre tagebuchartigen Aufzeichnungen *Journal à rebours* aufgenommen wurde. Dieses Werk kann nicht als Tagebuch im engeren Sinne angesehen werden, es enthält Chroniken früherer Zeiten, so über ihre Ankunft in Paris nach der Ehe mit Willy, über ihre angebetete, alles bestimmende Mutter Sido, über ihre Zeit auf dem Land (der ausbrechende Krieg hatte sie zu ihrer Tochter in die Correze geführt), über die Bauern der Umgebung, die Gefahren der Natur. Der scharfe Blick Colettes und ihre kundige Feder verwandeln jede Einzelheit in ein Ereignis. Erstaunlich ist dabei, daß sie die Tragweite der deutschen Besatzung in Paris nicht zu begreifen schien. Sie schrieb weiter für Zeitungen, die den politischen Fragen und Stellungnahmen auswichen – erst als Maurice Goudeket, dessen Vater Jude war, 1941 in ein Konzentrationslager interniert wurde, verstand sie das grausame Ausmaß dessen, was sich abspielte. Und das Zeitgeschehen bot ihr Stoff für ihre literarischen Skizzen. Wirklich engagiert hat Colette sich aber nie. »Nichts war ihr fremder als die Ausübung, sogar die Idee des Engagements«, schreibt die französische Historikerin Mona Ozouf in ihrem subtilen Essay über die »Französische Eigenheit«.

1944 – Maurice Goudeket war 1942 befreit worden – veröffentlichte Colette *Gigi*. Eine Hüftarthrose quälte sie zunehmend und hinderte sie, eine normales Leben zu führen. Von ihrem Fenster aus, das auf den herrlichen Garten des Palais Royal schaute, sah sie der Befreiung von Paris zu. 1946 wurden ihre *Gesammelten Werke* feierlich vorgestellt. 1949 erschien *En pays connu*, wiederum eine Sammlung von autobiographischen Aufzeichnungen. Dazu gehört auch das *Journal intermittent*, das Notizen aus den Jahren 1915, 1923, 1934, 1939-40, 1941 bündelt. »Ihre Kontaktnahme mit den Dingen lief über alle Sinne. Sie gab sich nicht damit zufrieden, sie anzuschauen, sie mußte sie auch beschnuppern, sie kosten«, berichtete Maurice Goudeket. Es spricht für Colettes Redlichkeit, daß sie in diesen später überarbeiteten Texten keine Korrektur hinsichtlich ihrer politischen Gleichgültigkeit, ja Blindheit, angebracht hat. In diesen Aufzeichnungen wird eine Reise nach Italien, Rom und Venedig (1915) mit ebensoviel Scharfsinn für Landschaft und kulturelles Umfeld wiedergegeben wie das Aufspüren pikanter Einzelheiten zum berühmten Fall der Mörderin Violette Nozière (1934). Paris in Krieg und Frieden (1939–1940) wird hinreißend geschildert, aber die konkrete Realität der Besatzung wieder verschwiegen: 1941 evoziert Colette den Pariser Sommer, 37 Grad im Schatten, die Vögel, die aus dem Jardin d'Acclimatation verbannt werden, die herzlichen Briefe ihrer Tochter, das Wettrennen der Windhunde in Courbevoie. In diesen literarisch so überzeugend eingefangenen Belanglosigkeiten kommt die eigentliche Colette zum Ausdruck: als klarsichtige Beobachterin und Darstellerin der Zerwürfnisse zwischen Mann und Frau, aber ebenso als jeglicher Zivilcourage sich entziehende Künstlerin.

Am 3. August 1954 starb sie in Paris. Eine kirchliche Beerdigung wurde nicht gestattet. Sie bekam aber ein feierliches Staatsbegräbnis.

Einen überragenden Sonderfall der Selbstanalyse durch Fremdbeobachtung bildet RAHEL LEVIN-VARNHAGEN (1771–1833). Wenn erst hier, gegen jede chronologische Ordnung, eine der faszinierendsten Gestalten des ausgehenden 18. Jahrhunderts ins Licht gerückt wird, so darum, weil diese überragende Frau keine Einordnung erlaubt.

Im Zeitalter der Aufklärung und der Romantik war das Tagebuch als Parallelerscheinung zur damals so ausgeprägten literarischen Gattung der Korrespondenz anzusehen. Bildungsgeschichtliche Prozesse und individuelle Erlebnisse fanden ihre Widerspiegelung im geschriebenen Wort: Eine Flut von Briefsammlungen, Tagebüchern und Bekenntnisschriften war die Folge.

Rahel Levin-Varnhagen, deren »Antlitz geistiges Übergewicht verkündete« (Henriette Herz), wünschte sich selber Briefe, »in denen die Seele spazieren gehen soll, und nicht auf ausgefahrener staubiger Landstraße eine zweck- und besonders absichtsvolle Reise zu betreiben hat. Auf frischen, kleinen, abstrakten Wegen wollen wir gehen, die wir selber noch nicht kannten: und auch auf diesen noch dem Wolkenspiele folgen, den Lichtzauber genießen, und auch dem Dunkel, wenn es reizt, nachziehen!« (Brief an Adolphe de Custine, 24. August 1816). Ihre eigene Korrespondenz war Selbstdarstellung und spontane Mitteilung, »Gespräche, wie sie im Menschen vorgehen«, und zugleich eine einzigartige Chronik ihrer Epoche.

Beides trifft auch auf ihre Tagebuchaufzeichnungen zu, die ihr Seelenleben preisgeben und ein soziologisches wie zeitkritisches Zeugnis sind. »Nie ist vor Rahel eine deutsche Frau zu einem so hohen Grade bewußter Selbstbehauptung gelangt, wie ihn Rahel durch ihre rücksichtslose Ehrlichkeit, durch Freiheit ihres Geistes und die Selbstanalyse erreicht hat … sie hat an sich selbst als Frau die Forderung geistiger Unabhängigkeit gestellt und erfüllt« (Gertrud Bäumer).

Rahel Levin, seit 1814 als Rahel Varnhagen von Ense bekannt, war nicht nur eine der renommiertesten Salondamen der Romantik – zuerst ihre bescheidene Berliner Dachstube und dann das großbürgerliche Haus ihres Mannes waren ein Freiraum zeitkritischer Diskussion, zumal die Gastgeberin eine glühende Anhängerin der Französischen Revolution und der Frauenemanzipation war –, sondern ebenfalls eine der geistvollsten Briefeschreiberinnen ihrer Zeit. Ihr großes Vorbild war bezeichnenderweise die Marquise de Sévigné, die eine fast fortlaufende Chronik des französischen höfischen Lebens des 17. Jahrhunderts verfaßt hat. Rahels Briefe – an die zehntausend – zeichnen sich wie die der französischen Aristokratin aus durch Lebendigkeit, Unmittelbarkeit und Gefühlstiefe.

Einsichten der Aufklärung verbanden sich bei ihr mit dem kühnen Aufbruch der Romantik. Stets ging es ihr um die Freisetzung menschlichen wie gesellschaftsumformenden Potentials. Rahel gehört zweifelsohne zu den wenigen großen Schriftstellerinnen Deutschlands – der Zeit wie dem Rang nach die erste Jüdin in der deutschen Literatur. Unübersehbar ist auch bei ihr der Beginn eines neuen Frauenideals, die Absetzung der drei preußischen Ks zugunsten einer risikofreudigen Hinwendung zur Selbstverwirklichung. Heinrich Heine, der sich 1821 mit einer Empfehlung seines Verlegers in Rahels Berliner Salon hatte einführen lassen, verehrte sie tief und sagte über sie, sie habe geholfen, »die alte Zeit zu begraben« und für die neue »Hebammendienste geleistet«.

Ebenso wie Rahels Korrespondenz sind ihre Tagebuchaufzeichnungen individualpsychologisch wie kulturgeschichtlich von größter Relevanz. »Die Varnhagen ging von jedem Punkt des täglichen Lebens gern zu innerem, tieferem Nachsinnen über, sie schöpfte selbst vorzugsweise gern ihren Stoff zu diesem aus der Mannigfaltigkeit der Wirklichkeit. Sie empfand und nahm auch die Erscheinungen des Lebens immer in ihrer vollen Wahrheit auf«, schrieb Wilhelm von Humboldt 1834. Rahel selbst notierte als Dreißigjährige am 14. Februar 1801: »Was die Menschen so unnatürlich, und eigentlich recht menschlich unglücklich macht, ist, daß man sich nicht entschließen mag, nicht glücklich zu sein; sind wir aber einmal bis *dahin* gehetzt, so tritt *plötzlich* das Alter ein. Unser Bestreben ist nicht mehr nach dem Unendlichen, wir teilen das Leben; und nehmen, wie man zu sagen pflegt, den Augenblick mit. Tränen, Glanz und Wut haben ein Ende; wir werden starr, freundlich und haben Falten.« Parallel zu diesen Einsichten liefen ihre Erkenntnisse über die sich verändernde europäische Geschichte, die sie am eindringlichsten darstellt, wenn sie deren Vertreter porträtiert: »Als Mirabeau in Berlin war, sah ich ihn, in bürgerlichem Anzug, ganz das Ansehn habend wie die damaligen Hofleute seiner Nation … Er war pockennarbig, und breiter, aber nicht feister Gestalt. Er hatte das Ansehen, wie einer, der viel, und mit vielen, gelebt hat …, er zeigte sich in den gleichgültigsten und kleinsten Bewegungen seiner Person als sehr tätig, und als einer, der alles selbst untersucht, kennenlernt und ergründet.« Am selben Tag führte sie ihre Aufzeichnungen weiter: »Novalis sagt: ›Die Liebe ist eine ewige Wiederholung.‹ Sie ist die größte Überzeugung, sage ich … Daher lieben nur Menschen, hohe überzeugungsfähige Geschöpfe. Mitteilen, beweisen, läßt sie sich nicht. Jeder liebt allein, wie man allein betet.«

Rahel Levins Leben ist gewiß nicht unproblematisch gewesen. Ihr Vater, ein Juwelenhändler und Bankier in Berlin, der zu den »Schutzjuden« Friedrichs II. gehörte, hat seine Tochter abgöttisch geliebt. Ein bis ins Pathologische gesteigerter Wunsch zu gefallen, geliebt zu werden, der sich bei Rahel früh meldete, hat seinen Ursprung wohl in der starken Vater-Tochter-Bindung gehabt: »Eher kann ich nach dem eigenen Herzen mit der Hand fassen und es verletzen, als ein Angesicht kränken, und ein gekränktes sehen.«

Erschwerend kam hinzu, daß sie sich stets als sozialen Außenseiter betrachtete. Rahel hat es nie verwinden können, als Jüdin auf die Welt gekommen zu sein. Alles Unglück, alles Leid, die »Verblutung« ihres Lebens, schien ihr in ihrer Herkunft begründet zu sein. Eine ambivalente Einstellung der eigenen Abstammung gegenüber überschattete das ganze Leben der hochbegabten jungen Frau, die sich oft sehr scharf über die Juden äußerte als einer »zerrissenen, verwahrlosten, und noch mehr als dies, verdient verachteten Nation«. Rahel trachtete seit ihrer Jugend danach, durch Einheirat in den preußischen Adel aus der verhaßten Herkunft auszubrechen.

Ihre existentielle Zerrissenheit schlug sich auch auf ihre Beziehung zu Männern nieder. Sie war eine ideale Freundin, aber das Feld der eigentlichen Liebe blieb ihr vielfach verschlossen. Zwei große Leidenschaften prägten ihr Leben: die zu Karl Graf Finck von Finckenstein (von 1795 bis 1800) und die zum spanischen Legationssekretär Rafael de Urquijo (von 1802 bis 1804). Die blitzgescheite, unkonventionelle junge Frau faszinierte sie, gewachsen waren alle beide ihr nicht. Dazu schrieb sie nach der Trennung von Finckenstein am 20. Mai 1801: »Ich habe keine Grazie; und nicht einmal die, einzusehen, woran es liegt: außerdem, daß ich nicht hübsch bin, habe ich auch keine innere Grazie… Ich sagte schon vor Jahren einmal zu Jettchen Mendelssohn, die überaus frappiert davon war: Ich bin unansehnlicher als häßlich. So bin ich in allem.« Die sozialen Vorurteile – Frau, Jüdin, Nicht-Adlige und Geliebte – besorgten den Rest.

Nach Napoleons siegreichem Einzug 1806 in die preußische Hauptstadt veränderte sich Rahels Situation in Berlin, wo sie bislang eine gefeierte Salonière gewesen war. Viele zerstreuten sich, flohen aus Berlin oder fielen. Deutschsein bedeutete auf einmal alles, alte Freundschaften wurden dadurch vergiftet. Die von Clemens Brentano und Heinrich von Kleist gegründete »Christlich-Deutsche Tischgesellschaft«, in die kein getaufter Jude, von den ungetauften ganz zu schweigen, aufgenommen werden durfte, versetzte der Toleranz- und Emanzipationsbewegung, die Moses Mendelssohn (1709–1786) begründet hatte, einen vernichtenden Schlag. Einsamkeit brach über Rahels Leben herein. Ihr Salon hörte auf zu existieren, sie fühlte sich isolierter als je zuvor. Brieflich wurden neue Kontakte geknüpft, darunter zu dem in Tübingen studierenden Karl August Varnhagen von Ense.

Der um vierzehn Jahre Jüngere brachte Rahel eine uneingeschränkte Verehrung, ja Liebe entgegen. Im Frühjahr 1813 erklärte Preußen Napoleon den Krieg. Rahel flüchtete nach Prag, während Varnhagen als Hauptmann in russische Dienste trat. Erst im Frühjahr 1814, nach dem Frieden von Paris, sahen sich die beiden wieder.

Als sie im September des gleichen Jahres heirateten – Rahel war einige Tage zuvor zum evangelischen Glauben übergetreten –, war es für die nunmehr nach außen Integrierte klar, daß Achtung und Vertrauen, nicht Leidenschaft, die liebevollen Freiräume, die ein ungleiches Verhältnis ermöglichen kann, bestimmen würden.

Die nächsten fünf Jahre verbrachte das Ehepaar in Wien, Frankfurt, Karlsruhe. In Wien konnte Rahel als Diplomatengattin aus nächster Nähe die politischen Verhandlungen des Wiener Kongresses beobachten. Ihre Briefe und Tagebuchnotizen belegen ihre kritische Einstellung gegenüber der beginnenden Reaktion: »Nun weiß ich, was ein Kongreß ist: eine große Gesellschaft, die vor lauter Amüsements nicht scheiden kann. Das ist doch gewiß Neues. Und ohne Spaß! Es muß recht schwer sein, einen Kongreß zu halten und zu enden! Eine *Welt* einzurichten! – dies machte ja

Hamlet schon melancholisch. Nun wollen wir einmal sehen, ob ein Held, ein Seevolk-Held sie nicht überwinden kann! Ob sie Wellington widerstehen wird! ...« (4. Februar 1815). Die Weltlage trieb sie ohnehin schon zu philosophischen Überlegungen: »Ich habe seit einiger Zeit viel über das Lügen nachgedacht. Es wirkt doch viel nach außen, und von außen nach innen. Könnten sehr geistreiche, geistvoll ergründende, wahrhafte Menschen mit einem starken Charakter das Lügen studieren, und dann wie andere erlernte Dinge mit Fertigkeit ausüben, es müßte zu kolossalen Wirkungen führen: der Wahrheit würde angst und bang, sie stünde ganz klein, als Seufzer, als *regret*, als Angeführter in der Welt da, und flüchtete ganz in die dunkle innere; so reell könnte das Lügen im Großen, Planmäßigen aufstehen. Große Zeiten und fanatische Anhänger könnten nur schwer dagegen siegen... Die Lügner unserer Zeit pfuschen nur, wie groß sie auch ihr Spiel ausdehnen wollen, sie haben keine Wahrheit in der Seele, und haben die Lüge nicht studiert.« (3. März 1815)

1815, nach der Rückkehr Napoleons nach Frankreich und nach Abschluß des Wiener Kongresses, reiste Varnhagen im Gefolge Hardenbergs nach Paris, während Rahel den Sommer bei Fanny von Arnstein verbrachte, einer Berlinerin, die mit einem geadelten jüdischen Wiener Bankier verheiratet war. Im nächsten Jahr siedelte das Paar nach Karlsruhe über, wo Varnhagen preußischer Geschäftsträger am badischen Hof wurde. Als neue Judenverfolgungen 1819 in ganz Deutschland ausbrachen, wurde er von seinem Posten abberufen, und das Paar zog nach Berlin um. Dort gründete Rahel wiederum einen Salon, in dem erlesene Denker und Künstler ihren Goethekult zelebrierten. Die durch Zensur unterdrückte öffentliche politische Meinung fand ebenfalls dort ein Forum der Auseinandersetzung. Die damals grassierenden antifranzösischen Ressentiments konnte Rahel, für die die französische Sprache die europäische war, nicht teilen. Stets hing ihr Herz an Frankreichs Kultur, die sie entweder vehement verteidigte oder verwarf, wie im Fall der ihr so verhaßten Germaine de Staël: »Wie irrt sich Frau von Staël über sich selbst, in ihren Brie-

fen an Rousseau! Welche Anstrengung von verkehrter Verteidigung, gegen ganz unwesentliche Angriffe einer ganz verirrten
Ansicht, der Leidenschaft, der Pflicht, der Moral, des ganzen Lebens! ... Sie horchte nicht auf sich selbst: und dies, weil sie nach
jedem Einfall und Gedanken gleich hinhörte, wie ihn das geehrte, geistvolle Paris, ihr Publikum, ihre Welt, beurteilen würde:
oder vielmehr mißverstehen könnte«, schrieb die aufgebrachte
Berliner Jüdin am 9. Januar 1820 in ihr Tagebuch.
1821 wurden erstmals Briefe von Rahel über Goethes Roman *Wilhelm Meisters Wanderjahre* im »Gesellschafter« veröffentlicht – der
Beginn ihrer literarischen Laufbahn. Schon ein Jahr zuvor hatte
sie sich die Frage gestellt: »Ob eine Frau schreiben soll? Wenn sie
Zeit hat, wenn sie Talent hat; wenn's ihr Mann *befiehlt* – wird's ehliche Pflicht sogar –, wenn er's leidet, gerne sieht; wenn es sie von
Schlechterem abhält, wenn sie Gutes tut für den Sold, usw., und
sie *muß* es, wenn sie ein großer Autor ist.«
Wie ihre Tagebuchaufzeichnungen verraten, gehörte die Zukunft
Europas und der Epochenwechsel, den der Wiener Kongreß eingeleitet hatte, zu Rahels vordringlichen Anliegen. Am 2. Mai 1823
schrieb sie: »Die Juden sind komisch, sagt man, und man lacht
wenigstens häufig über sie. Das kommt von ihrer schrecklichen
Lage in der europäischen Welt, die so sehr mit ihrer urgeschichtlichen kontrastiert – woher der Mensch aber über so etwas überhaupt lachen muß das frag' ich immer – und folglich auch ihr
ganzes Gebärden, sie mögen es anstellen wie sie wollen. Europa'n
müssen die Falten ausgebügelt werden« (2. Mai 1823). Und im
August 1824: »Das gesellige Dasein und Leben muß nun in Europa eine andre Gestalt annehmen; und sei es noch so langsam: es
wird aber schnell genug gehen ... Ein Hofleben war ja nur eine
Kunstdarstellung, eines besseren, unbedingteren Lebens; aber die
alten Erdbedingungen stellen sich früh oder spät ein. Viele lebten:
die übrigen aber leisteten; sie sollen jetzt alle leben, wird bewilligt;
und dies einmal gesagt, ist kein Halt mehr.«
Zwei Besuche bei Goethe in Weimar, 1825 und 1829, verschafften
der kranken Rahel Trost. Gicht, Migräne, Herzkrämpfe – »Das

Körperchen aber geht doch nun in sein Älterchen dahin, und immer dahin« – machten sie reizbar und für ihre Umgebung oft unnahbar: »Bei einem jungen Menschen ist zwischen ihm und dem Tod noch das ganze Leben. Bei dem alten ist zwischen ihm und dem Tod kein Hindernis, und er muß ihn betrachten. Alle Erinnerung schwächt sich auch, ohne fernere Beziehung; sie lebt eigentlich von Interesse« (1824), schrieb sie klarsichtig-resigniert. Eine Freundin war aber stets bei ihr willkommen: Pauline Wiesel, die strahlende und selbstbewußte Geliebte von Prinz Louis-Ferdinand von Preußen, deren Leichtfertigkeit, »List, Mut und Energie« Rahel fesselten. Diese Freundschaft war für Rahel sehr wichtig, besonders bewunderte sie das Freie und Unbedingte an Pauline: »Sie *leben* alles, weil Sie Mut haben und Glück hatten: ich *denke* mir das meiste, weil ich kein Glück hatte und keinen Mut bekam …« (Wiesel/Varnhagen Briefwechsel). »Pauline Wiesel bedeutet für Rahel Levin ihre zweite ungelebte Seite, ihr anderes Ich«, so deutet Marlies Gerhart diese einzigartige Freundschaft. Dennoch war Rahel nicht bereit, mit Familie und Gesellschaft zu brechen, um mit der Freundin den Traum nach Wunschlandschaften, die ins Freie, ins Helle, ins »Grüne« führen, zu realisieren. Das hätte bedeutet, ein weiteres Außenseitertum aufnehmen zu müssen. Erst als ältere Frau gelang es Rahel, sich mit der eigenen Herkunft, mit dem Judentum, zu versöhnen: »Was so lange Zeit meines Lebens mir die größte Schmach, das herbste Leid und Unglück war, als eine Jüdin geboren zu sein, um keinen Preis möchte ich es jetzt missen.«

Rahel starb am 7. März 1833, ein Jahr nach Goethes Tod. Einige Monate danach veröffentlichte Karl August Varnhagen von Ense *Rahel. Ein Buch des Andenkens für ihre Freunde*, in dem sie sich »mit ihrer ganzen Persönlichkeit offenbarte« (Heinrich Heine, *Buch der Lieder*, 1837).

Hannah Arendt hat der unkonventionellen und überaus geistvollen Rahel, »die sich dem Leben so aussetzte, daß es sie treffen konnte«, ein Denkmal gesetzt mit ihrem Essay *Rahel Varnhagen. Lebensgeschichte einer deutschen Jüdin aus der Romantik* (1959). Dort schrieb sie: »Rahel ist Jüdin und Paria geblieben. Nur weil sie an beidem festgehalten hat, hat sie einen Platz gefunden in der Geschichte der europäischen Menschheit. Sie hat im Alter ganz die Chance ermessen, die das ›ehrliche Untersuchen‹ hat, wenn es aus einer ›verletzt- und geheilten Seele‹ stammt.«

Schöpferische Prozesse – Werkgeschichte

»Man hat es dabei nicht mit sich selbst,
sondern mit etwas im Universum zu tun.
Das ist das Erschreckende und
Aufregende in meinem Trübsinn, meiner
Niedergeschlagenheit, meinem Überdruß oder
was sonst immer. Weit draußen sieht man eine
Finne vorbeiziehen … Ich wage die
Vermutung, daß es der Impuls zu einem neuen
Buch ist. Im Augenblick ist mein Geist, was
Bücher betrifft, ein ungeschriebenes Blatt.«
VIRGINIA WOOLF,
A WRITER'S DIARY, SEPTEMBER 1927

Das Tagebuch als Kristallisation des Persönlichen, Intimen wird
oft auch zu einem Vorfeld des Schöpferischen, sei es als Verzeich-
nis interessanter Anekdoten oder als Sammelort fragmentarischer
Entwürfe. Für den Schriftsteller ist das Tagebuch das, was für den
Maler das Skizzenbuch ist, eine Einübung technischen Könnens
und Verfeinerns. So empfahl schon Stendhal: »Jeden Tag zwei
Stunden lang schreiben, Genie oder nicht.« Das Übungsfeld kann
aber auch zum Werk selbst oder zum Zeugen einer individuellen
Werkgeschichte werden. Die Vorzeichen sind aber nicht immer
positiv: Unter Umständen spiegelt das Tagebuch hauptsächlich
das Ringen des Künstlers wider, sein Unvermögen, die ersehnte
Formgebung zu realisieren. Für den französischen Schriftsteller
Maurice Blanchot zum Beispiel waren die täglichen Aufzeichnungen schon eine Vorahnung des Todes, den das Schreiben letztlich bedeutet. »Das Tagebuch wird oft zu einem Schlachtfeld von
Glück und Leid«, schreibt G. R. Hocke über das Künstlertage-
buch, das intensiver als jedes andere persönliche Ängstlichkeiten,
Verwirrungen und Komplexitäten bloßlegt. Einzigartige Beispie-

le dafür sind die Tagebücher der Schriftstellerinnen Virginia Woolf (1882–1941) und Katherine Mansfield (1888–1923), der Künstlerinnen Dora Carrington (1893–1932), Käthe Kollwitz (1867–1945) und Paula Modersohn-Becker (1876–1907).

»In ihr verlor die Welt eines ihrer seltensten Güter: ein weibliches Genie. Ein Genie freilich, das nicht aus dem Dunkel stammte, sondern aus Herkunft und Umgebung beinahe errechenbar war. Denn gleich den Huxleys, den Stracheys, den Garnetts, Bells und Frys gehörte VIRGINIA WOOLF zu einer jener großen Familien des 19. Jahrhunderts, in denen die Künste gepflegt, der Geist verehrt und das Talent gezüchtet wurden, bis in einem ihrer Erben die Saat aufging, der unerklärliche Sprung sich vollzog und aus der Summe der Teile sich das wunderbare Ganze, das Genie ergab.« (Hilde Spiel)

Genial war sie gewiß, die 1882 in London geborene Adelina Virginia, Tochter des Schriftstellers Leslie Stephen. Viktorianische Konventionen, widerborstiger Liberalismus und ein hochgezüchteter Intellekt liefen in dieser ungewöhnlichen Familie zusammen, die ein Treffpunkt für diejenigen war, die Wichtiges auf dem Gebiet der Kunst und Politik mitzuteilen hatten. Der Vater dachte über das Leben nach – die Mutter inszenierte es. Die vier Kinder nahmen an den strengen Diskussionen teil, die dem Hinterfragen der Dinge galten, und wurden so zu kritischen Geistern erzogen. Die hochbegabte Tochter Virginia sprach aber von einem Leben mit »angehaltenem Atem«.

Bereits 1896 begann sie ein Tagebuch zu führen, in das sie zunächst ihre intellektuellen Errungenschaften notierte, so am 22. März 1897: »Ich habe etwas Griechisch getrieben«, und die Lektüren verzeichnete, die sie damals fesselten: Dickens, Walter Scott, George Eliot, Samuel Pepys, Henry James, Charlotte Brontë. Ebenso wurden die Ereignisse ihres Familien- und Freundeskreises fixiert und kommentiert: »Schrecklich langes Abendessen. Alles großartig und fremd. Jack unglücklich. Der alte Hills blöd. Mrs. Hills geschwätzig und ziemlich unerfreulich.

VS AVS schweigsam und elend... Warum sind wir nur gekommen?« Im Laufe der Zeit, obwohl Virginia manchmal mona-
telang nicht schrieb, wurden ihre Aufzeichnungen ein willkom-
menes Mittel zum Zweck, sich in die Kunst des Schreibens
einzuüben.

Der Bericht über ein schreckliches Picknick im Familienkreis
gehört zu den ersten literarischen Versuchen der jungen Autorin:
»Der Nachmittag hatte regellos graue Wolken über den Himmel
verstreut – einige davon ballten sich nun im Osten und Süden zu
einem großen Wolkenfeld zusammen – andere segelten wie einsame Eisberge dahin. Alle trugen das Impressum des letzten Kus-
ses der Sonne. Die Eisberge leuchteten blaß karminrot; die Eis-
felder brachen in köstliche karminrote Blöcke auseinander ...«
Schon sehr früh lernte sie, ihre Umwelt zu sehen, zu empfinden,
die unsichtbaren Schwingungen hinter den Dingen zu erahnen.
Das Leben mit seinem ganzen Spektrum an Gefühlen wurde ihr
liebstes Erkundungsfeld. »Mit sechzehn hatte ich mir vorgenommen, alles, was man lernen kann, zu lernen und ein Buch zu
schreiben – aber was für ein Buch? Das ging mir erst mit einund-
zwanzig in Manorbier auf, als ich am Strand spazieren ging«, notierte sie viel später, am 3. September 1922.

Als sie dreizehnjährig ihre Mutter verlor und für den geliebten
Vater die ganze Welt über ihn zusammenstürzte, schrieb Virginia,
es sei, als ob »alle Kreatur der Erde wehklagte oder sinnlos su-
chend umher irrte«. Leslie Stephen versuchte hartnäckig zu
überleben, aber sein Trübsinn lähmte jede Eigenständigkeit der
Kinder. Die Tochter bekannte verzweifelt und für ihr Alter erstaunlich klarsichtig: »Ich verwünsche alles – wahrscheinlich eine
Sache der Nerven! ... heiß, heiß, heiß.«

In ihren erst 1976 veröffentlichten Memoiren, *Augenblicke, skizzierte Erinnerungen*, faßt Virginia die Atmosphäre der mutterlo-
sen Familie mit knappen Worten zusammen: »Wir waren gezwungen, Rollen zu spielen, die uns nicht entsprachen, nach
Wörtern zu suchen, die wir nicht kannten.« Hinzu kamen die
erotischen Spiele, die ihr älterer Stiefbruder George mit ihr trieb

6 *Virginia Woolf (1882–1941), Aufnahme von 1932*

und die ein später nie überwundenes Trauma verursachten. »Hier präsentierte sich Eros ledernen Flügelschlags als Spiegelbild rührseliger inzestuöser Sexualität. Virginia hatte das Gefühl, George habe ihr Leben verdorben, noch bevor es überhaupt richtig begonnen hatte« (Quentin Bell). Lebenslang hat sich Virginia ihres Körpers geschämt, stets blieb sie introvertiert, überempfindlich und beladen mit Minderwertigkeitskomplexen.

Nach dem Tod des Vaters 1904, der einen Nervenzusammenbruch bei Virginia verursachte, zog sie mit ihren Geschwistern nach Bloomsbury, einem Londoner Stadtviertel, das ein Treffpunkt für Intellektuelle, Künstler und Bohemiens war. Die jungen Menschen, die sich bei den Stephens regelmäßig trafen, bildeten eine Clique, die als »Coterie begann und als Geistesrichtung endete« (Hilde Spiel). Diese Künstlergemeinschaft, die nach außen hin von einem akademischen Hintergrund getragen wurde, zeichnete sich aus durch finanzielle Unabhängigkeit, entschiedene Begeisterung für das kontinentale Europa, durch offene Gespräche über Sexualität und exzentrische Neigungen. Das Donnerstagabendtreffen in Bloomsbury wurde geradezu ein Mythos: Es ging dort um schöngeistige Themen, Literatur, Politik, letztlich um die Frage nach dem Wesen der Wahrheit, aber auch um Kunstfragen. Tabus gab es nicht, alles durfte aufgedeckt, durchdacht werden.

1905 gesellte sich der Essayist Lytton Strachey zu dem legendären Freundeskreis. Virginia vermeldete in ihrem Tagebuch nur lakonisch: »Am 23. März erschienen neun Personen zu unserem Abend und blieben bis eins.« Später, in ihren Aufzeichnungen zum Bloomsbury-Kreis, schrieb sie über ihn: »Er war exotisch, in jeder Hinsicht extrem ... Er war ein Wunder an Witz.« Lytton Strachey, mit dem Virginia zum allgemeinen Erstaunen eine Verlobung eingegangen war, stellte den Zeremonienmeister in diesem intellektuellen Tollhaus dar, wo Tolstoi und Dostojewskij vorgelesen, Strawinsky gehört und Seurat angebetet wurden. Für Virginia waren solche Erlebnisse Höhepunkte des Lebens: »Der wunderbare Abend war abgeschlossen, man konnte ins Bett taumeln und das Gefühl haben, daß sich etwas sehr Wichtiges ereignet hatte.« Die Devise des Kreises lautete: »Auf das Leben kommt es an, auf den Vorgang des Entdeckens, diesen ewigen und unablässigen Vorgang, nicht auf die Entdeckung selbst.«

Eine »Filiale« erhielt Bloomsbury 1909 im Landhaus der exzentrischen Lady Ottoline Morrell: »Sie hat das Haupt einer Medusa und schwärmt für Kunst«, faßt Virginia ihren ersten Eindruck von der ungewöhnlichen Dame in Worte. Kurz darauf entstand eine intensive Beziehung zwischen beiden, der Virginias kurze Liaison mit Sir Philip Morrell keinesfalls im Wege stand. Auch die heftige Liebesaffäre mit der Schriftstellerin Vita Sackville-West (1892–1962), die die öffentliche Entrüstung weiter ansteigen ließ, stärkte das Selbstwertgefühl der scheuen Virginia. Es war für sie einfach herrlich, als unmoralisch, zynisch und verkommen dazustehen, endlich gelang ihr die innere Befreiung von den moralischen Fesseln ihrer Erziehung.

1911 traf sie bei ihrer Schwester, der Malerin Vanessa Bell, Leonard Woolf: »Ich war natürlich von tiefstem Interesse an diesem wilden, zitternden, misanthropischen Juden beseelt, der bereits seine Faust gegen die Zivilisation erhoben hatte und der im Begriff war, in die Tropen zu entschwinden, so daß keiner von uns ihn je wiedersehen würde«, schrieb sie damals. Aber sie äußerte sich auch lakonisch über sich selbst an die geliebte Schwester: »Neunundzwanzig zu sein, und unverheiratet – ein Versager –, kinderlos, dazu geisteskrank und kein Schriftsteller.« (8. Juni 1911) Ein Jahr darauf gab Leonard Woolf seinen Kolonialdienst in Ceylon auf und heiratete im August Virginia Stephen. Lytton Strachey unterstützte diese Ehe, die, Virginias Zerbrechlichkeit und ihrer Abneigung vor der Sexualität entsprechend, eine besondere Form annahm. Später schrieb die gefeierte Autorin ihrem Ehemann: »Nie hast Du, seit ich Dich kenne, irgend etwas getan, das irgendwie gemein gewesen wäre – wie ist das möglich? Du warst einfach vollkommen zu mir« (4. August 1913). Bohrende Kopfschmerzen, furchtbare Ängste quälten die junge Frau unablässig. Leonards Tagebuch des Jahres 1913 kreist um das Befinden Virginias. Regelmäßiges Schreiben wurde die ideale und von Leonard geförderte Therapie für die geniale Autorin. 1913 war *Voyage out*, das deutlich autobiographische Züge trägt, abgeschlossen. Dieser Roman spiegelt Virginias Leben, ihre Probleme und die Menschen, die sie umgaben, wider. Depressionen, Wahnideen und Nahrungsverweigerung, sogar Suizidversuche begannen ihr Leben damals zu überschatten. Leonard ertrug liebevoll ihre Gereiztheit, ihre Aggressionen, sogar den Ekel, den sie manchmal ihm gegenüber kundtat. Seine einzige Befürchtung war, daß Virginia zwangsweise in eine Nervenanstalt überwiesen würde. Nicht nur die persönliche, auch die allgemeine Lage sah beängstigend aus: Der Erste Weltkrieg stand unmittelbar bevor.

Gegen Ende des Jahres begann Virginia wieder zu schreiben und Tagebuch zu führen. Ihre Aufzeichnungen vom 2. Januar 1915 klingen heiter und gelassen: »Um ein bezeichnendes Beispiel unseres Lebens hier zu geben, würde ich diesen Tag herausgreifen. Wir frühstückten; ich unterhalte mich mit Mrs. le Grys ... Danach machen L. und ich unser Geschreibsel. Er schreibt seine Besprechung über Volkssagen zu Ende, und ich schreibe vier Seiten an der Geschichte der armen Effie; wir essen zu Mittag, lesen Zeitung und stellen fest, daß es nichts Neues gibt.« Die Eintragungen zu Leonards *Die klugen Jungfrauen. Eine Geschichte von Wörtern, Meinungen und ein paar Gefühlen* lauten: »Ein Buch für Schriftsteller, glaube ich, weil wohl nur ein Schriftsteller sehen kann, wieso die guten Teile so sehr gut und die sehr schlechten nicht sehr schlecht sind ... Ich mag Leonards poetische Seite, die leider etwas erstickt wird von der Politik« (31. Januar 1915). Die politische Situation schien eher an Virginia vorbeizugleiten. Das Tagebuch diente damals fast dazu, sich selbst gegenüber Normalität zu beweisen. Es war für sie ein Ventil ebenso für Stimmungen wie für Entwürfe und Reflexionen ihr Werk betreffend. Fast täglich schlug sie es nach dem Tee auf und schrieb einfach darauf los, spontan, aufrichtig, launisch manchmal, oft »um sich den Kummer von der Seele zu schreiben«. Schreiben wurde zum Lebensvollzug, die Geselligkeit wegen Virginias sich verschlechterndem Gesundheitszustand eingeschränkt.

Damals lernte sie jedoch die aus Neuseeland stammende junge Schriftstellerin Katherine Mansfield kennen, die in London Lytton Strachey gebeten hatte, den Kontakt herzustellen. Ihre Tagebuchnotizen vom 11. Oktober 1917 klingen nicht gerade begeistert: »Das Essen gestern abend hat stattgefunden ... Wir konnten uns beide nur wünschen, unser erster Eindruck von K. M. möge nicht der sein, sie stinke wie eine – nun eine Tibetkatze, die sich aufs Herumstreunen verlegt hat. Die Wahrheit zu sagen, ich bin ein bißchen schockiert, wie ordinär sie auf den ersten Blick wirkt; Züge, so hart und so billig. Aber wenn sie das abschwächt, ist sie so intelligent und unergründlich, daß es die Freundschaft lohnt ...« Virginias Gefühle der jungen Autorin gegenüber waren stets zwiespältig. Eine Rivalität zwischen Schriftstellern, die sich ebenso anziehen wie abstoßen? Sie bewunderten sich gegenseitig, aber eine lauernde Animosität blieb stets erhalten. Jahre später notierte Virginia: »... Ich müßte eine längere Beschreibung von ihr geben, um die eigenartige Mischung von Belustigung und Verdruß zu erklären, die ich ihr gegenüber empfinde. Eine unausgesprochene Voraussetzung unserer Freundschaft war wohl die, daß sie auf Treibsand gebaut ist« (18. Februar 1919).

1917 hatte das Ehepaar Woolf in seinem Haus eine Druckerpresse installiert: Der berühmte Verlag Hogarth Press war geboren, der neben den Werken der Woolfs auch die von Bekannten wie Katherine Mansfield, E. M. Forster, Edith Sitwell, Stephen Spender, Vita Sackville-West, Gertrude Stein u. a. sowie Übersetzungen, vornehmlich aus dem Russischen, publizierte. Die Romane Tolstois, Dostojewskijs, Tschechows und Gorkis wurden sorgfältig ins Englische übersetzt. Aus dem literarischen Zirkel war eine Werkstatt des Geistes geworden.

Mit einer Empfehlung von T. S. Eliot bekam der Verlag das Manuskript des *Ulysses* von James Joyce. Virginias Reaktion diesem genialen Werk gegenüber war zweideutig: Es löste zwar ihre Bewunderung aus, zugleich erregte es aber ihren Abscheu vor der Gewöhnlichkeit des geschilderten Milieus. Das Manuskript wurde zurückgegeben mit der Erklärung, die technischen Möglichkeiten der Hogarth Press reichten nicht aus, um es zu publizieren. Überhaupt waren Virginias Sympathien wie Antipathien heftig und oft gnadenlos. Ihr Tagebuch spiegelt diese schonungslos wider.

Ihrer scharfen Beobachtungsgabe entging nie das Wesentliche. So notierte sie am 19. November 1917 nach ihrem ersten Besuch in Garsington Manor, wo Philip und Ottoline Morrell ein großes Haus führten: »Vor zwei Stunden kamen wir von unserem Abenteuer zurück. Es ist schwer, die Eindrücke wiederzugeben, außer dem einen, daß sie meinen Vorstellungen ziemlich nahekommen. In einem siegellackfarbenen Zimmer verstreute Gäste... Zuviel Schnickschnack, um wirklich schön zu sein... Am Nachmittag habe ich etwa eine Stunde bei Ottoline am Holzfeuer gesessen. Im großen und ganzen gefiel sie mir besser, als ich nach den Schilderungen erwartet hatte. Ihre Vitalität macht ihr Ehre, und im privaten Gespräch treten ihre Hirngespinste hinter eindeutigen Anwandlungen von Scharfsinn zurück... Es wurde großartig für uns gesorgt, Mengen von Essen; die Unterhaltung hatte gelegentlich etwas Zusammengestoppeltes; das spezielle Thema war dann schon zu sehr strapaziert worden. L. brachte Philip durch ernstes Zureden dahin, daß er heute ins Parlament geht. Er ist ein schwacher, liebenswürdiger, leidgeprüfter Mann, der allem das Beste abzugewinnen versucht und selbst an Leuten, die er eigentlich nicht leiden mag, noch gute Seiten entdeckt.«

Virginias Tagebuch kreist stets um Menschen, die ihre Aufmerksamkeit fesselten; demnach stimmt teilweise der Vorwurf, der ihr oft gemacht wird, in ihrem Tagebuch rede sie immer nur über Leute und nie über die damals so bedrohliche politische Lage (vgl. Quentin Bell). Ihre Menschenkenntnis war überragend: Unabhängig davon, ob es um die junge Freundin von Lytton Strachey, die Malerin Dora Carrington, ging (»Die Carrington wird älter und ihr Gehabe nützt sich ab«), um Desmond MacCarthy (»Ich glaube nicht, daß er als Freund irgendeinen Fehler hat, ausgenommen den, daß seine Freundschaft so oft in einer Wolke von Unbestimmtheit versinkt: eine Art aus Zeit und Jahreszeit gebildetem Nebel, der dann zwischen uns steht und uns buchstäblich hindert, zusammenzukommen. Vielleicht deutet diese Indolenz auch auf eine gewisse Schlaffheit seiner freundschaftlichen Gefühle hin ...) oder um Clive Bell, den Mann ihrer Schwester Vanessa (»Ich sehe Clive ziemlich oft. Er kommt mittwochs; vergnügt und rosig und wohlgenährt; ein Mann von Welt; und noch immer genügend alter Freund, genügend alter Liebhaber, den Nachmittag beschwingt zu machen... Zu geistigen Höhen schwingen wir uns offensichtlich nicht auf«). Virginia Woolf erspürte immer die entscheidenden Merkmale ihrer Mitmenschen und notierte sie.

Das Schreiben und die eigene Unsicherheit dem Geschriebenen gegenüber stehen aber immer im Mittelpunkt ihrer Aufzeichnungen: »Wir stehen mitten in der Saison. Deshalb fühle ich mich wohl etwas deprimiert. Ich las ein gebundenes Exemplar von *Im Botanischen Garten* durch; diese schlimme Aufgabe hatte ich aufgeschoben bis zuletzt. Mein Eindruck ist unbestimmt. Die Geschichte kommt mir schwach und kurz vor. Ich weiß eigentlich nicht, warum ihre Lektüre Leonard so beeindruckt hat. Nach seinen Worten ist es die beste Geschichte, die ich bis heute geschrieben habe« (12. Mai 1919).

Auch ihre Erfahrungen beim Verfassen von literarischen Beiträgen für das »Times Literary Supplement« werden sorgfältig notiert: »Gestern, am späten Abend wurde mir gesagt, ich solle den Henry James möglichst bis Freitag fertig haben, so daß ich mich heute morgen dahintermachen mußte, und da ich nur ungern Zeit für Artikel opfere und es doch tun muß, bin ich froh, daß das jetzt nicht mehr in meinem Belieben steht« (10. Oktober 1917). Fast ein Jahr später klingt es ähnlich: »Diese Art von Schreiben ist allemal ein Wettlauf mit der Zeit, soviel Zeit ich auch habe ... Ich schreibe; man ruft an und sagt, ich sollte aufhören: sie müssen die Besprechung am Freitag haben; ich tippe, bis der Bote der ›Times‹ erscheint; ich korrigiere die Seiten in meinem Schlafzimmer, während er hier am Kamin sitzt...« (7. Dezember 1918). Die journalistische Tätigkeit kostete sie viel Zeit – Zeit, die ihr für das eigentliche Schreiben abging, aber Geld einbrachte. 1919 beendete Virginia Woolf ihren zweiten Roman *Nacht und Tag*, das Tagebuch blieb zeitweise liegen: »Es stimmt, daß ich mein Tagebuch noch nie so vernachlässigt habe. Ich glaube, meine Abneigung dagegen, auch nur einen Satz zu schreiben, hat nicht bloß etwas mit Mangel an Zeit oder Müdigkeit zu tun, vielmehr mit jenem leichten Widerwillen, der einen Wechsel des Stils ankündigt. So muß sich beim Nahen des Frühlings ein Tier fühlen, wenn es sein Winterfell abwirft« (Ende November 1919). Die ständige Bedrohung, in den Wahnsinn zu stürzen, ihre Kinderlosigkeit (»Rede Dir zum Beispiel nicht ein, daß sich Kinder durch etwas anderes ersetzen lassen«, Januar 1923), die Freunde, die im Krieg gefallen waren – all dies bedrückte die übersensible Schriftstellerin aufs äußerste.

Ein unschätzbarer Ausgleich bildete ihre Beziehung zu Leonard. »Wir hätten jetzt eigentlich ein bißchen Glück verdient«, schrieb Virginia als letzte Eintragung in ihr Tagebuch von 1919. »Trotzdem möchte ich behaupten, wir sind das glücklichste Paar in England.« In einem Brief an ihren Ehemann bekannte sie einige Jahre später: »Ich liege da und denke an mein teures Biest, das mich Tag für Tag meines Lebens glücklicher macht, als ich es für möglich gehalten hätte. Gar kein Zweifel, ich bin schrecklich in Dich verliebt. Ich denke dauernd daran, was Du wohl tust, und muß rasch damit aufhören – es ruft in mir den Wunsch wach, Dich zu küssen« (22. April 1922).

Anfang 1920, an ihrem Geburtstag, zeichnete Virginia ihr Arbeitsprogramm für die folgenden Monate ab, sie analysierte Themen und Formen und ging mit sich selbst streng ins Gericht: »Ich bin heute glücklicher als gestern, weil mir heute nachmittag die Idee zu einer neuen Form zu einem neuen Roman gekommen ist. Wenn sich eins aus dem anderen entwickelt, aber nicht nur 10 Seiten lang, sondern 200 und mehr – gäbe mir das nicht die Lockerheit und Leichtigkeit, die ich brauche; würde das nicht dichter werden und trotzdem Form und Tempo bewahren und alles, alles einschließen? Ich frage mich nur, wie weit es auch das menschliche Herz einschließen wird – Meistere ich meinen Dialog genügend, es darin einzufangen?« (26. Januar 1920)

Die Nervenschwäche blieb aber ihre größte Bedrohung – im Leben wie beim Schreiben. Ununterbrochen litt Virginia unter »peinigenden Kopfschmerzen, jagendem Puls, schmerzendem Rükken, Aufregungen, Herumzappeln, Wachliegen … alle Schrecken aus der dunklen Anrichte der Krankheit« (8. August 1921). Dennoch ging sie unerschrocken ihren Weg als Schriftstellerin weiter. Im November 1922 war der Roman *Jakobs Zimmer* vollendet.

Ende 1922 begegnete Virginia Woolf der eigenwilligen und exzentrischen Schriftstellerin Vita Sackville-West. Sie war die Trägerin eines historischen Namens, in ihren Adern floß englisches Adels- und andalusisches Zigeunerblut; majestätische Schönheit und feuriges Temperament zeichneten sie aus. Die Liebe zu dieser Frau war oft Gegenstand ihrer Tagebucheintragungen: »Ich habe sie gern und bin gerne mit ihr zusammen und habe den Glanz gerne, den sie ausstrahlt … Das ist das Geheimnis des Zaubers, nehme ich an. Dann ist etwas Sinnlich-Üppiges an ihr; die Trauben sind reif, und sie ist nicht reflektiert. Nein. Was Verstand und Scharfblick betrifft, bin ich höher organisiert als sie. Aber darüber ist sie sich klar, und so verschwendet sie an mich jene mütterliche Fürsorge, die, aus irgendeinem Grund, das ist, was ich mir immer am meisten von jedem gewünscht habe«, schrieb Virginia kurz nach ihrer Begegnung, die zu den entscheidendsten ihres Lebens gehörte. »Bin ich verliebt in sie? Aber was ist Liebe? Daß sie in mich ›verliebt‹ ist, regt auf und schmeichelt und beschäftigt. Was ist diese ›Liebe‹?«, fragte sie sich verwirrt.

Die Arbeit bei der Hogarth Press – Virginia war Lektorin des Verlags und bestimmte das Programm – erfüllte weiterhin ihr Leben so wie ihre Zeit: »Ich las und las, und bewältigte wohl einen etwa einen Meter hohen Manuskriptstapel, las auch sorgfältig, da vieles davon an der Grenze war, also überdacht werden mußte« (8. Dezember 1929). Im selben Jahr war *Ein Zimmer für sich allein* erschienen, ein Essay-Pamphlet, das dem Aufbegehren der Frau in der Kulturgesellschaft gewidmet ist. Virginia mußte schreiben, um existieren zu können. Schon 1908 hatte sie an Clive Bell, ihren frisch »erworbenen« Schwager, geschrieben: »Ich denke viel über meine Zukunft nach, und was für Bücher ich schreiben soll – wie ich den Roman reformieren und Dinge einfangen werde, die sich jetzt noch entziehen – wie ich das Ganze fassen werde und völlig neue Formen gestalte ...« (19. August 1908). Jahre später, am 26. Januar 1920, vertraute sie in bezug auf das Schreiben ihrem Tagebuch an: »Die Gefahr ist, glaube ich, das verdammte selbstgefällige Ich; das meiner Ansicht nach Joyce und die Richardson kaputtmacht: ist man geschmeidig und reich genug, für das Buch einen Schutzwall vor einem selber zu errichten, ohne daß er sich, wie bei Joyce und der Richardson, einengend und als Beschränkung auswirkt? Ich hoffe, mir inzwischen genügend Handwerk erworben zu haben, um für allerlei Unterhaltung sorgen zu können. Ich muß zwar noch herumtapsen, aber heute nachmittag ist mir ein Licht aufgegangen.«

Stets stellte sich Virginia in ihrem Tagebuch die Frage nach der Berechtigung ihres Schreibens: »Besitze ich die Kraft, die wahre Wirklichkeit wiederzugeben? Oder schreibe ich Essays nur über mich selbst? Wie immer ich diese Frage beantworte ... meine Begeisterung bleibt ... Seit ich an dem Roman schreibe, fühle ich wieder meine ganze Kraft von mir ausstrahlen« (19. Juni 1923). *Mrs Dalloway* erschien 1925 und erntete ebenfalls großen Erfolg. Auch hier dienen äußere Vorgänge als erzählerische Brücke, die eigentlichen Protagonisten der Handlung sind, wie oft bei Virginia Woolf, die Bewußtseinsvorgänge.

Zwei Bücher konzipierte sie anschließend parallel: *Die Fahrt zum Leuchtturm* (1927) und *Die Wellen* (1931). Dieser letzte Roman stellte für sie eine beinahe unerträgliche physische Anstrengung dar. Nach der Niederschrift notierte sie in ihrem Tagebuch: »Vor fünfzehn Minuten habe ich die letzten beiden Worte niedergeschrieben – nachdem ich in einem derartigen Rausch durch die letzten zehn Seiten getaumelt bin, daß ich nur noch meiner eigenen Stimme nachzuwanken schien oder vielmehr (als wäre ich verrückt) der irgendeiner Art von fremdem Sprecher. Ich hatte beinah Angst, weil ich mich an die Stimmen erinnerte, die mir früher manchmal vorausflogen. Jedenfalls ist es geschafft, und ich habe diese fünfzehn Minuten dagesessen in einem Zustand der Verzückung und inneren Ruhe; auch ein bißchen geweint ...« (7. Februar 1931)

Als Intermezzo zwischen diesen beiden Romanen hatte Virginia *Orlando* (1928) verfaßt, ein Vexierspiel über ein die Geschlechter und Jahrhunderte überspringendes Wesen, das ihrer Freundin Vita Sackville-West gewidmet war und teilweise deren Lebensgeschichte widerspiegelte. Es entsprach Virginias im Tagebuch geäußerten Wunsch: »Eines Tages werde ich hier, wie ein großes historisches Gemälde, die Umrisse aller meiner Freunde skizzieren ... Vita sollte darin ein junger Adelsherr sein ... Eine Biographie beginnend im Jahre 1500 und fortlaufend bis zum heutigen Tag, betitelt *Orlando*: Vita, jedoch mit einem Wechsel von einem Geschlecht zum anderen« (März 1927). Ein einzigartiges Buch, in dem die Autorin teils die Stile der verschiedenen Jahrhunderte parodiert, teils ihren eigenen Stil zu größter Brillanz steigert. Zwölftausend Exemplare wurden im ersten Jahr verkauft.

Nicht minder bezeichnend und selbstenthüllend ist *Flush. Die Geschichte eines berühmten Hundes* (1933), in dem Virginia aus der Perspektive eines Hundes eine andere Welt schildert, die Hundewelt, und dahinter die Menschenwelt. Es handelt sich dabei um den Roman eines Menschen, der selbst gerne ein Hund gewesen wäre. Zur gleichen Zeit beschäftigte sie aufs äußerste ein anderes Projekt, dessen Arbeitstitel zunächst *Pargiters* war (es erschien 1937 als *Die Jahre*) und in das sie, wie ihr Tagebuch preisgibt, alles hineinpacken wollte: »Sex, Bildung, Leben, etc. und es sollte mit den mächtigsten und behenden Sprüngen einer Gemse über Abgründe, von 1880 bis in die Gegenwart führen. Das jedenfalls ist die Idee, und ich bin in einer solchen Verwirrung, einem solchen Traum und Rausch, daß ich auf der Southampton Road Sätze vor mich hingesprochen und Szenen vor mir gesehen und seit dem 10. Oktober gar nicht richtig gelebt habe« (2. November 1932). Stets war das Schreiben eine Tortur für sie (»Ich habe mich heute an den Rand völliger Auslöschung geschrieben. Dank dem Himmel, daß ich aufhören und die Räder meines Geistes sich abkühlen und langsamer laufen und stillstehen lassen kann«, 19. Dezember 1932), aber eine lustvolle Tortur, die ihrem Leben Halt und Sinn verlieh.

Der Tod des Freundes und Kunstkritikers Roger Frys traf sie 1934 zutiefst, denn zwei Jahre zuvor hatte sie schon Lytton Strachey verloren. »Ich bin zu stumpf, um etwas zu schreiben. Mein Kopf ganz starr. Ich glaube, jetzt kommt die Armut des Lebens auf mich zu; und der schwärzliche Schleier über allem. Warmes Wetter; ein Wind geht. Alles hat seinen Inhalt verloren« (2. September 1934). Die Anzeichen der schizophrenen Psychose, die sie seit Kindesjahren quälte, wurden bedrängender. Oft notierte sie im Tagebuch: »Mein Geist ist völlig verknotet« (29. Oktober 1933), oder sie fühlte sich »ausgewrungen wie ein Scheuerlappen« (23. Januar 1935). Allmählich ging sie dazu über, sich selbst zu diagnostizieren: »Jetzt, nach Blutandrang und Erstickungsgefahr, wird die Zeit der Depression kommen ... Das Schlimmste ist, daß ich nach einem Tag Atempause wieder ganz von vorn anfangen und 600 Seiten Korrekturfahnen durchsehen muß. Warum nur, warum? Nie, nie wieder« (8. April 1936). Die Angst vor der Außenwelt wuchs an: »Ich werde geschlagen, ich werde verlacht, ich werde dem Hohn und Spott preisgegeben werden – diese Worte habe ich mich gerade selbst sagen hören« (2. März 1936). Die Flucht in die Disziplin des Schreibens wurde für Virginia immer mehr eine »Waffe gegen den kalten Wahnsinn« (2. März 1936), aber die zunehmende Beklemmung konnte sie kaum mehr ausgleichen – die Angst war ein alles andere übertönender physischer Schmerz: »Ein körperliches Gefühl, als ob ich leise in den Adern trommelte: sehr kalt: hilflos: und verängstigt. Als ob ich bei voller Beleuchtung auf einem hohen Sims zur Schau gestellt wäre. Sehr einsam ... Sehr nutzlos. Keine Atmosphäre um mich. Keine Worte. Sehr beklommen. Als würde gleich etwas Schreckliches geschehen – ein brüllendes Gelächter – auf meine Kosten. Und ich habe nicht die Macht, es abzuwehren; ich bin schutzlos. Und diese Angst und dieses Nichts umgeben mich wie ein Vakuum. Ich spüre es hauptsächlich in den Schenkeln. Und ich möchte in Tränen ausbrechen, habe aber nichts, worüber ich weinen könnte. Dann erfaßt mich eine große Ruhelosigkeit… Und ich kann meinen Geist nicht losmachen und ihn ruhig und selbstvergessen einem Buch zuwenden. Und meine eigenen Kritzeleien nehmen sich vertrocknet und baufällig aus. Und ich weiß, daß ich diesen Tanz auf heißen Ziegeln weitertanzen muß, bis ich sterbe.« (1. März 1937)

Neben der schriftstellerischen Arbeit begann Virginia auch Fragmente ihrer Memoiren niederzuschreiben. Virginia und Leonard Woolf lebten in einer Zeit des Umbruchs. Die Sicherheit einer hierarchischen Ordnung war nicht mehr gewährleistet, die Rolle der Frau in der Gesellschaft neu zu definieren. *Ein Zimmer für sich allein* trug einiges dazu bei. Um sich als Frau durchzusetzen, braucht man Geld, und dieses läßt sich mit Schreiben verdienen – Virginia hat es selbst vorgelebt –, Schreiben als Kunst, als Handwerk, als ökonomisches Mittel. In *Drei Guineen* ruft sie die Frauen auf, solidarisch neben den Männern am gleichen Ziel mitzuarbeiten: »Wir stehen ein für die Rechte aller – aller Männer und Frauen – auf Respektierung der großen Prinzipien Gerechtigkeit, Gleichheit und Freiheit in ihrer Person.« Trübsinnig schreibt sie aber dazu in ihrem Tagebuch: »Sie werden sagen, es sei ein müdes Buch; ein letzter Versuch… Aber nun ich das hier niedergeschrieben habe, spüre ich, daß ich auch in diesem Schatten existieren kann. Das heißt, wenn ich hart weiterarbeite…« (20. Februar 1937)

Das Jahr 1939 brachte die drohende Kriegsgefahr mit sich. Virginias Tagebuchaufzeichnungen aus dieser Zeit klingen immer verzagter. Die allgemeine Not vertiefte ihre psychische Misere. Am 24. August vermerkte Virginia in ihrem Tagebuch: »Befinden wir uns schon im Krieg? Es ist alles – rein gefühlsmäßig – sehr anders als im vergangenen September. In London gestern herrschte Gleichgültigkeit… Wie eine Schafsherde sind wir. Keine Leidenschaft. Geduldige Verwirrung. Ich vermute, einige wollen einfach damit weiterleben.« Am 1. September fielen die Deutschen in Polen ein, England erklärte den Deutschen zwei Tage später den Krieg. Die Woolfs lebten immer häufiger auf dem Lande, wo die Umstände nicht einfach waren: »Es bläst ein schneidender Wind, scharf wie eine Sense, der Teppich im Eßzimmer ist steif, wie aus Gußeisen« (9. Februar 1940), notierte Virginia. Leonard, der Jude und Sozialist war, mußte die bedrohliche Entwicklung der Politik auf dem Kontinent fürchten. Er und Virginia sprachen offen über Selbstmord. Tieffflieger jagten über das Dorf, die Detonation der Bomben versetzte Virginia in schreckliche Zustände: »Ich dachte, glaube ich, an das Nichts, an die Leere; mein Kopf war leer. Etwas Angst vermute ich« (16. August 1940). Der Anblick des zertrümmerten Londons stürzte sie in Depressionen: »Die alten Ruinen meiner alten Plätze, aufgeschlitzt, niedergerissen; die alten roten Ziegelsteine alle weißer Puder … all die Vollkommenheit verwüstet und zerstört« (15. Januar 1941). In ihrem Tagebuch finden sich im Januar, Februar und März Stellen, die unheilverkündend klingen: »Wir leben ohne Zukunft. Das ist so absonderlich, mit der Nase an einer verschlossenen Tür zu kleben« (26. Januar). Oder: »Ich möchte das beste dieser Zeit erhaschen und werde nur mit vollen Segeln in den Abgrund sinken« (8. März).

Virginias Gesundheitszustand verschlechterte sich zusehends, ihre Wahnvorstellungen wurden immer bedrängender. Am 18. März schrieb Leonard lakonisch in sein Tagebuch »V. n. w.« (Virginia nicht wohl). Am 28. März 1941 wählte sie den Freitod in der Ouse, einem Fluß in der Nähe von Monks House. Zwei Wochen später fanden Kinder ihre Leiche am Ufer.

Virginia Woolfs Werk gehört zu den großartigsten des 20. Jahrhunderts; Tradition und Modernität werden darin zu einem einzigartigen Ausdruck unserer gegenwärtigen Literatur verwoben. Ihrem Tagebuch kommt eine ähnliche Bedeutung zu. Selten wurden Persönliches und Schöpferisches so eindringlich dargestellt wie in diesen 26 Bänden, deren Konzentrat 1953, zwölf Jahre nach Virginias Tod, Leonard Woolf als *A Writer's Diary* herausbrachte.

Ihre memoirenartigen Aufzeichnungen, seien es die *Reminiszenzen, Eine Skizze der Vergangenheit* oder *Old Bloomsbury* ähneln Kurzessays, Zeitungsartikeln, nicht aber ihr eigentliches Tagebuch. Dieses stellte für sie einen Freiheitsraum, einen Ort der Befreiung dar, ein persönliches wie künstlerisches Refugium, dem sie alles, was sie beschäftigte, anvertrauen konnte. Die Möglichkeit, sich darin selbst zu analysieren, dem kaum faßbaren Irrlicht, das ihr Selbst darstellte, nachzugehen, Leben und Schreiben einzuüben, eröffnete ihr ungeahnte Dimensionen. Das Tagebuchschreiben verlieh ihr eine Stütze in ihrem zum Teil so zerquälten Leben.

»Was kann man noch über sie sagen? Für die Kritiker gehört sie zu den vier besten Schriftstellerinnen Englands. Ihre Freunde rühmen ihre Schönheit, ihre Einzigartigkeit und ihren Charme … Welche Rolle spielte sie? … Auf jeden Fall war sie anders als alle andern, und diese Welt paßte nicht für sie.« (Christopher Isherwood, 1966)

Zur gleichen Zeit wie Virginia Woolf wuchs im englischen Sprachraum eine andere außergewöhnliche Künstlernatur auf, die als Schöpferin eines völlig neuen Erzählstils in die Literaturgeschichte eingegangen ist, KATHERINE MANSFIELD, 1888 in Neuseeland geboren, 1923 in der Nähe von Paris gestorben, wo sie auf dem kleinen Friedhof von Fontainebleau begraben liegt. Sie hat die englische Erzählung aus den traditionellen Angeln des Realismus gehoben und sie in ein Meisterwerk magischer Beseelung verwandelt. Ihre Prosawerke sind Erlebnisfragmente, die meist von der eigenen Lebensgeschichte geprägt sind. »Immer wieder sprach sie von ihrer Furcht vor jener Wandlung, die das Erlebnis in seiner Darstellung erfährt, immer wieder schreckte sie davor zurück ›die Wahrheit zu opfern‹. Deshalb haftet ihrem Werk – im guten und im bösen Sinne – immer etwas Unmittelbares an, ein Rohes und Ungegorenes, die Schlacken der ursprünglichen Substanz« (Hilde Spiel).

Als Katherine Mansfield im Alter von vierunddreißig Jahren

starb, hinterließ sie ein nicht sehr umfangreiches Œuvre: drei-
undsiebzig Erzählungen, über zehn Erzählfragmente, Kritiken,
Briefe, zumal die sehr enthüllenden an ihren Mann John Middleton Murry, und ein sprunghaft geführtes Tagebuch, das dieser
1927 in Auszügen und 1954 in einer unzensierten vollständigen
Ausgabe publizierte, obwohl sie gebeten hatte, es zu vernichten.
John M. Murry rechtfertigte die Veröffentlichung der Briefe und
der Tagebuchaufzeichnungen mit dem Hinweis auf ihre radikale
Ehrlichkeit: »Was sie war und was sie wurde, ist in ihnen mit viel
größerer Wahrheit erzählt, als sie ein Biograph jemals zu erreichen hoffen könnte.« Das führte zu einer Überschätzung der Tagebücher und Briefe, an denen sich die Phantasie des Publikums
auf Kosten des erzählerischen Werkes entzündete. Diese Überschätzung hat notgedrungen zu einer Legendenbildung beigetragen.
Das Tagebuch von Katherine Mansfield legt primär ein Zeugnis
ihrer ständigen Auseinandersetzung mit ihrem Leben als Schriftstellerin ab und ist eine Fundgrube schöpferischer Spannungen
und Prozesse. »Ihr Talent war ihr Schicksal, ihr Leben war ihr
Werk«, schreibt Hilde Spiel darüber. Schreiben bedeutete für die
übersensible, sehr früh gebrechliche Autorin alles, wie sie ihrem
Tagebuch anvertraute: »Ich bin ein Schriftsteller, der sich um
nichts kümmert als um das Schreiben – so fühle ich es jedenfalls.
Wenn ich unter Leuten bin, fühle ich mich wie ein Arzt mit seinen Patienten – sehr mitfühlend, sehr am Fall interessiert, sehr
begierig, daß sie mir alles erzählen, was sie können –, aber was
mich selbst angeht, sehr allein, sehr isoliert – ein merkwürdiger
Zustand.« Und weiter heißt es: »*Arbeit*. Werde ich eines Tages
meinen Arbeitseifer ausdrücken können – mein Verlangen, eine
bessere Schriftstellerin zu werden – meine Sehnsucht, mir noch
größere Mühe zu geben?« (31. Mai 1919). Einige Monate vor
ihrem Tod notierte sie am 10. Oktober 1922: »Gott sei gelobt, daß
er uns die Gabe des Schreibens geschenkt hat!« Diese Gabe war
ihr zweifelsohne in reichem Maße zuteil geworden.
Kathleen Beauchamp, alias Katherine Mansfield, wurde am

14. Oktober 1888 als Tochter eines Geschäftsmanns und Bankiers englischer Abstammung in Wellington, einer typischen Kolonialstadt Neuseelands, geboren. Pflichtgefühl war die Devise des strengen Vaters. Die von zahlreichen Geburten geschwächte Mutter war außergewöhnlich schön und feinfühlig. Als sie 1918 an einer Operation starb, schrieb Katherine über sie: »Nie habe ich jemanden gekannt, der jeden Augenblick seines Lebens so bewußt und umfassend auslebte wie sie. Ihre Heiterkeit war nicht weniger echt, weil sie einem Mut entsprang, der es mit allem aufnahm. Dadurch wurde mir erst richtig klar, daß ich Mut und Kampfgeist und Haltung über alles liebe.« Stets fühlte sie sich der Mutter sehr verbunden. Als ihr eigener Weg der Isolierung begann, schrieb sie in ihr Tagebuch: »Ich werde immer mehr wie Mutter: aus Menschen mache ich mir nichts.«

Schon als Kind war Katherine angeblich schwierig, stets nachdenklich und verträumt. Oft rebellierte sie gegen die Eltern, gegen ihre vier Schwestern, die wohlerzogen und problemlos waren. Dann verschwand sie stundenlang und ritt unermüdlich durch die dichten Buschwälder, die sich hinter dem weitläufigen Kolonialhaus in Karori befanden, wo sie einige Jahre lebte. Früh schon, 1900, verliebte sich das füllige junge Mädchen mit dem blassen Gesicht und dem in sich gekehrten Blick in eine Mitschülerin, die temperamentvolle Maori-Prinzessin Maata Mahupuka, deren Schönheit und sinnliche Faszination sie in einem Romanversuch, *Maata,* festhielt. Gleichzeitig begeisterte sie sich auch für das musikalische Wunderkind Arnold Trowell, das in ihr den Wunsch auslöste, Künstlerin zu werden. Kathleen Beauchamps Bisexualität trat früh zutage.

Als sie fast fünfzehn Jahre alt war, siedelte sie mit ihren beiden älteren Schwestern nach London über, um dort das Queen's College zu besuchen. Eine lebenslange, oft umstrittene Freundschaft bahnte sich dort mit der neun Monate älteren Mitschülerin Ida Baker an, die auch aus den Kolonien stammte und Kathleens Musik- und Literaturbegeisterung teilte. Besonders Oscar Wilde fesselte das erlebnishungrige Mädchen, sie trug seine Aphorismen –

neben selbstverfaßten – in ihr Tagebuch ein und brachte ihm eine abgöttische Verehrung entgegen. Zu ihren Lieblingsmaximen gehörte der Wildesche Leitspruch: »Die einzige Möglichkeit, eine Versuchung loszuwerden, ist, ihr nachzugeben.« Ein Grundsatz, den sie selbst stets eingehalten hat.

Erste Schreibversuche fanden schon damals statt, dafür wählte Kathleen Beauchamp als Künstlerpseudonym den Namen ihrer Großmutter Mansfield und taufte die Freundin kurz entschlossen in Leslie Moore um. Als LM ist Ida in die Literaturgeschichte eingegangen, zunächst in den Briefen Katherines, später dank der Erinnerungen, die sie als Dreiundachtzigjährige verfaßt hat. Eines war von Beginn an in dieser Freundschaft klar: Katherine beherrschte Ida vollends. Als Katherine 1906 nach Neuseeland zurückkehren mußte, schrieb sie ihr jede Woche ausführliche Berichte und teilte ihr all ihre Erlebnisse und Entdeckungen mit.

Die Umstellung von London auf das heimatliche Wellington war für die Neunzehnjährige sehr schwer. Verbittert und ungeduldig schrieb sie in ihr Tagebuch über die provinzielle Enge und das Spießerdasein des Koloniallebens, das ihre Eltern in ihren Augen verkörperten: »Allen beiden geht jede Art von Begeisterung ab! Unaufhörlich verletzen sie mich. Allein schon wenn ich sie sehe, bin ich nicht mehr dieselbe. Ich fange an, zu zaudern, bin nicht mehr natürlich. Sie können sich das gewiß nicht vorstellen. Niemals könnte ich es ertragen, mit meiner Familie zusammenzuleben. Nach einer Viertelstunde werden sie unerträglich und obendrein, auf intellektueller Ebene, sind sie mir so wenig gewachsen« (November 1906). Immer entschiedener wandte sie sich dem Schreiben zu: »Heute habe ich genug gelesen. Jetzt möchte ich schreiben. Ich frage mich, ob ich dazu fähig bin. Wir werden sehen. Nein, ich kann nichts schreiben. Ideen habe ich schon, aber ich weiß nicht, wie ich mein Thema angehen soll. Ich möchte dichten, aber nichts kommt. Nichts geht über das Üben, ich werde erneut einen Versuch machen. Ich möchte so gerne einen Text schreiben, der etwas geheimnisvoll ist, aber wirklich schön, originell« (Dezember 1906). Damals fand Katherine in Edith Bendall, einer malerisch begabten jungen Frau, Trost und Aufmunterung. Am 1. Juni 1907 schrieb sie in ihrem Tagebuch ganz offen über ihr lesbisches Liebeserlebnis: »Ich bin hier fast tot vor Kälte, fast tot vor Müdigkeit. Ich kann nicht schlafen, denn das Ende ist so plötzlich gekommen, daß sogar ich, die es lange und vollständig vorausgesehen hatte, betroffen und überwältigt bin. Sie ist müde. Vorige Nacht lag ich in ihren Armen – und heute nacht hasse ich sie – was bei Licht besehen so viel heißt, daß ich sie anbete: daß ich nicht in meinem Bett liegen kann, ohne den Zauber ihres Körpers zu fühlen, was bedeutet, daß das Geschlecht mir wie nichts erscheint. All diese sogenannt sexuellen Triebe fühle ich viel stärker bei ihr als bei irgendeinem Mann. Sie bezaubert und versklavt mich – und ihr persönliches Selbst – ihren Körper – vergöttere ich unbedingt. Ich fühle, wenn ich meinen Kopf auf ihre Brust lege, daß ich fühle, was das Leben geben kann. All meine Unruhe, meine elenden Ängste sind weggefegt. Nichts bleibt als die Zuflucht in ihre Arme.«

Die sonstige Enge des Lebens in Wellington trieb aber Katherine unweigerlich in die Weite: Sie unternahm verschiedene Reisen ins Landesinnere, die Sehnsucht nach London nahm aber beständig zu. Der Wunsch, in die englische Hauptstadt überzusiedeln, um sich dort als Schriftstellerin zu behaupten, kommt in den damaligen Tagebucheintragungen oft zum Ausdruck: »Ich könnte eine gute Autorin werden – Ehrgeiz und Ideen besitze ich.« Endlich war 1908 das Ziel erreicht: »Das Jahr ist erwacht – *Mein Jahr* 1908. Nun denn – ich habe die Intelligenz und auch die Erfindungsgabe. Was sonst brauche ich?« (1. Januar)

Ihre ersten Londoner Jahre sollen hektisch und wirr gewesen sein. Die »langen klagenden Tagebücher« aus jener Zeit vernichtete sie selbst. Der erste literarische Beitrag bildete ein Gedicht in der »Daily News«. Vielfache literarische Artikel folgten, in denen sie sich als kritisch denkende, emanzipierte Frau erwies; stets stand ihr eines vor Augen, Kunst müsse eine Form von Selbstentwicklung sein. Zur gleichen Zeit plante sie, den Zwillingsbruder des musikalischen Wunderkinds Arnold Trowell zu heiraten. Garnet war neunzehn, Katherine zwanzig Jahre alt – die Eltern untersagten diese Bindung. Kurz darauf schrieb sie ihre erste Erzählung *Rosabels Müdigkeit*, die aber erst 1924 postum veröffentlicht wurde. In den folgenden Jahren lebte sich Katherine voll aus, sie zeigte eine unersättliche Gier nach Begegnungen und Erfahrungen. Die durchkreuzten Pläne nach liebendem Schutz und Geborgenheit riefen in ihr eine berechnende und kühle Einstellung zur Ehe wach, die ihr nunmehr hauptsächlich die Möglichkeit bieten sollte, als unabhängige Künstlerin zu leben. Überstürzt heiratete sie im März 1909 ihren Gesangslehrer George Bowden, mit dem sie aber nur einen Tag und eine Nacht verbrachte, bevor sie ihn verließ. Jahrzehnte später erfuhr er den Grund dafür: Katherine erwartete ein Kind von Garnet Trowell, das sie behalten wollte. Katherines Mutter reiste von Neuseeland an und brachte sie zur Erholung in eine kleine Pension ins bayerische Bad Wörishofen, den Schauplatz ihrer satirischen Erzählung *In einer deutschen Pension*, in der sie aufs schärfste die Merkmale der sogenannten deutschen Seele karikierte. In jener Zeit begann der Einfluß Anton Tschechows, mit dem ihre Erzählungen später immer wieder verglichen wurden, spürbar zu werden.

Die Fehlgeburt ihres ersehnten Kindes stürzte sie in tiefe Depressionen. »Ich muß streiten, um vergessen zu können: ich muß bekämpfen, um mich wieder selbst achten zu können. Ich muß mich nützlich machen, um wieder an das Leben glauben zu können. Wir müssen jeder allein sein – allein arbeiten, allein kämpfen, um unsere Kraft, unsere Opferwilligkeit zu beweisen« (4. Juli 1909). Der unerfüllte Kinderwunsch quälte Katherine Mansfield ihr Leben lang.

Bald kehrte sie nach London zurück, wo sie von der Freundin Ida Baker umsorgt und aufgemuntert wurde. Schreiben konnte die gebrochene Einundzwanzigjährige kaum mehr. »Ich habe einen fast wahnsinnig zu nennenden Wunsch, etwas Gutes zu schreiben – und eine Unfähigkeit dazu, die unendlich qualvoll ist« (1910). Am 6. September 1911 notierte sie entschlossen in ihr Tagebuch: »Ich will ein neues Leben anfangen, das bisherige ist bis auf den letzten Faden abgenutzt.« Mehrere Erzählungen folgten diesem Entschluß. Endlich konnte Katherine dadurch finanziell selbständig sein und brauchte weder die Eltern noch die stets sprungbereite Ida um Hilfe anzugehen. Ihre Erzählungen wurden nicht nur gedruckt, sie brachten ihr auch Ansehen und Prestige ein. So bat sie unter anderen John Middleton Murry, der Essayist und Herausgeber der renommierten Kunst- und Literaturzeitschrift *Rhythm*, der selbst damals noch in Oxford studierte, um einige Beiträge.

Die darauf folgenden elf Jahre bis zu Katherines Tod standen ganz unter dem Zeichen ihrer Beziehung zu diesem jüngeren Intellektuellen, der viel später, als Bowden in die Scheidung einwilligte, ihr zweiter Mann wurde. Katherines Briefe an Murry und ihr Tagebuch legen Zeugnis von einer ebenso großen wie ambivalenten Liebe ab: »O Jack, ich wünsche mir, es würde ein Wunder geschehen – daß Du mich in Deine Arme nimmst und meine Hände küßt und mein Gesicht, und alles an mir und daß Du sagst ›Es ist alles gut, liebe Kleine. Ich habe ja vollstes Verständnis für Dich‹« (Sommer 1913). Ein Jahr später notierte sie: »Ich traue Jack nicht. Ich bin alt, heute abend. Ach, ich wünschte, ich hätte einen Liebhaber, der mich lieben, festhalten, trösten und mich am Denken hindern würde.« (30. August 1914)

Es folgten gemeinsame Reisen, vornehmlich nach Paris, wo sie im Mai 1912 den Dichter und Bohemien Francis Carco kennenlernte. Katherines knabenhaftes Aussehen, ihre großen dunklen Augen und ihr übermütiges Auftreten lösten überall Bewunderung und Begehren aus. Überhaupt war für die junge Autorin die Zeit des Erfolgs gekommen, ihre Erzählungen wurden gelobt, das gemeinsame Leben mit Murry nahm eine glückliche Wendung, neue Freundschaften wurden angeknüpft, so mit D. H. Lawrence und seiner Gefährtin Frieda von Richthofen. Lawrence fand in Katherine eine kongeniale Künstlernatur, beide Paare wurden einige Zeit lang unzertrennlich.

Bald drohten aber wieder Not und Zerwürfnis. Kurz vor Kriegsausbruch traten Katherines Depressionen wieder auf. Schwere

Krankheit und das Gefühl einer radikalen Vereinsamung verursachten einen Wandel in ihrer Beziehung zum jüngeren und vitalen Lebensgefährten: »Ich fühle mich so viel älter als J., und ich bin sicher, daß er es auch merkt. Früher hat er das nie getan, aber jetzt spricht er oft mit mir wie ein junger Mann mit einer älteren Frau. Nun, es ist vielleicht gut so« (Januar 1915). Um Weihnachten beschlossen sie, sich in Freundschaft zu trennen. Katherine flüchtete ins geliebte Paris zu dem sie glühend verehrenden Francis Carco (ihre Erzählung *Je ne parle pas français* schildert ihre erste Begegnung mit ihm), aber diese Zeit erwies sich wiederum als enttäuschend. Sie schrieb damals mehrere Erzählungen, wovon eine, *Prelude,* in der sie ihre neuseeländische Kindheit heraufbeschwor, auf der Handpresse von Leonard und Virginia Woolf gedruckt wurde.

Ihr einziger und innig geliebter Bruder Leslie zog damals nach London, um die Offizierslaufbahn einzuschlagen; mit ihm verbrachte sie die »glücklichsten Monate« ihres Lebens. Als er bei einer Vorführung mit Handgranaten tödlich verunglückte, war ihr Kummer unermeßlich. In ihrem Tagebuch spricht sie, die gerade wieder mit Murry zusammengezogen war, den geliebten Bruder an: »Ich bin bei Dir… Dir schenke ich meine tiefste Liebe. J. hat nur meine überschüssige Liebe.« Murry schien kein Trost für Katherine zu sein, dennoch flehte sie ihn an, ihr zu folgen, als sie aus gesundheitlichen Gründen wieder nach Südfrankreich zog. In Bandol verbrachten sie drei friedliche Monate. Jeder schrieb für sich: Murry an einem Buch über Dostojewskij, Katherine überarbeitete *Prelude.* Zugleich stellte sie aber ihre Schreibtalente unentwegt in Frage: »Bin ich nicht mehr so ganz Schriftstellerin, wie ich es gewesen bin? Ist das Bedürfnis zu schreiben weniger dringend geworden? Scheint es mir noch immer so natürlich, diese Ausdrucksform zu wählen?« (22. Januar 1916). Und Ende desselben Jahres heißt es: »Und in meinem Kopf, in meinem Gehirn kann ich denken und handeln und wunderbare Dinge aufschreiben; aber sobald ich es wirklich versuche, sie niederzuschreiben, versage ich elendiglich.« (8. Dezember)

Dank des Einsatzes von Freunden bekam Murry endlich eine feste Anstellung als Übersetzer im Kriegsministerium, so daß das Paar im September wieder nach London ziehen konnte. Damals entstand eine intensive Beziehung zu Ottoline Morrell, die Katherine und Murry oft nach Garsington Manor bat, wo sie mehrmals Virginia und Leonard Woolf begegneten. Virginia war zunächst, wie bereits erwähnt, Katherine Mansfield gegenüber ausgesprochen abweisend. Die junge Schriftstellerin empfand aufrichtige Verehrung für die ältere: »Ich sah Sie noch flüchtig, bevor alles verschwand, und ich habe gewinkt. Hoffentlich haben Sie es bemerkt. Es war schön, daß wir Zeit hatten, miteinander zu sprechen; wir haben den gleichen Beruf, Virginia, und es ist wirklich höchst seltsam und aufregend, daß wir beide, ganz unabhängig voneinander, fast das gleiche Ziel verfolgen«, schrieb sie ihr im August 1917. Katherine Mansfield lehnte Virginia Woolfs Literatur ab, die sie als »gepflegte Hecken« verwarf, bewunderte aber zutiefst ihre Begabung: »Du schreibst so verdammt gut, so teuflisch gut« (April 1919), und ihre Lebensform: »Wie ich Virginia beneide! Kein Wunder, daß sie schreiben kann. In allem, was sie schreibt, ist immer eine solche Ruhe und Freiheit des Ausdrucks, als lebe sie in Frieden – ihr eigenes Dach über dem Kopf, ihr Hab und Gut um sich, und ihren Mann immer in Reichweite.«

Katherines angeschlagene Gesundheit, überdies durch eine Brustfellentzündung beeinträchtigt, die sie sich im kalten Landhaus von Ottoline Morrell zugezogen hatte und die in Schwindsucht auszuarten drohte, führte sie bald wieder ins sonnige Südfrankreich, wohin ihr Ida folgte. Die aufopfernde Freundin erntete aber immer wieder Haß und Beschimpfungen.

Die Tagebuchaufzeichnungen aus jener Zeit klingen, was die eigene Verfassung betrifft, klarsichtig und verzweifelt: »Ich möchte nicht krank sein, ich meine ernstlich krank, so weit entfernt von J. J. ist mein erster Gedanke. Zweitens möchte ich nicht feststellen müssen, daß es wirklich Schwindsucht ist, vielleicht geht es ganz schnell – wer weiß? – und dann bleibt mein Werk ungeschrieben. *Darauf kommt es an.* Wie unerträglich wäre es, zu sterben – und nur Bruchstücke, Fetzen zu hinterlassen ... nichts wirklich Fertiges« (19. Februar 1918). Todesmeditationen durchzogen immer wieder ihr Tagebuch, so schrieb sie ein Jahr später: »Während dieser ganzen zwei Jahre war ich von Todesfurcht besessen. Sie wuchs und wuchs und wurde riesengroß, und deshalb, glaube ich, habe ich mich so an ihn geklammert. Vor zehn Tagen hat sie mich verlassen, ich mache mir keine Sorgen mehr. Für Menschen gebe ich keinen Pfifferling. J. werde ich immer liebbehalten und seine Frau sein, aber zu jener Qual, Freude, jenem süßen Wahnsinn der früheren Jahre könnte ich nicht zurück. Eine solche Liebe gibt es für mich nicht mehr. Und das Leben bleibt entweder stehen oder vergeht.« (15. Dezember 1919)

Nach einigen Wochen Paris-Aufenthalt trieb es die Ruhelose wieder nach Hause. George Bowden hatte sich mittlerweile zur Scheidung durchgerungen; schwach und zermürbt konnte sich Katherine am 3. Mai 1918 mit Murry trauen lassen. Diese Hochzeit war die schlimmste Enttäuschung in ihrem Leben. Später warf sie ihrem Ehemann vor: »Du kannst Dir nicht denken, was sie für mich bedeuten sollte! Wahrscheinlich ist es phantastisch. Sie hätte über alle hinwegleuchten müssen. Und dann war sie doch wieder nur ein böser Traum. Kein einziges Mal hast Du mich umarmt und mich Deine Frau genannt.« Katherines Gereiztheit und Trübsinn machten das Zusammenleben zur Qual. Das Paar fügte sich aus Liebe und Stolz, Zorn und Verzweiflung gegenseitig Leid zu. Leitmotiv des Tagebuchs war dennoch die Frage nach der eigenen Kreativität: »Ich stelle mir wieder einmal *meine* ewige Frage: Was macht den Augenblick der Entbindung so schwer für mich?« (Juli 1918)

Als im Herbst 1919 der Arzt der schwerkranken Katherine riet, England zu verlassen, brachte Murry, der gerade zum Herausgeber der Zeitschrift *Athenaeum* ernannt worden war, sie und Ida nach Ospedaletti bei San Remo. Zunächst wirkte die südliche Sonne beruhigend und beglückend. Bald darauf wurden die Anzeichen der tückischen Krankheit überdeutlich. Katherine wütete gegen Ida, verglich sie mit einem »schrecklichen Dunst ... ich

verliere mich darin und werde rasend – werfe ihr Dinge an den
Kopf, verfluche sie.« Aber auch ihr Ehemann wurde nicht ver-
schont. Da sie sich verbannt und verlassen fühlte, schrieb sie ihm
einen Vierzeiler:

> Wer ist der Mann, der dich verbannt?
> Wer ist der Eh'mann, wer der Stein,
> krank und kalt in ein fernes Land,
> der ein Kind wie dich läßt so allein?

Bestürzt und verzweifelt eilte Murry zu ihr, um die Weihnachts-
tage in der gemieteten »Casetta« zu verbringen. Sein Besuch schien
sie zunächst aufzumuntern: »Ich möchte meine Bücher schreiben
und noch eine Zeitlang mit J. glücklich sein« (15. Dezember 1919).
Kaum war Murry aber wieder nach London zurückgekehrt, erlag
sie erneut ihrer Bedrängnis. Am Tag seiner Abreise schrieb sie
ins Tagebuch: »Schwarz! Ein Tag in der Hölle. Unfähig, etwas zu
tun. Trank Kognak. Fest entschlossen, nicht zu weinen. Weinte.
Gefühl der Verlassenheit schrecklich. Werde sterben, wenn ich
nicht entkomme. Übelkeit, Schwäche, fror vor lauter Kummer.
Oh, irgendwie *muß* ich es ertragen!« (8. Januar 1920) Einige Tage
darauf notierte sie verzweifelt: »Ich liebe ihn, aber er verschmäht
meine *lebendige* Liebe. Daher meine Beklemmung. Die schlimm-
sten Tage meines Lebens.« (11. Januar 1920)
Idas unerschütterliche Treue war für sie ein Rettungsanker. Das
Schreiben gelang ihr wieder. Vor Jahren hatte sie erkannt, daß
zwei widersprüchliche Impulse sie zum Schreiben anregten: »Der
eine ist Freude – der Zustand, in dem ich auf irgendeine selige Art
in Frieden lebe ... und der andere ist ein unendlich tiefes Gefühl
der Hoffnungslosigkeit.« Letzteres bestimmte damals ihr Leben.
So entstand *Ein Mann ohne Temperament*, eine bittere Erzählung
über einen resignierten Ehemann, der, im Gegensatz zu Murry, an
der Seite seiner kranken Frau verharrt. Ihm schrieb sie lakonisch:
»Wir sind beide abnormal, ich habe zuviel Vitalität – und du
nicht genug.«

Weitere Erzählungen folgten, ebenso wie die Übersetzung von Tschechows Tagebuch. Schon immer war Katherine Mansfield von den russischen Tagebüchern fasziniert, besonders von dem Marie Bashkirtseffs, das sie oft in den eigenen Aufzeichnungen zitiert, so zum Beispiel 1906: »Heiraten und Kinder haben. Wie eine Wäscherin … ich möchte den Ruhm!« Beide Künstlerinnen »besaßen den gleichen heißen Wunsch nach Selbstbestätigung, die gleiche leicht entzündbare, selbstverzehrende Genialität, den gleichen Erlebnishunger, der allzu rasch verbraucht, was anderen für ein Leben reicht« (Hilde Spiel). Katherines Narzißmus war dem der jungen Malerin ebenbürtig, denn auch sie schrieb in reiner Selbstbespiegelung: »Ich danke dem Himmel, daß ich im Augenblick, obwohl es verdammenswert ist, in niemanden *außer in mich selbst verliebt bin*.« (23. Oktober 1907)

Montana in der Schweiz, eine klassische Heilstätte der Lungenkranken, wurde Katherines nächster Aufenthaltsort. Murry besuchte sie dort regelmäßig. Beide arbeiteten in schönster Harmonie. Er vertiefte sich in die Keats-Forschung, sie schrieb ihre Meisternovellen: *An der Bucht, Das Puppenhaus, Das Gartenfest.* Ihr Traum von einer Gemeinschaft von Herz und Intellekt schien sich damals fast zu verwirklichen: »Ob J. so zufrieden ist, wie es den Anschein hat? Es ist zu schön, um wahr zu sein.« Zugleich nahmen die Fragen hinsichtlich ihrer Kreativität überhand: »Eines habe ich mir fest vorgenommen, und das ist, *kein Zeichen zu hinterlassen*. Es gab eine Zeit − es ist noch nicht so lange her − da ich alles niedergeschrieben hätte, was geschehen ist. Aber nun ziehe ich es vor, keiner lebenden Seele etwas zu sagen« (Juli 1921). Und ferner: »Ich mag überhaupt nicht schreiben. Es ist grau, es ist drückend und langweilig. Und Kurzgeschichten scheinen unwirklich und nicht der Mühe wert. Ich will nicht schreiben, ich will *leben*« (14. Juli 1921). Der gebrochene Lebensdrang kehrte aber immer wieder zum Tagebuch zurück: »Es ist an der Zeit, daß ich ein neues Tagebuch anfange … Mein größter Wunsch: eine Schriftstellerin zu sein, ein Werk zu schaffen … Ich muß dieses Notizbuch führen, damit schriftlich festgehalten wird, was ich jede Woche getan habe. Aber jetzt der Entschluß! Und besonders: mit dem Leben in Berührung bleiben – mit dem Himmel und diesem Mond, diesen Sternen, diesen kalten, klaren Gipfeln.« (13. November 1921)

Eine von Freunden als Wundermittel gegen die Tuberkulose gepriesene Bestrahlungstherapie des russischen Arztes Manjukin führte Katherine in Begleitung von Ida Baker wieder nach Paris. Die Kur war sehr anstrengend und vermutlich nicht einmal hilfreich, aber das Pariser Leben war der zerbrechlichen Schriftstellerin doch sehr zuträglich. Damals verkehrte sie viel in russischen Kreisen und lernte über gemeinsame Bekannte James Joyce kennen, dessen *Ulysses* sie tief beeindruckte.

Die Beziehung zu Murry gestaltete sich immer komplizierter; allein Ida Baker, die manchmal Erwünschte, oft Verwünschte, ließ Katherine nie im Stich. Auch das Tagebuch wurde mehr denn je ihr Vertrauter: »Komm, mein Nicht-Gesehener, mein Unbekannter, laß uns zusammen plaudern! … Dies ist ein verheerendes kleines Notizbuch, ganz im alten Stil. Wie es mich bloßstellt! Ich führe einen beständigen Krieg gegen kleine Täuschungsmanöver. Zerreiße das Notizbuch! Zerreiß' es jetzt. Aber jetzt tue ich so, als ob ich Notizen über ein Buch mache, das ich schon gelesen habe und das ich verachte … Welch schrecklicher, entsetzlicher Quatsch! Wenn ich zurückblicke, kommt es mir so vor, als hätte ich immer geschrieben. Sinnloses Geschwätz ist es. Aber es ist doch immer noch besser, dummes Zeug zu schreiben als gar nichts« (4. Juli 1922). Mit sich selbst geht sie keineswegs zimperlich ins Gericht: »Du bist die dümmste Frau, der ich je begegnet bin. Du wirst nie einsehen, daß alles von dir abhängt. Der Grund, warum du es so schwierig findest zu schreiben, ist, daß du nichts lernst.«

Inzwischen war Katherine davon überzeugt, sie könne ihren kranken Körper heilen, wenn sie ihre Seele rettete, darum grübelte sie über die Wechselwirkung körperlicher und geistiger Prozesse. Die Lehre des Kaukasiers griechischer Abstammung, G. J. Gurdijeff, die den Menschen dazu verhelfen wollte, zum wahren Bewußtsein zu erwachen, überzeugte sie zutiefst. Das Tagebuch jener Zeit spiegelt ihre geistige Suche wider: »*Wichtig.* Wenn wir anfangen, unser Versagen nicht mehr so ernst zu nehmen, so heißt das, daß wir es nicht mehr fürchten. Es ist von größter Wichtigkeit, daß wir lernen, *über uns selber zu lachen.* Was Schestow einen ›Anflug von leichtherziger Vertrautheit und Spott‹ nennt, hat seine Bedeutung. Das Leben sollte sein wie ein stetiges, sichtbares Licht«, schrieb sie im Oktober 1922. Einige Tage später trat Katherine – zunächst probeweise – in das Institut zur Willensschulung des russischen »Meisters« ein, das sich in einem alten Priorat in der Nähe von Fontainebleau befand. An J. M. Murry schrieb sie damals: »Und so habe ich mich entschlossen, mit allem, was in meinem vergangenen Leben ›oberflächlich‹ gewesen ist, aufzuräumen und neu anzufangen, um zu sehen, ob ich das wirklich lebendige, einfache, wahrhaftige volle Leben, von dem ich träume, erlangen kann. Ich habe schreckliche, tödliche Augenblicke durchgemacht, bis ich so weit war. Man merkt äußerlich wenig davon, aber im Innern herrscht Chaos …« (18. Oktober 1922).

Auf Katherines physische Gebrechlichkeit wurde keinerlei Rücksicht genommen, sie mußte schwere Arbeit im Stall und in der Küche leisten und in einer feuchten, kalten Kammer schlafen. Zunächst hielt sie das rauhe Leben der russischen Neo-Mystiker für eine Rettung, aber allmählich merkte sie, daß es sie in den Tod trieb.

Ein letzter Hilferuf erging an Murry, der auch gleich kam, um mit ihr das russische Weihnachtsfest zu feiern. Sie soll verklärt ausgesehen haben trotz ihres heftigen Hustens, der alsbald in einen Blutsturz überging. Ärzte wurden herbeigerufen, die nicht mehr helfen konnten. Später schrieb Murry: »In weiser Umsicht wahrscheinlich schoben sie mich aus dem Zimmer, obgleich ihre Augen mich anflehten. Wenige Minuten später war sie tot.«

In ihrem Tagebuch hinterließ Katherine Mansfield eine Art Bekenntnis: »Alles im Leben, das wir wirklich hinnehmen, wird umgewandelt. So muß das Leiden zu Liebe werden. Das ist das Geheimnis. Das ist's, was ich tun muß. Ich muß von der persönlichen Liebe zur größeren Liebe fortschreiten. Was ich dem Einen gegeben habe, muß ich dem Leben in seiner Ganzheit geben.«

Selten hat es eine solche Übereinstimmung von intimen Aufzeichnungen und literarischer Kreativität gegeben wie bei Katherine Mansfield, die einmal notierte: »Einer der Gründe warum man schreibt: man muß seine Liebe ausdrücken.« Die Suche nach diesem Ideal hat ihr Leben als Frau und Schriftstellerin unauslöschlich geprägt.

Eine weitere ergreifende Gestalt, die zu dem legendären Bloomsbury-Kreis gehörte, war die Malerin DORA CARRINGTON (1893–1932). Aldous Huxley rühmte die ernste Unschuld ihres kindlichen Gesichts; Gerald Brenan äußerte lapidar: »Mit ihr verglichen kommt einem jede andere Frau gewöhnlich und ohne Empfindsamkeit vor.«

1915 begegnete die junge Malerin dem renommierten Essayisten Lytton Strachey und lebte bis zu seinem Tod siebzehn Jahre lang in höchst unkonventioneller Weise mit ihm zusammen. Lytton war homosexuell, und Dora konnte sich nicht damit abfinden, als Frau auf die Welt gekommen zu sein – ihre Beziehung war komplex, von vielen mißverstanden, aber in ihrer Einzigartigkeit alles andere als glücklos. Drei Monate nach seinem Tod nahm sich die Achtunddreißigjährige das Leben.

Lange Zeit galt Carrington – sie selbst legte ihren Vornamen ab, da sie ihn gewöhnlich und sentimental fand – nur als Nebenfigur im künstlerischen Umfeld. Das vornehme England, das Virginia Woolf als »absolutes Fossil der viktorianischen Gesellschaft« bezeichnete, ignorierte Dora Carrington einfach. Heute hat sie endlich die Anerkennung gefunden, die ihr gebührt. Als Malerin hat sie ein inzwischen weltweit anerkanntes Werk hinterlassen. 1970 widmeten ihr die Upper Grosvenor Galleries in London eine erste Retrospektive. Ihre Gemälde, Zeichnungen und Holzschnitte thematisieren stets die Menschen und die Orte, die für sie von Bedeutung waren. Als schriftliches Korrelat hat sie zahlreiche, oft

139

mit Zeichnungen versehene Briefe an Lytton Strachey, Virginia Woolf und andere Literaten ihrer Zeit sowie ein nicht umfangreiches Tagebuch hinterlassen. Dieses spiegelt gleichermaßen die künstlerischen Bewegungen im London ihrer Zeit wider, so zum Beispiel die Entstehung der Omega-Werkstätte, deren treibende Kraft der Kunstkritiker Roger Fry war, wie ihre Selbstfindung als kreative Frau und ihr Ringen um Erfüllung in ihrem komplizierten Privatleben. »Weißt Du«, schrieb sie 1923 an Lytton Strachey, »ich bin niemals glücklicher als beim Malen.« Kreativität und Gefühlsleben flossen bei ihr ineinander. Ihre Tagebuchnotizen sind darum ein untrüglicher Ausdruck »vielerlei höchst unterschiedlicher Spielarten der Liebe«.

Dora Carrington wurde als viertes von fünf Kindern 1893 in Hereford geboren. Ihr Vater hatte nach einem langen Berufsaufenthalt in Indien erst spät geheiratet. Die Mutter wurde von der eigenwilligen Tochter mit Abneigung und Mißbilligung gestraft: »Sie stilisierte sich gern zur Märtyrerin, rackerte sich völlig unnötig ab und reagierte ihre Sinnlichkeit in religiösem Überschwang ab« (Brief an Mark Gertler, Januar 1919).

Schon früh zeichnete sich Doras Lebensweg ab: Zeichnen und Malen waren die einzige Leidenschaft des scheuen, etwas linkischen Mädchens. 1910 begann sie ein Kunststudium an der Slade School of Fine Arts in Bedford. Dort schloß sie sich einer Gruppe von kunstbegabten, unkonventionellen Mädchen an, angeführt von Dorothy Brett, der Tochter des zweiten Viscount Esher, mit der sie eine lebenslange Freundschaft verband. In dieser »Wild Group« wurden Tolstoi, Mary Wollstonecraft und Romain Rolland eifrig gelesen. Spiel und Maskerade eröffneten den jungen Mädchen eine neue Welt der »Bohemienhaftigkeit und intellektuellen Raffinesse« (Jane Hill).

Damals lernte Carrington den Maler Mark Gertler kennen, mit dem sie sich anfreundete. Sie verbrachten die meiste Zeit zusammen, besuchten gemeinsam Museen und lasen dieselben Dichter. Der begeisterte junge Mann schrieb ihr viele Jahre später: »Wenn ich mit Dir zusammen bin, habe ich das Gefühl, einem wahren

Kunstwerk gegenüberzustehen, und ich fühle mich wie in einem Augenblick emotionaler oder religiöser Hingabe« (14. Dezember 1919). Für ein gemeinsames Leben waren aber beide zu sehr mit sich und ihrer Kunst beschäftigt.

Bereits 1913 hatte Dora Carrington im New English Art Club ausgestellt, ihre erste Zeichnung verkauft und den ersten Preis für figürliche Malerei und für Malen nach Gipsabgüssen gewonnen. Ihr Künstlerleben hatte damit offiziell begonnen. Über ihren eigenen Mut erstaunt, notierte sie 1917 in ihr Tagebuch: »Den ganzen Tag lang wundere ich mich, was mir geschieht. Warum ich zum erstenmal selber gehandelt und aus eigenem Antrieb etwas beschlossen habe« (14. April). Ihr schwaches Selbstbewußtsein fand endlich im Malen und Gemaltwerden einen Auftrieb. Nach der Abschlußprüfung konnte sich die Carrington, deren unkonventioneller Bubi-Haarschnitt und lässige Kleidung für Irritation sorgten, endgültig als »Künstlerin« bezeichnen. Das erträumte, kleine möblierte Zimmer in Soho und das Atelier in Chelsea brachten ihr zunächst materielle Einschränkungen jeder Art ein (später, am 12. Januar 1920, schrieb sie einem Freund darüber: »Ich denke, Geldmangel ist weitaus schlimmer als alles andere. Ich habe das selbst in London erfahren, als ich zu Fuß von Waterloo nach Hampstead ging, weil ich keinen Penny hatte. Tag für Tag billige Päckchensuppen in einem stinkenden Atelier in der Brompton Rd.«), dennoch war sie in London glücklich, und es gelang ihr, dank des Privatunterrichts, den sie in Malen erteilte, dem erkämpften Ziel, unabhängig zu leben, treu zu bleiben.

Der Kriegsausbruch veränderte das Leben in der englischen Metropole. Die Eltern zogen nach Hampshire, die Tochter weigerte sich, ihnen zu folgen: »Sie sind so banal und so materialistisch«, urteilt sie streng. Dennoch verbrachte sie oft einige Tage bei ihnen, denn sie hing sehr an ihrem Vater, über den sie nach seinem Tod 1918 schrieb: »Ich habe an meinem Vater die rauhe große Persönlichkeit geliebt. Seine bäuerliche Einfachheit und seine innere Größe. Er änderte sich niemals, um den Konventionen Genüge zu tun oder den Menschen in seiner Umgebung zu gefallen«

(Januar 1919). Diese innere Freiheit hatte die burschikose Tochter sicher von ihm geerbt.

1915 wurde Carrington von Mark Gertler in den Kreis von Ottoline Morrell eingeführt, die in Garsington Manor den Lebensstil und die Zügellosigkeit der Jahrhundertwende mit der Pracht des Barocks zu verbinden wußte. Dort lernte sie Bertrand Russell, Aldous Huxley, Katherine Mansfield, D. H. Lawrence und viele andere Künstler und Intellektuelle kennen. In Lawrences Roman *Liebende Frauen* (1921) wird Carrington als das frivole Modell Minette Darrington karikiert. Lawrence hat es ihr nie verziehen, daß sie sich dem leidenden Gertler verweigerte, und führte dies auf Carringtons Unfähigkeit zur wahren Liebe zurück. Ihre Sicht der Lage war eine andere, wie sie dem Freund im November des gleichen Jahres schrieb: »Ich liebe Dich nicht körperlich, das weißt Du, aber Du bedeutest mir mehr als jeder andere Mensch auf der Welt.« Die extravagante Gastgeberin Lady Morrell mischte sich nur zu gerne in das Liebesleben anderer Leute ein und versuchte Carrington zu überreden, mit dem sie so verehrenden und begehrenden Gertler zu schlafen. Diesen Vorschlag empfand sie aber als »Angriff auf die Jungfräulichkeit wie die schlimmste Schlacht bei Verdun« (Brief vom 30. Juli 1916) und rannte einfach fort. Als sie später einmal Gertler in sein Atelier begleitete und die Nacht dort verbrachte, »überstand Carrington diesen Liebesakt als Jungfrau, was nicht nur bei Gertler für Erstaunen und Verwirrung sorgte, sondern auch bei ganzen Generationen von Bloomsbury-Forschern in unserem Jahrhundert«, schreibt Michael Holroyd schmunzelnd.

Einige Zeit darauf wurde die junge Malerin in das Landhaus von Virginia und Leonard Woolf eingeladen, wo sich auch Lytton Strachey aufhielt. Während eines Spaziergangs durch die Downs nahm er sie plötzlich in seine Arme und küßte sie. Carrington war von diesem »schrecklichen bärtigen alten Kerl« zunächst abgestoßen. Um sich zu rächen, schlich sie sich nachts in sein Zimmer, um ihm den dünnen, langen Bart abzuschneiden. »Lytton soll aufgewacht sein und Carrington durch seinen Blick betört haben;

dies war der Anfang einer gegenseitigen Faszination« (Jane Hill). Sacheverell Sitwell, der Bruder der berühmten Exzentrikerin Edith Sitwell, bemerkte skeptisch zu dieser Beziehung: »Gewiß besaß sie eine Ausstrahlung, und man kann den Maler Mark Gertler durchaus verstehen, der sie wohl bereits damals liebte; unverständlich blieb jedoch ihre Hingabe an den unberechenbaren Lytton Strachey mit seiner scharfen Zunge« (vgl. Michael Holroyd). Strachey war fünfunddreißig Jahre alt, äußerst geistreich, kränklich und homosexuell. Von den Freunden wurde er als genial bezeichnet, auch wenn er noch nichts veröffentlicht hatte. Carrington war Anfang Zwanzig, robust, gesund und vital, durch ihre Malkunst begann sie sich Ansehen zu verschaffen. Ihre Freundschaft oder, besser gesagt, ihre Liebe war den Umständen entsprechend kompliziert und dennoch außergewöhnlich stark. Erfolglos versuchten sie, Verkehr zu haben – »die Behinderung durch Brille und Pincenez beim Liebesakt« war nicht allein für das Scheitern verantwortlich. Strachey schrieb an Maynard Keynes, den Nationalökonomen und Mitglied des Bloomsbury-Kreises, diesbezüglich: »Wenn ich das Dingelchen eines hübschen kleinen Jungen hochkurble – danke bestens, das gelingt mir ganz gut; aber wie man es anstellt, eine Muschi zu reizen – da muß ich leider passen.« (29. August 1916)

Dennoch waren Strachey und Carrington aneinandergekettet. Das Porträt, das sie 1916 von ihm machte, stellt ihn schonungslos mit seinen körperlichen Mängeln und zugleich voller Bewunderung dar. Nach Beendigung des Bildes schrieb sie, gleichsam mit ihm dialogisierend, in ihr Tagebuch: »Ich bin neugierig, was Du dazu sagen wirst, wenn Du es siehst. Ich sitze hier so gut wie jeden Abend und betrachte Dein Bild, heute abend sieht es ganz wunderbar aus, und ich bin glücklich. Aber dann wieder fürchte ich mich davor, es zu zeigen. Ich würde Dich am liebsten jede Woche von neuem malen, die Nachmittage vertrödeln und Dir niemals, niemals zeigen, was ich male. Es ist wunderbar, alles für sich zu haben. Keine Seelenqual. Ist das Eitelkeit? Nein, das ist mir egal, was die Leute sagen. Mir widerstrebt es nur, ihnen so schamlos das zu zeigen, was ich liebe« (Januar 1917). Wenn sich die beiden zurückzogen, um, wie die anderen meinten, sich einander hinzugeben, geschah es in der Absicht, sich gegenseitig etwas laut vorzulesen (vgl. Virginia Woolf an Vanessa Bell, 17. Januar 1918). Zusammen fühlten sie sich aufgehoben und darum glücklich. »Manchmal führte ich mit Lytton ganz erstaunliche Gespräche. Nicht über die Dinge dieser Welt, sondern über Haltungen und Bewußtseinszustände und über den Zweck des Lebens. Das gefällt mir am meisten bei ihm. Abends schwingt man sich plötzlich, vom Körper befreit, in solche Ebenen des Geistes hinauf« (12. Januar 1920). Ein zweifellos seltsames Paar. Die Freundin Dorothy Brett erklärte später: »Wie und warum Carrington ihn so hingebungsvoll liebte, weiß ich nicht. Warum sie ihr Talent und ihr ganzes Leben unterdrückt hat, ist mir ein Rätsel … Sie leistete seinen Obszönitäten Vorschub; ich habe es gesehen, deshalb habe ich eine Vorstellung davon … Es war so schwer zu verstehen, wie sie ihn anziehend finden konnte.« Carrington selbst schrieb 1931 kurz vor Stracheys Tod in ihr Tagebuch: »Er war, und deshalb bedeutete er mir alles, der einzige Mensch, den ich niemals anlügen mußte, denn er erwartete nie, daß ich mich anders gab, als ich war.«

Im Bloomsbury-Kreis, wo Lytton Strachey Mittelpunkt und Zeremonienmeister war, fühlte sich Carrington nie ganz zu Hause, obwohl sie die Gruppe aufrichtig bewunderte, wie ihre Aufzeichnungen zeigen: »Es war ein phantastischer Zusammenschluß der höchsten Intelligenz, dazu kam eine Wertschätzung für die Literatur, verbunden mit trockenem Humor und leidenschaftlicher Begeisterung. Sie spielten sich ständig Bälle zu, die sich in der Luft allerdings noch vervielfachten« (Tagebuch, 1932). In diesem Kreis galt sie als Randfigur, und Virginia Woolf, die es nicht verwinden konnte, daß es der »Kurzhaarigen«, wie sie die junge Malerin nannte, gelungen war, eine Liebesbeziehung zu ihrem ältesten Freund aufzubauen, bemerkte: »Manchmal frage ich mich, worauf sie hinaus will … Ich vermute, der Sog von Lyttons Einfluß bringt ihr seelisches Gleichgewicht stark durcheinander«

(Tagebuch, 6. Juni 1918). Viel später räumte sie aber ein, daß Carrington einen durchaus positiven Einfluß auf Lytton hatte: »Wenn er auch weniger witzig ist, so ist er jedenfalls menschlicher … aber ich mag Carrington. Sie hat dazu beigetragen, daß er menschenfreundlicher geworden ist.« (Tagebuch, 22. Januar 1922) Da sie sehr auf ihre eigene Unabhängigkeit bedacht war, hielt sich Carrington viel in ihrem Londoner Atelier auf; die Chelsea-Künstler standen ihr sowieso viel näher als die Maler des Blooms-bury-Kreises. Dort entwarf sie unter anderem die Holzstöcke für die Publikationen der Hogarth Press, deren erste Veröffentlichung, Leonard und Virginia Woolfs *Two Stories*, vier Holzschnitte von Carrington enthält. Diesbezüglich konnte Virginia Woolf nicht umhin, ihr Respekt zu zollen: »Sie scheint eine Künstlerin zu sein … Ich glaube, daß es Carrington wirklich ganz ernst damit ist, zum Teil wegen ihrer Art, Bilder zu betrachten.« (Tagebuch 1918)

Aus dieser Zeit stammt Carringtons Begeisterung für graphische Kunst. Viele Stunden am Tag befaßte sie sich leidenschaftlich gerne mit Briefeschreiben, die sie oft auch illustrierte. In den am Rand entworfenen Zeichnungen gab sie die kuriosen Einzelheiten ihres Alltags wieder, und diese ermöglichten ihr wiederum, Bildideen und Fragmente ihrer späteren Werke skizzenhaft zum Ausdruck zu bringen. Sie schrieb mit Federhalter und Tinte – purpurrot oder grün, geradezu im Rausch. Bei allem, was sie tat, stand ihr Strachey zur Seite. Sein damals erschienener Essay *Eminent Victorians* begründete über Nacht seinen literarischen Ruhm und sicherte ihnen den Lebensunterhalt.

Bald erwogen sie die Möglichkeit, gemeinsam auf dem Land zu leben. Ihre engsten Freunde gründeten eine Art Konsortium, um dem Paar »einen Ort der Geborgenheit für Gesetzesbrecher« zu ermöglichen. Es war eine Mühle in Tidmarsh, etwa eine Stunde mit der Bahn von London entfernt und mit einer ausreichenden Anzahl Schlafzimmer für Gäste. Carrington besorgte und bewältigte alles, was die Einrichtung betraf, Lytton schrieb unterdessen an Virginia: »Meine weibliche Gefährtin hält sich warm mit Auspacken, Anstreichen, Zurechtstutzen der Kletterpflanzen, Nägel einschlagen, etc.« (21. Dezember 1917). Ein Atelier und eine große Bibliothek bildeten den Mittelpunkt des Hauses. Carrington dekorierte das weitläufige Haus, malte lebensgroße nackte Figuren von Adam und Eva auf die Wände von Lyttons Schlafzimmer und schuf eine behagliche, gastliche Atmosphäre. Tidmarsh beherrschte fortan auch ihr künstlerisches Schaffen: die Mühle, die umliegenden Weiden mit dem Fluß, die Wirtshäuser und besonders die Menschen, Lytton, das Dienstmädchen Annie und die vielen Besucher, die ununterbrochen zu ihnen strömten. Über Strachey schrieb sie in ihr Tagebuch: »Alle seine Abenteuer und Erfahrungen sind geistiger Natur, und nur er hat seine Freude daran. Von außen gesehen ist es wie das Leben einer Henne. Der Tag ist in Mahlzeiten eingeteilt, Bücher am Morgen, Siesta, Spaziergang nach Pangbourne, wieder Bücher. Eine Stunde Französisch mit mir, vielleicht Abendessen. Vorlesen. Schlafengehen, Wärmflaschen und anscheinend jeden Tag dasselbe. Aber innen drin, was geht da alles Vielfältiges und Phantastisches vor sich. Ich staune darüber, wie sehr mich seine Erscheinung fesseln kann. Man erfährt sehr wenig über sein Inneres. Manche Dinge weiß man aber vom ersten Augenblick an … Er ist freundlich und einfühlsam, intolerant und manchmal voreingenommen. Hartnäckig und zugleich von einer Erhabenheit und Distanz, wie ich sie vorher nie erlebt habe.« (14. Februar 1919)

1918 veränderte die Ankunft von Ralph Partridge, einem dreiundzwanzigjährigen Major und Kriegsveteranen, den ein gemeinsamer Freund mitgebracht hatte, radikal das Zusammenleben, das Strachey und Carrington miteinander führten. Ralph war das genaue Gegenteil von Lytton, sportlich, strahlend, unkompliziert. Gemeinsam mit Carrington, ihrem Bruder Noël und Lytton machte er eine Reise durch Schottland und später durch Spanien. Seit dem Sommer 1919 verbrachte Ralph Partridge die meisten Wochenenden in der Mühle, wo er Carrington Modell stand und ihr auch half, die Gemüsebeete umzugraben. Das Miteinander gestaltete sich überaus harmonisch, Carringtons Tagebuch legt dafür Zeugnis ab: »Ich habe Le Major (Partridge) gemalt und, wie ich glaube, verschönert. Ich sah, wie Lytton auf dem Rasen am Schreiben war, und da ich aus Ehrfurcht vor seiner Konzentration ihn nicht zu stören wagte, haben wir uns fortgeschlichen. So habe ich dreimal das Abendessen zurückgeschickt. Schließlich nahm ich mir etwas zu essen, denn ich war so hungrig. Er kam lachend ins Haus und sagte: ›Ich habe darauf gewartet, daß ihr mich ruft‹ – und ich hatte gedacht, er hätte irgendwelche Inspirationen und wollte sie nicht unterbrechen! Während des ganzen Essens lachten wir lauthals darüber … Lytton versprach, mir den ersten Teil von *Victoria* heute abend vorzulesen – ich bin ganz aufgeregt.« (Juni 1919)

Kurze Zeit darauf machte der junge Athlet Carrington einen Heiratsantrag. Sie liebte Lytton mehr denn je und hätte vermutlich ihn nie angenommen, wenn nicht Lytton selbst sich Hals über Kopf in Ralph verliebt hätte. Eine komplizierte Dreiecksbeziehung, die Carrington veranlaßte, Ralph gegen ihren Willen zu heiraten, um die Beziehung zu Lytton aufrechtzuerhalten. Am Vorabend ihrer Hochzeit schrieb sie ihm einen verzweifelten Brief, in dem sie über das grausame Schicksal klagte, das ihr auferlegt wurde, und darüber, daß sie mit ihm, den sie eigentlich liebte, nie Flitterwochen machen werde: »Ich war mir die ganze Zeit bewußt, daß mein Leben mit Dir begrenzt war. Ich durfte niemals hoffen, daß es von Dauer sein würde. Jedenfalls warst Du, Lytton, der einzige, für den ich je tiefere Leidenschaft empfunden habe. Eine andere wird es niemals geben. Jetzt auch nicht. Ich habe Dich fast bis zur Selbstaufgabe geliebt. Du konntest mich in Verzückung versetzen, zu Tränenfluten rühren und in Verzweiflung stürzen, und das nur mit ein paar Worten … Letzte Nacht, Lytton, habe ich geweint: Ich weinte beim Gedanken an das grausame, zynische Schicksal, das daran schuld ist, daß Du von meiner Liebe niemals hast Gebrauch machen können … Du hast mir ein viel längeres Leben geschenkt, als ich je verdient oder erhofft habe, und dafür liebe ich Dich so sehr … Draußen scheint die Sonne und alle schwatzen und lachen. Die Welt in ihren Ge-

gensätzen wirkt so zynisch. Du sagtest an jenem Mittwochnachmittag im Wohnzimmer einmal zu mir, Du würdest mich lieben wie eine Freundin. Könntest Du mir das noch einmal sagen?« (14. Mai 1921) – Lytton erwiderte bestürzt: »Mein Liebstes und Bestes ... Du und Ralph und unser Leben in Tidmarsh – das ist mir am wichtigsten, beinahe abgesehen von meiner Arbeit und einigen wenigen Menschen, das *einzige*, was mir wichtig ist« (20. Mai 1921). In der zweiten Woche ihrer Hochzeitsreise nach Venedig schloß er sich dem Brautpaar an, und sie machten zu dritt eine nach außen hin sehr gelungene Reise durch Italien.

Virginia Woolf hatte schon im voraus diese Heirat als ungeheuer riskant angesehen. Die Probleme ließen nicht auf sich warten. Ralph hatte von Anfang an andere Liaisons, und Carrington korrespondierte mehr als freundschaftlich mit dessen Freund Gerald Brenan, den sie während der gemeinsamen Spanienreise kennengelernt hatte. »Die Entdeckung eines Menschen, einer Zuneigung, eines neuen Gefühls ist neben meinem Malen das Wichtigste für mich«, schrieb sie ihm bereits am 2. August 1921 und lud ihn ein, mit ihr Urlaub zu machen. Ihre Affäre begann während des besagten Urlaubs in einer winzigen Bauernsiedlung in Cumberland. Als aber diese Beziehung die »Dreiecks-Trinität des Glücks«, wie sie süß-bitter den Bund Lytton-Carrington-Partridge nannte, in Gefahr brachte, zog sie es vor, auf Brenan zu verzichten, und schrieb Lytton: »Ich würde mich so alleine fühlen, wenn ich Dich nicht mehr sehen könnte, und ich denke so oft, vielleicht vermißt Du mich auch ...« Dieser »Wirbel der immerzu fortschreitenden Komplizierungen«, wie Strachey es nannte, zwang Carrington immer mehr dazu, sich in der Malkunst ein Refugium zu gestalten. Sie lernte allmählich, daß »die Lösung aller meiner Schwierigkeiten oben in meinem Atelier liegt« (24. Juli 1924).

Als die Mühle von Tidmarsh zu feucht, eine »von Schimmelpilz befallene Gruft« wurde, entschlossen sich Strachey und Partridge, ein Landhaus in Ham Spray zu kaufen, wohin sie gemeinsam mit Carrington zogen. Carringtons Skizzenbücher aus jener Zeit waren zugleich ihre Notizbücher, Blatt um Blatt schrieb sie diese voll mit Eindrücken, Momentaufnahmen von Menschen, die sie interessierten, fragmentarischen Gedanken, die ihr durch den Kopf gingen.

Der Umgang mit Strachey, der sich immer wieder mit alten und neuen Liebschaften abgab, wie mit Roger Senhouse, einem Freund von Genet und Übersetzer von Colette, brachte Carrington vermutlich auch dazu, den eigenen Weg auf sexuellem Gebiet zu finden. Als sie mit Henrietta Bingham, die »das Gesicht einer Madonna hatte«, endlich den Schritt wagte, schrieb sie ohne Scheu an Lyttons Schwester Alix Strachey: »Ich habe mich mit Henrietta mehr eingelassen als lange Zeit mit irgend jemand sonst. Es tut mir jetzt leid, daß ich in der Vergangenheit so eine verdammte Idiotin war und in meiner Jugend alle Begierden, die ich für Frauen empfand, unterdrückt habe« (undatiert, um 1924). Bernard Penrose, ein scheuer junger Mann, mit dem sie unbeschwerte Augenblicke auf dessen Fischerboot verbrachte, wurde trotz allem Carringtons letzter Liebhaber. Als sie von ihm schwanger wurde, trieb sie das Kind ab. Zehn Jahre zuvor hatte sie geschrieben: »Wenn ich mit 38 noch keine ausgereifte Künstlerin bin und auch glaube, daß es keinen Sinn mehr hat, mich weiter mit der Malerei zu beschäftigen, könnte ich vielleicht ein Kind haben …« (Oktober 1920). Jetzt aber war sie nur noch bereit, ein Kind von Lytton auszutragen. Das Tagebuch gibt die Not preis, die das ungleiche Verhältnis zu ihm immer wieder hervorrief: »Und ich sagte mir, wer ist eigentlich dieser Sonderling, über den ich die letzten drei Wochen Tag und Nacht nachgedacht habe? Kann dieses die Nase, der Mund sein, nach denen ich mich sehne? Kann dies der Körper sein, nach dem ich verlange? … Ich falle zurück in den früheren Zustand des Nicht-Frau-Seins … Ich meine, ohne große Gefühlsaufwallungen, daß die Vergangenheit die Vergangenheit eingeholt hat und ich ein alter Kumpane bin, ein alter Kumpane, der niemals zu mehr fähig war, als zu Gesprächen über Triebwerke und Dürers Radierungen. Ich habe die ›Abmachung‹ akzeptiert und unsere Gespräche und unser Verhalten waren objektiv, distanziert, wie ein freistehendes Haus ... Ich bekenne, sogar wenn ich schreibe, bin ich halb in Tränen aufgelöst vor Enttäuschung. Ich mache mir so viel Gedanken.« (30. Oktober 1930)

Anfang 1932 stellte man bei Strachey einen inoperablen Magenkrebs fest. Carrington wich nicht von seiner Seite und notierte jede Veränderung im Gesicht des Geliebten: »Ich dachte an Goyas Zeichnung von einem Toten mit dem Glanzlicht auf den Backenknochen ... Dr. S. S. kam und gab ihm eine weitere Spritze, auf seinem Gesicht las ich, daß er keine Hoffnung mehr hat ... Er schlief ruhig und ohne Schmerz ... Jetzt kann ich mich an nichts anderes mehr erinnern als daran, daß ich Lyttons bleiches Gesicht auf dem Kopfkissen und seine geschlossenen Augen betrachtete, und daß Pippa neben seinem Bett stand ... Ich küßte seine kalte Stirn, sie war feucht und kalt« (Januar 1932). Als die Krankenschwester keine Überlebenschance mehr in Aussicht stellte, flüchtete Carrington verzweifelt in die Garage und versuchte, mit den Auspuffgasen ihres Autos dem eigenen Leben ein Ende zu setzen: »Ich dachte an Lytton und war froh, daß ich nun nichts mehr mitbekommen würde. Dann erinnerte ich mich an eine Art Traum, der langsam erblaßte ...«

Ralph Partridge, der wegen Stracheys sich verschlechterndem Zustand den Arzt mit dem Auto abholen wollte, fand sie bewußtlos hinter dem Auspuffrohr des Wagens und rettete sie in letzter Minute. Dazu bemerkte Carrington lakonisch in ihrem Tagebuch: »Ironie des Schicksals, daß Lytton mir durch seine Krise um sechs Uhr früh das Leben rettete. Just als ich mein Leben für seines hingeben wollte, hat er mir meines wieder zurückgegeben.«

Strachey starb am 21. Januar 1932. Carringtons Aufzeichnungen jener Zeit sind erfüllt von wehmütigen Erinnerungen: »Wir hätten nicht glücklicher miteinander sein können. Die absurden und phantastischen Witze bei Tisch und auf unseren Spaziergängen und über unsere Freunde und seine fabelhafte Beschreibung von all den Parties in London und seine Liebesaffären und dann all seine Gedanken, an denen er mich teilhaben ließ«, schrieb sie am 11. Februar. »Die Menschen scheinen mir in zwei Gruppen eingeteilt zu sein, diejenigen, die sagen ›Ich lebe nur für mich allein‹ und diejenigen, die wissen ›Ohne diese Person oder diese Sache kann ich nicht leben‹.« Kurz vor seinem Tod soll Strachey gesagt haben: »Carrington, warum ist sie nicht hier? Ich möchte sie dahaben. Mein Liebling Carrington. Ich liebe sie. Ich wollte Carrington immer heiraten und habe es nie getan.«

Am 12. Februar schrieb sie Virginia Woolf, sie sei die erste Person, die sie gerne in London sehen würde. Am 17. vermerkte sie untröstlich in ihr Tagebuch: »Ich schreibe in ein leeres Buch. Ich weine in einem leeren Raum. Niemals mehr wird es wieder einen Trost geben.« Die Trauer um Lytton überwältigte sie zunehmend, immer mehr hing sie quälenden Gedanken nach: »Liebster, wußtest Du, wie sehr ich Dich angebetet habe. Oft habe ich mich gescheut, es Dir zu sagen, weil ich dachte, Du würdest Dich belastet fühlen von Deinem ›incubus‹ … Du warst der freundlichste, liebevollste Mensch, der jemals auf Erden gelebt hat. Und Du hast mich in eine Welt versetzt, von der niemand zu träumen gewagt hätte.« In ihren »dialogischen« Aufzeichnungen vom 19. Februar wird eine Todesahnung fühlbar: »Du bist mir jedes Jahr mehr ans Herz gewachsen – Wozu noch Abenteuer erleben, wenn ich sie Dir nicht mehr erzählen kann? … Ein Leben ohne Dich hat keinen Sinn.« Als letztes schrieb sie in ihr Tagebuch einen Vers von Henry Wotton:

»Er verschied zuerst, sie versuchte ein Weilchen
ohne ihn zu leben, fand keinen Gefallen daran und starb.«

Am Donnerstag, dem 10. März, kamen Virginia und Leonard Woolf nach Ham Spray zu Besuch. Kurz davor hatte Virginia Carrington geschrieben: »Wir müssen leben und wir selbst sein – und ich habe das Gefühl, daß gerade Du mehr zum Weiterleben verpflichtet bist als jeder andere sonst: weil er Dich und Deine Eigenart so liebte und Deine Art, Du selbst zu sein. Ich kann es nicht erklären, doch es kommt mir so vor, als ob etwas, was wir an Lytton liebten, etwas vom schönsten Teil seines Lebens, weiterbestünde, solange Du da bist.«

Carrington erschoß sich am 11. März mit einem Gewehr, das sie vermeintlich besorgt hatte, um Ham Spray von der Kaninchenplage zu befreien. Sie wurde eingeäschert, doch dreißig Jahre später konnte sich niemand mehr daran erinnern, ob ihre Asche im Garten von Ham Spray verstreut worden war oder nicht.

Was macht die Aufzeichnungen der Carrington so ungewöhnlich? Die Unabhängigkeit, mit der sich hier eine kreative Frau ihren eigenen Weg als Künstlerin gebahnt hat? Die Abhängigkeit, die ihr persönliches Leben gezeichnet hat und die sie geradezu an den Rand des Identitätsverlustes brachte? Vermutlich beides. Carrington selbst räumte in ihrer Zaghaftigkeit den schöpferischen Prozessen weniger Bedeutung ein als den praktischen Überlegungen über die Technik ihrer Bilder. Darin ist sie teilweise ganz Künstlerin ihrer Zeit und der Omega-Workshops, die dem Ethos der Werkstätte zu neuer Blüte verhalfen. Zugleich spiegeln ihre Aufzeichnungen unentwegt die Gestalt Lytton Stracheys wider. Carrington registriert jede Bewegung, jede Regung des geliebten Freundes und »verewigt« sie im Wort.

Auch die Tagebücher der französischen Dichterin CATHERINE POZZI (1882–1934) sind ein brillantes Zeugnis der intellektuellen Selbstbehauptung einer hingebungsvollen Frau. Lange Zeit war sie trotz des eigenen literarischen Schaffens (Gedichte, Essays, ein Roman) nur bekannt als Geliebte des Dichters Paul Valéry. Erst durch die 1987 erfolgte Veröffentlichung ihrer Tagebücher ist die exzentrische Schriftstellerin, eine Freundin Rilkes, endlich dem Vergessen entrissen worden.

Catherine Pozzis Tagebücher, zunächst das der Jugendjahre 1893–1906 und dann das eigentliche, »große« von 1913–1934, sind das beredte Dokument der Suche eines Menschen nach sich selbst. Nicht narzißtische »Verirrungen«, sondern eine Identitätssuche mystischer Dimension prägen diese Aufzeichnungen, die zugleich als »aufschlußreiches Korrektiv« (Peter Hamm) der *Cahiers* von Paul Valéry gelesen werden können, der einmal schrieb: »Die Frauen wissen sich der enormen Macht nicht zu bedienen, die sie manchmal haben und mit der man so große Dinge machen könnte. Bewundernswerte Resonatoren, mit ihrer Verfügung über Wollust und Zärtlichkeit in der Lage, das Selbstvertrauen, die Kräfte bis zu einem beinahe übermenschlichen Punkt zu verstärken …« Seine Geliebte, Catherine Pozzi, definierte sich in diesem Sinne selbst als »ein wunderbarer Resonator. In mir wurde seine Intelligenz, sein Werk vergrößert« (11. Juni 1921).

Wer war diese Frau, deren »Journal intime« sich als Ausdruck einer übersensiblen Persönlichkeit präsentiert, die ähnlich wie Marie Bashkirtseff oder Katherine Mansfield an sich selbst wie an ihrer Zeit unendlich gelitten hat?

Catherine Pozzi kam in Paris als einzige Tochter eines bekannten Gynäkologen, Samuel Pozzi, zur Welt, dessen Familie ursprünglich aus Norditalien stammte. Der Vater schrieb Gedichte und verkehrte im Kreis angesehener Literaten, so der Brüder Goncourt, Barbey d'Aurevilly, Jean Lorrain. Überdies war er der Arzt von Sarah Bernhardt. Marcel Proust nahm ihn als Vorbild für den wenig schmeichelhaft dargestellten Doktor Cottard in *Auf der Suche nach der verlorenen Zeit*. Besonders in der Damenwelt war Samuel Pozzi ein gern gesehener Gast. Madame de Cavaillet, die Muse von Anatole France, Madame Emile Straus, Witwe des Komponisten Georges Bizet, die berühmt-berüchtigte Misia Sert, die Gräfin Potocka – sie alle rissen sich um diesen gut aussehenden, vielseitig gebildeten jungen Arzt, dessen Ehe als gescheitert galt und der eine sehr enge Beziehung zu seiner Tochter hatte, die bald seine Vertraute wurde. Zwischen Catherine Pozzi und ihrem Vater herrschte eine Art »complicité«, die in die Brüche ging, als Catherine bei den unaufhörlichen Ehestreitigkeiten für die Mutter Partei ergriff.

Seit ihrem zehnten Lebensjahr führte sie ein Tagebuch, dem sie, von den Zerwürfnissen ihrer Eltern angewidert, immer wieder ihre Verachtung der Männer, deren Verhalten sie abstoßend egoistisch fand, und ihre Empörung über die weibliche Torheit und Schwäche anvertraute. Das zugleich literarisch versierte wie sportliche, willensstarke wie übernervöse Mädchen versuchte schon damals durch das Schreiben die erlebten Antagonismen zu beschwichtigen. Ihr Wunsch nach Harmonie war groß, aber klarsichtig erkannte sie: »Im Leben ist ein junges Mädchen ein wirklich einsamer Mensch. Und wie einsam! Als Kind wurde sie verwöhnt, geliebt, gelobt. Als junges Mädchen läßt man sie alleine. Das ist eine Blume, deren Duft man nicht einzuatmen wünscht. Wenn sie sich in der Gesellschaft befindet, bedrückt ein offensichtliches Unbehagen, ein Zwang die anwesenden Damen und Herren: man darf nichts Leichtsinniges sagen. Man beobachtet sich gegenseitig. Wie mühsam das junge Mädchen! ...« (24. Oktober 1896)

Das Jugendtagebuch war drei Jahre lang ihr unzertrennlicher Seelenfreund. Sie nannte es »mein kleines geliebtes Heft, mein Freund, *meine* Sache, meine so angebetete Sache«. Das »große« Tagebuch wurde später ihr Leben lang der Vertraute, das Refugium schlechthin: »Ich möchte wollen! Sei mein Zeuge, Tagebuch: morgen werde ich wollen!« (14. Januar 1914) und weiter: »Mein geliebtes, so geliebtes Tagebuch, hätte ich Dich nicht, so wäre ich schon längst gestorben!« Catherine erkannte früh, daß sie allein im Dialog mit ihrem Tagebuch Trost und Stärke zu finden vermochte. Das Jugendtagebuch spiegelt ihr Ringen um sich selbst wider: »Das Verlangen, das Verlangen – eine so schreckliche Sinnlichkeit haben, und leben, und ich sein! An dem Verlangen der anderen vorbeigehen, es sehen und daran leiden ... – Nerven zu besitzen – my heart-strings –, die zum Aufschreien vor Angst angespannt sind ... Welche leidenschaftliche Symphonien würde die Liebe auf euch spielen! Stattdessen vergrabe ich meinen Kopf in die Kissen, ganz allein in meinem Zimmer, das stets abgeschlossen ist« (Februar 1904).

Catherine Pozzi hatte immer Schwierigkeiten mit ihrer Weiblichkeit. Schon als Achtzehnjährige äußerte sie: »Ich hätte vielleicht, vielleicht ... aber was ist mein männlicher Geist? Ein *ver-*

fehlter Geist« (30. Oktober 1900). Und einige Jahre später: »Wäre ich ein Mann, würde ich wahrscheinlich zu einer entente cordiale zwischen Psyche und diesem heiligen Fleisch kommen« (29. Mai 1905). Die ersehnte Entente stellte sich aber nicht ein, denn kurz darauf notierte sie resigniert: »Dein großes Unglück besteht darin, eine Frau zu sein ...«

Die schmerzvolle Identitätssuche fand einen geeigneten Raum der Auseinandersetzung in den Tagebuchaufzeichnungen, die für Catherine zeitlebens ein Rettungsanker waren. Bereits im Dezember 1897 notierte sie: »In diesem Augenblick bin ich aus mir selber herausgegangen, und ich betrachte voller Mitleid das menschliche Geschlecht. Ich bedaure, mit etwas Ironie indes, das arme, stolze und demütige Wesen, das in einem Kapitel der ewigen Komödie Catherine Pozzi heißen wird.« Zugleich schärfte sie aber auch ihren Blick für die Gesellschaft: »Ich beginne im großen Buch zu lesen, das die Gesellschaft bildet, es amüsiert und fesselt mich. Ich schaue wie ein unbeteiligter Beobachter den ewigen Dramen und Komödien zu, die sich vor meinem Blick abspielen. Ich lerne viel und viel Neues. Mein Geist erweitert sich.« (8. Dezember 1897)

In diesen Jahren durchlebte die junge Dichterin eine Glaubenskrise, die später ihre Suche nach Transzendentem bestimmte: »Ich bemerke, daß ich heute einen gewissen Tiefgang habe. Ich möchte ihn auf religiösem Gebiet haben. Es ist verblüffend, eher betrüblich, zu sehen, wie unbekümmert wir dieses Leben, das oft so sinnlos ist, leben ohne im geringsten daran zu denken, daß am Ende der Tod steht« (3. März 1896). Dem Tagebuch gab sie ihre »Seele« preis und all die kleinen Freuden, Leiden und Geheimnisse des Alltags. Es war für sie ein Spiegel, in dem sie sich analysierte und allmählich mit sich selber auszukommen lernte: »Hier also mein Porträt ..., das Ganze ist nicht ganz zufriedenstellend, aber obwohl ich häßlich bin, habe ich doch so manche gute Tage. Heute abend sicher nicht, ... nun, um so schlimmer. Ziehen wir das Kleid an, wenigstens ist dieses schön, und eilen wir zur Oper« (31. Dezember 1897). Und ein halbes Jahr später: »Ich möchte mich ein wenig selber auslachen, all das unbewußt Eitle, was sich in meinem kleinen Wesen vom jungen Mädchen befindet, das die Welt verbessern will und die Philosophie erneuern. Sicher finde ich mich sehr intelligent. Sehr ist nicht genau, *überragend* ist das Wort. Ich nehme mich wirklich ernst. Manchmal wage ich es – ja, meine Eitelkeit geht so weit –, das Unheil der Menschheit zu beweinen. Es gefällt mir ungeheuer gut, unverstanden zu sein. Dieser Zustand ist poetisch und vornehm ... Ich glaube, ein Elitewesen zu sein ... Ein Wesen, das dazu berechtigt ist, als Zuschauer die menschliche Komödie zu beobachten und über die anderen zu lachen. Armer Wurm! Du tust mir leid« (25. Juni 1898). Die inneren Zweifel ließen sie selten los: »Ich suche mich selber und finde mich nicht. Manchmal habe ich das Gefühl, so nah daran zu sein, an meinem Lebenssinn, an dem Beweggrund ... ich nähere mich, ich nähere mich ... und falle wieder zurück in meine Ungewißheit und Ohnmacht.« (März 1899)

Als Achtzehnjährige las Catherine Pozzi das Tagebuch Marie Bashkirtseffs, das sie begeisterte und fesselte – mehr noch, in dem sie sich wiedererkannte: »Wie ich diese Frau verstehe! Es ist so eigenartig, ich habe das Gefühl, selber tot zu sein und mich zu lesen. Sie ähnelt mir nicht, und dennoch, mein ungeheurer Stolz, der bei ihr noch obsessiver war. Diese Seiten, wo sie sich quält, um sich selber zu suchen, diese Sehnsüchte und wahnsinnigen Ambitionen ... diese Spasmen eines Kindes, das hundert Leben auf einmal leben will! Ich auch, ja, ich auch! Sie war aggressiver als ich, ich bin zarter. Und ich bin natürlicher und ganz und gar ehrlich. Als ich anfing, regelmäßig zu schreiben, hielt mich die Idee ›nicht ganz zu sterben‹ aufrecht. Diesen Passus habe ich bei ihr gefunden!!! Aber was bei mir eine so berührende Emotion ausmachte, war das tiefe religiöse Gefühl eines jungen Mädchens. Marie hat diese verzweifelten und einsamen Stunden nicht gekannt, sie hat nicht Gott als Sinn ihres Lebens gesucht ...« (September 1900)

Catherines Jugend war glanzvoll, aber unglücklich. Dank der vielseitigen Beziehungen ihres Vaters und der eigenen intellektuellen

Brillanz wurde sie schnell zu einer herausragenden Gestalt der »Belle Époque«. Einer ihrer ersten Schreibversuche war die autobiographische Novelle *Agnes*, die das Leben einer bildungssüchtigen, autodidaktischen jungen Frau schildert, die nicht bereit ist, ihren Anspruch auf Selbständigkeit zu schmälern. Catherines eigener Bildungshunger wird darin greifbar: Griechisch und Lateinisch, Philosophie, Theologie, Geschichte, Psychophysiologie – alles faszinierte die junge Frau, die einen »Idealzustand« intellektueller Selbstverwirklichung anstrebte: »Nur wenn ich schreibe, komme ich mir intelligent vor« (30. Oktober 1900).

Sie begann ein Studium in Oxford, unterbrach es aber 1909, als sie fast gegen ihren Willen den erfolgreichen Theaterautor Edouard Bourdet heiratete. Im Oktober desselben Jahres brachte sie einen Sohn, Claude Bourdet, zur Welt. Von Anfang an waren Catherine die Eskapaden ihres Mannes bekannt. Offiziell dauerte die Ehe bis 1920, sie lebten aber schon seit dem Ende des Ersten Weltkriegs getrennt.

Die seit 1912 an Tuberkulose leidende Catherine zog von Kuraufenthalt zu Kuraufenthalt. Die Todesnähe, die die Krankheit mit sich brachte, die Ermordung des Vaters durch einen geistesgestörten Patienten und der Tod ihrer unerfüllten platonischen Liebe, André Fernet, ließen in ihr schmerzliche Spuren zurück. Das Tagebuch spiegelt sie schonungslos wider. »Die dies hier lesen, wenn ich kalt sein werde (sprich: gegangen), werden denken, ich hätte für sie geschrieben. Ich schreibe, um nicht vor Einsamkeit zu sterben. Die Zeit ist seltsam. Ich verirre mich völlig, wenn ich die Gefühlsalchemie zu erhellen versuche, die sich in meinem Ich, an das ich nicht herankomme, gegen meinen Willen auflöst und verbindet.« (9. April 1920)

Im Januar 1913 hatte Catherine bereits mit ihrem sogenannten »großen« Tagebuch begonnen. Die Selbstanalyse geht darin einher mit der Kritik an der Pariser Gesellschaft, in deren Kreisen sie im Juni 1920 den Dichter Paul Valéry kennenlernte. Er war seit 1900 mit der Nichte der Malerin Berthe Morisot verheiratet, hatte drei Kinder und stand an einem Wendepunkt seiner literarischen Karriere. »Von dem Tag an, als wir uns kennenlernten, war es notwendig, der Liebe so beizutreten wie einer Religion«, schrieb sie ein Jahr später am 16. Mai 1921. Catherine erlag der Heftigkeit und Eigenart ihrer Liebe: »Sie haben gesagt ... ›wenn Du nicht da bist, bin ich abwesend. Abwesend bin ich, von mir selbst getrennt, fremd, unvollständig, ein anderer‹ ... Das Universum trennt uns nicht mehr, o Geliebter, wenn Sie die Gedanken zurückweisen, wo Sie allein sein würden. Ich werde Dir dorthin folgen, sogar dorthin« (November 1920). Skeptisch war sie aber in ihrer Hingerissenheit dennoch: »Er küßte und biß mich und sah mich an. Und warum machen Sie mir Angst, mein Liebster? Sie sehen mich an mit der ernsten Leidenschaft, die man hat, wenn man das eigene Gesicht im Spiegel beobachtet. Welches betrachten Sie hier? Niemals habe ich mich so vernichtet, so existenzlos gefühlt wie durch ebendiese auf mich gerichteten Augen, von ihnen annektiert, um in eine Quelle verwandelt zu werden, die stillt und auf den Lichtstrahl verweist. Dieser Satz ist häßlich ... Aber warum machen Sie mir Angst, und warum friere ich bis ins Herz hinein?« (5. April 1921) – Bald erkannte sie, daß ihre Rolle hauptsächlich die eines Projektionsspiegels war: »*Dieser Mann, der mir gehört und mir nicht gehört:* dafür sterbe ich. Vorgestern sah er mich an – ich war soeben aufgestanden, ich war sehr blaß –, und seine Augen füllten sich mit Tränen. Er hat über mich geweint. Er wird sich an mich erinnern wie an das schönste Gedicht. Das ist alles.« (14. Mai 1921) Die Sorge um den Sohn Claude, den der Vater immer wieder von ihr zu trennen versuchte, bedrückte sie zutiefst. Für ihn schrieb Catherine Pozzi in einem kleinen, vom Tagebuch unabhängigen Heft die Wahrheit über ihr Leben als Mädchen und als verheiratete Frau.

Ihre Jahre mit Paul Valéry kennzeichnet Max Looser als »acht Jahre der inneren Kämpfe und der Zugeständnisse, der abgenötigten und unhaltbaren Versprechungen, aber auch acht Jahre eines intellektuellen und philosophischen Zwiegespräches unter Gleichen«. Schon 1913 hatte sie programmatisch in ihr Tagebuch geschrieben: »Der Mann, der *meine* Arbeit teilen wird, ihm werde ich gehören.« Zwischen ihnen beiden gab es eine geistig-seelische Symbiose, die aber grundsätzliche vorhandene Unterschiede nicht verwischen konnte: Sie brauchte den Glauben, um kreativ zu sein, er hingegen den Zweifel. Dennoch bezeugen Valérys *Cahiers*, besonders *Eros*, die Spuren dieser inneren Betroffenheit, die den rätselhaften Namen Liebe trägt, ebenso wie Catherines Tagebuch, obwohl es immer häufiger ambivalente Züge verrät. Ein ersehnter Besuch Valérys schlug um in innere Entfremdung: »Ich hatte nicht mehr den Wunsch nach ihm. Ich kannte seinen Geist. Der meine erschien mir komischer ... Seine Seele, die kannte ich. Schön ist sie nicht. Das ist er: ein Greis, dürr und müde, durch sein Gesicht, winzig und selbstsicher; einer, der schnell geht und zu schnell spricht und der trotzdem ständig Angst hat; mit großen gelben Augen über zwei tiefen Furchen. Nein, kein Greis ... Fünfundsechzig Jahre Müdigkeit und Runzeln für fünfzig, aber etwas ist jung, darunter ...« (28. September 1922). Allmählich machte sich ein Gefühl der Leere in ihr breit: »Was ihn an mir interessiert, sind die Verwandlungen, die ich in ihm hervorbringe; was er unermüdlich zu sehen wünscht, sind die Veränderungen seines Ichs durch meine Existenz« (6. Juni 1927). Kurz bevor Catherine diese stürmische Liebe beendete, schrieb sie ins Tagebuch: »Mein Glück habe ich seiner Frau zurückgegeben ... Mein Glück war kein Leben, sondern einfach ein Ding: es hat sich wegnehmen lassen, es hat sich verlieren lassen. Wenn ich wollte, würde ich es morgen zurücknehmen: ich will nicht.« (Ende Januar 1928)

Nach dem Bruch mit Paul Valéry stürzte sich Catherine Pozzi wiederum in das literarische mondäne Leben, das in Paris so vieles vergessen oder übertönen hilft. Dennoch gelang es ihr bis zu ihrem Tod nicht, ein harmonisches Gleichgewicht zu finden: »Der Schrecken meines Lebens ist die Einsamkeit. Weil ich eine Behinderte bin. Ich kann mich den anderen nicht anschließen, niemals. Deshalb diese Vergiftungen durch eine Empfindung und diese Ausschweifungen spiritueller Art.« In ihrer schöpferischen Arbeit fand sie dennoch ein Refugium, sie verfaßte Gedichte, die seit 1926 in ihrem Tagebuch erschienen, übersetzte Stefan George und schrieb literarische Kritiken für Jean Paulhans' Zeitschrift NRF. Ihr Lebensende war von Einsamkeit und Scheitern geprägt: »Schrecklich für mich oder zumindest unannehmbar ist nicht das Sterben. Schrecklich ist, mit der Seele zu sterben, die ich zu dieser Zeit besitze, eine Seele, die nur Revolte ist, nur Schrecken, nur Ablehnung, die *nicht* vergibt, die nicht vergeben *kann*.« Von schweren Herz- und Atmungsbeschwerden geschwächt, starb sie am 3. Dezember 1934 in Paris.

Das »große« Tagebuch, das einen Zeitraum von zweiundzwanzig Jahren umfaßt bis zu ihrem Tod 1934, enthüllt einen unvergleichlichen Gefühls- und Geistesreichtum und den schmerzvollen Weg einer Dichterin, die ihre Sehnsüchte, Freuden, Torheiten und auch ihr Scheitern schonungslos preisgibt.

Eine weitere Künstlerpersönlichkeit, die bei diesem kulturhistorischen Streifzug eine wichtige Rolle spielt, ist PAULA MODERSOHN-BECKER (1876–1907), die Frau des berühmten Landschaftsmalers Otto Modersohn, von der zeitweise »freundlich« behauptet wurde, sie male auch ein bißchen. Zu ihrem 100. Geburtstag 1976 wurde ihr Werk in deutschen und amerikanischen Museen ausgestellt; heute wird sie als eine der größten deutschen Künstlerinnen des 20. Jahrhunderts gefeiert.

Rainer Maria Rilke würdigte sie im Dezember 1916 in einem Brief an Mathilde Becker: »So entsprang aus Verzweiflung und Hoffnung, aus der unbedingtesten Freiheit zu sich selbst, jenes ihr unvergleichliches Werk … Denn genau in der Mitte zwischen einem, ihr schon entrückten Wert und der in ihr eingekehrten, unscheinbar gewordenen Lieblichkeit steht und dauert ihre reine, freie, aufgeopferte Leistung.«

Paula Modersohn-Becker hat nicht nur ein unvergleichliches Werk hinterlassen, sondern auch Tagebuchaufzeichnungen, die die Spuren ihres Lebens nachzeichnen von der idyllischen niedersächsischen Künstlerkolonie Worpswede bis nach Paris, ihrer künstlerischen Wahlheimat. Diese Notizen, die von 1897 bis 1906 reichen, laufen parallel zu ihrer umfangreichen Korrespondenz, die leider teilweise vernichtet wurde, und spiegeln ihren Werdegang als Künstlerin sowie als Frau wider.

Paula Becker wurde 1876 – das Deutsche Reich bestand gerade fünf Jahre – in Dresden geboren. Ihr Vater gehörte zum konservativen, höheren Beamtentum – er war in der Eisenbahnverwaltung tätig –, die Mutter adliger Herkunft zeichnete sich durch Weltoffenheit aus. Das humanistisch-idealistische Bildungsgut des 19. Jahrhunderts bestimmte die Atmosphäre im Elternhaus. Die Begeisterung für Kunst und Musik war groß, alle sechs Kinder erhielten Musik- und Malunterricht und traten schon früh im Freundeskreis auf, um die familiäre Geselligkeit mit ihren Talenten zu bereichern. Der Zusammenhalt der Familie war sehr stark, zeitlebens waren für Paula die Familienbande noch wichtiger als die Beziehung zum eigenen Ehemann. Kurz vor ihrem Tod 1907 schrieb sie der Mutter: »Das Blut ist wohl das stärkste Band. Es schlägt Brücken über die weitesten Abgründe.«

1888 siedelte die Familie Becker nach Bremen über. Das dortige kulturelle Leben war um die Jahrhundertwende sehr intensiv, dennoch schien Paula Dresden nachzutrauern, denn die wehmütige Erinnerung daran taucht wiederholt in ihrem Tagebuch auf.

Nach der Konfirmation 1892 verbrachte das junge Mädchen ein halbes Jahr bei einer Tante in London. Dort wurde sie ihrem Wunsch entsprechend im Zeichnen weitergebildet; Paulas scharfe Beobachtungsgabe fiel damals schon auf: Menschen wie Tiere wurden die Objekte ihrer Skizzen. Ein heftiges Heimweh, das teilweise auch von der angespannten Beziehung zur Tante herrührte, ließ sie aber vorzeitig nach Bremen zurückkehren. In ihrem Abschieds- bzw. Dankesbrief an die Tante stellte sich Paula Becker treffend selbst dar: »Dann kam eine Zeit, da hatte ich Angst vor Dir, das habe ich bis jetzt vor niemandem gehabt. Ich verschrumpfte mehr und mehr in mich selbst, ich wurde ein lebendiger Eisklumpen, der nichts von sich gab und für nichts ein glühendes Interesse oder Verlangen fühlte. Und das muß ich

haben … Ich bin, wir sind alle nicht an Unterordnung gewöhnt«
(5. Mai 1893). Die erstaunlich einsichtige Siebzehnjährige gab
darin die Wesensmerkmale preis, die ihr ganzes Leben bestimmen sollten: Stets war ihr die Unterordnung zuwider, allein die
glühende innere Beteiligung konnte sie dazu bringen, etwas zu
leisten. Der um die begabte Tochter besorgte Vater verlangte damals, daß Paula wie die ältere Schwester ein zweijähriges Lehre-
rinnen-Seminar absolviere. Zugleich durfte sie aber Malunterricht bei Bernhardt Wiegand erhalten. Neben den jeweiligen
Kunstlehrern war es stets der Vater, der sie anspornte und kritisch
beurteilte, obwohl ihm alles »Moderne« eigentlich fremd war.
Diese intellektuelle Partnerschaft war für die junge Malerin sehr
wichtig, sie gestand ihm und seiner Generation ein eigenes Urteil
zu, verlangte aber gleiches Recht für sich. Nach bestandener Prüfung – »Es ist ein so himmlischer Gedanke, daß der arme Kopf
verdauen kann, was ihm so hastig hineingestopft ist, und daß er
alles, was ihn nicht interessiert, in Ruhe vergessen kann« – fuhr
Paula Becker 1896 nach Berlin, um an einem Kurs der Zeichen-
und Malschule des Vereins der Berliner Künstlerinnen teilzunehmen. Dort lernte sie die deutsch-schwedische Malerin Jeanne
Bauck kennen, deren »große einfache Auffassung in jedem Bild«
sie begeisterte und anregte. Die zwei Jahre in der preußischen
Metropole brachten Paula Becker endgültig auf ihren Weg: »Meine ganze Woche besteht eigentlich nur aus Arbeit und Gefühl.
Ich arbeite mit einer Leidenschaft, die alles andere ausschließt«,
schrieb sie ihrer Familie am 28. Oktober 1897. Das wurde und
blieb ihr Lebensprogramm.
1897 besuchte sie zum erstenmal die Künstlerkolonie von Worpswede, die, ähnlich wie das französische Barbizon, Maler und
Dichter zusammenführte, die sich einem neuen Realismus verpflichtet fühlten. Nicht die idealisierte Natur, sondern die »natürliche« war ihr Ziel, daher auch das Aufsuchen und Darstellen von
bäuerlichen Menschen und ländlicher Arbeit. Die junge Paula
fühlte sich wohl in diesem Kreis. Sie war so begeistert von dessen
Leben und Schaffen, daß sie kurzum beschloß, sich dort nieder-

zulassen. Die Tagebuchaufzeichnungen jenes Jahres fließen über vor Herzensergüssen: »Worpswede, Worpswede, Du liegst mir immer im Sinn. Das war Stimmung bis in die kleinste Fingerspitze. Deine mächtigen, großartigen Kiefern! Meine Männer nenne ich sie, breit, knorrig und wuchtig und groß, und doch mit den feinen, feinen Fühlfäden und Nerven drin. So denke ich mir eine ideale Künstlergestalt ... Ja, ich habe Gesellschaft genug, meine ganz eigene Gesellschaft, wir verstehen uns gegenseitig sehr gut und nicken uns oft liebe Antwort zu. Leben! Leben! Leben!« (24. Juli 1897) – Ihr Skizzenbuch aus der damaligen Zeit quillt über von Momentaufnahmen, Bewegungsstudien an Menschen und Tieren und Profilumrissen. Ein Jahr später notierte sie in ihr Tagebuch: »Wenn ich überhaupt Begabung zur Malerei habe, wird im Porträt doch immer mein Schwerpunkt liegen, das habe ich wieder gefühlt. Das Schönste wäre ja, wenn ich jedes unbewußte Empfinden, was manchmal leicht und lieblich in mir summt, figürlich ausdrücken könnte. Das überlasse ich aber den kommenden Jahrzehnten.« (Juni 1899) – In Worpswede traf Paula Becker auch Otto Modersohn, dessen Landschaften sie 1895 zum erstenmal gesehen hatte und die in ihr den Wunsch wachriefen, ihn persönlich kennenzulernen. Er stand kurz vor seiner Heirat und fuhr nach Paris, um die Werke der von ihm verehrten Meister im Original zu sehen.

Paula suchte unermüdlich ihren eigenen Weg der künstlerischen Gestaltung, immer wieder erfuhr sie aber auch Unvermögen und Ohnmacht, die sie oft verzweifeln ließen. Begierig las auch sie das Tagebuch der jungen Malerin Maria Bashkirtseff. Diese Aufzeichnungen riefen zwar in ihr Zuversicht hervor, entmutigten sie aber zugleich: »Ich lese gerade das Tagebuch der Maria Bashkirtseff. Es interessiert mich sehr. Ich werde ganz aufgeregt beim Lesen. Die hat ihr Leben so riesig wahrgenommen. Ich habe meine ersten zwanzig Jahre verbummelt. Oder wuchs ganz in der Stille das Fundament, auf dem die nächsten zwanzig Jahre aufbauen sollen?« (11. November 1898) – Einige Tage später notierte sie: »Tagebuch der Maria Bashkirtseff. Ihre Gedanken gehen in mein

Blut über und machen mich tief traurig. Ich sage wie sie: wenn ich erst etwas könnte! So ist es eine schmähliche Existenz. Man hat nicht das Recht, stolz aufzutreten, weil man selbst noch nichts ist. Ich bin matt. Ich möchte alles leisten und tue nichts.« (15. November 1898)

Niedergeschlagenheit und Selbstvertrauen lösten einander ab, eines blieb aber: der unbändige Wille, eine eigenständige Malerin zu werden: »Ich arbeite an mir. Ich arbeite mich um, halb wissentlich, halb unbewußt. Ich werde anders, ob besser?« (19. Januar 1899) – Die Tagebuchaufzeichnungen dieser Zeit spiegeln dieses obsessive Suchen und Ringen um die eigene Kreativität wider: »Morgens zeichne ich die Frau Meyer aus dem Rusch. Sie hat vier Wochen gesessen, weil sie und ihr Mann ihr uneheliches Kind so schlecht behandelt haben. Eine strotzende Blondine, ein Prachtstück der Natur, einen leuchtenden Hals in der Form der Venus von Milo. Sie ist sehr sinnlich. Doch Sinnlichkeit, natürliche Sinnlichkeit, muß sie nicht mit dieser zeugenden strotzenden Kraft Hand in Hand gehen? Diese Sinnlichkeit hat mir etwas von der großen Mutter Natur mit den vollen Brüsten. Und Sinnlichkeit, Sinnlichkeit bis in die Fingerspitzen, gepaart mit Keuschheit, das ist das Einzige, Wahre, Rechte für den Künstler.« (15. Dezember 1898)

In der Silvesternacht 1900 brach die fast Vierundzwanzigjährige nach Paris auf, um ihren »stillsten, sehnlichsten Wunsch« zu verwirklichen. Ein Atelier im 14. Arrondissement wurde ihre Bleibe, die Akademie Colarossi ihr Wirkungsfeld. Clara Westhoff, eine befreundete Bildhauerin aus Worpswede und die spätere Frau Rainer Maria Rilkes, wohnte mit ihr Wand an Wand: »Ich bin in Paris... Ich fühle eine neue Welt in mir erstehen. Fromme Gestalten mit weichem, seligem Lächeln möchte ich schaffen, die durch grüne Wiesen wandeln, am Wasser hin. Alles soll fromm und gut sein. Und ich liebe die Farbe. Und sie muß sich mir geben. Und ich liebe die Kunst. Ich diene ihr auf den Knien und sie muß die meine werden.« Aber auch: »Vor vier Wochen wußte ich es so genau, was ich wollte. Ich sah es innerlich vor mir, ging damit herum und war selig. Jetzt sind wieder Schleier gefallen, graue Schleier und verhüllen mir die Idee. Ich stehe als Bettler vor der Tür, fröstelnd und bitte um Einlaß. Geduldig Schritt für Schritt zu gehen ist schwierig. Ich glaube die Zeit des Zweifels und des Kampfes wird kommen.« (13. April 1900) – Zwei Jahre später heißt es im Tagebuch im Rückblick auf Paris, es sei eine Zeit von »so viel starker Hoffnung« gewesen (2. April 1902).

In Paris traf Paula Becker Otto Modersohn wieder. Ein Jahr später wurde sie in Worpswede seine zweite Frau. Mehrere Monate zuvor hatte sie in früher Todesahnung ihrem Tagebuch anvertraut: »... Ich weiß, ich werde nicht sehr lange leben. Aber ist das denn traurig? Ist ein Fest schöner, weil es länger ist? Und mein Leben ist ein Fest, ein kurzes, intensives Fest. Meine Sinneswahrnehmungen werden feiner, als ob ich in den wenigen Jahren, die mir geboten sein werden, alles, alles noch aufnehmen sollte ... Und wenn die Liebe mir noch blüht, vordem ich scheide, und wenn ich drei gute Bilder gemalt habe, dann will ich gerne scheiden mit Blumen in den Händen und im Haar ...« (26. Juli 1900)

Das Leben in Worpswede nahm zunächst einen ruhigen Lauf. Paula besorgte den Haushalt, kümmerte sich um Elsbeth, Ottos Tochter aus erster Ehe, und benutzte jede freie Stunde, um zu malen. Das war auch die Zeit des intensiven Austausches mit Rainer Maria Rilke. Schon Anfang 1901 hatte sie, die nicht an Gott glaubte, nach einem Gespräch mit ihm über den »werdenden Gott« in ihr Tagebuch eingetragen: »Das Allverwandte, was den Menschen mit der Kunst und der Natur verbindet, das ist für mich Gott.« Die Kunst war und blieb für sie die transzendente Dimension schlechthin.

Allmählich wurde dieses »Doppelleben« zwischen Ehe und Kunst für die sich aufzehrende Künstlerin unerträglich: »In meinen ersten Jahren der Ehe habe ich viel geweint und es kommen mir die Tränen oft wie in der Kindheit jene großen Tropfen ... Es ist meine Erfahrung, daß die Ehe nicht glücklicher macht. Sie nimmt die Illusion, die vorher das ganze Wesen trug, daß es eine Schwesterseele gäbe. Man fühlt in der Ehe doppelt das Unverstanden-

sein, weil das ganze frühere Leben darauf hinausging, ein Wesen zu finden, das versteht. Und ist es vielleicht nicht doch besser ohne diese Illusion, Aug' in Auge einer großen einsamen Wahrheit? Dies schreibe ich in mein Küchenhaushaltebuch am Ostersonntag 1902, sitze in meiner Küche und koche Kalbsbraten.«
Zur gleichen Zeit schrieb Otto Modersohn in seinem Tagebuch über das ungeahnte Glück, das ihm diese Heirat geschenkt hatte – Ironie des Schicksals. Paula Modersohn-Becker zog sich resigniert immer mehr in sich selbst zurück. Die Tagebuchaufzeichnungen enthüllen ihre Trauer und Enttäuschung: »Rilke schrieb einmal, die Gatten hätten die Pflicht, die gegenseitige Einsamkeit gegenseitig zu bewachen. Sind das denn nicht oberflächige Einsamkeiten, die man bewachen muß? Liegen die wahren Einsamkeiten nicht völlig offen und unbewacht?« (2. Mai 1902)
Aber nicht allein die Erfahrung der Einsamkeit in der Ehe hatte Paula schmerzhaft auf sich zurückgeworfen, auch die des vermeintlichen Bruchs ihrer Freundschaft mit Clara Westhoff, die inzwischen Rilke geheiratet hatte. Diese Freundschaft war für Paula überaus wichtig gewesen: »Da ist denn mein Erlebnis, daß mein Herz sich nach einer Seele sehnt und die heißt Clara Westhoff« (Osterwoche 1902). Obwohl sie daran zu zerbrechen drohte, begann sie im Gefühl der Verlassenheit eine Quelle ihres kreativen Schaffens zu erahnen: »Vielleicht ist diese Einsamkeit gut für meine Kunst, vielleicht wachsen ihr in dieser ernsten Stille die Flügel.« Und im Mai 1902 schrieb sie: »...dieses Alleinwandeln ist gut und zeigt uns manche Tiefen und Untiefen, deren man mit zweien nicht so gewahr würde.« Von nun an vertraute sie ihrem Tagebuch immer mehr ihre Kunsterlebnisse und Vorhaben an, so ihre Begeisterung für Tizian und Mantegna und ihre Einsicht: »Man müßte beim Bildermalen nicht so an die Natur denken, wenigstens nicht bei der Konzeption des Bildes. Die Farbenskizzen ganz so machen, wie man einst etwas in der Natur empfunden hat. Aber meine persönliche Empfindung ist die Hauptsache.« (1. Oktober 1902)

Paris zog die ungestüme Künstlerin immer wieder an; dort konnte sie der einengenden Worpsweder Atmosphäre entkommen und neue Anregungen suchen.

Eine erste Begegnung mit Rodin fand durch Rilkes Vermittlung 1903 statt. Seine Zeichnungen fesselten sie: »Diese merkwürdigen Formenträume, die er auf das Papier wirft, sind für mich die eigenartigste Erscheinung seiner Kunst. Er nimmt die allerkleinsten Mittel, er zeichnet mit Bleistift und tönt dann in merkwürdigen leidenschaftlichen Wasserfarben« (2. März 1903). Auch die Antikensammlung des Louvre, vor allem die ägyptische Plastik, eröffnete ihr eine neue Perspektive: »Die große Einfachheit der Form, das ist etwas Wunderbares«, schrieb sie begeistert, »das sanfte Vibrieren der Dinge muß ich ausdrücken lernen … Das merkwürdig Wartende, was über den Dingen schwebt, das muß ich in seiner großen, einfachen Schönheit zu erreichen streben. Überhaupt bei intimster Beobachtung die größte Einfachheit anstreben.« (Ende Februar 1903)

Als sie nach Worpswede und zu Otto Modersohn zurückfand, blieben die Erkenntnisse und Errungenschaften der Pariser Zeit unauslöschbar gegenwärtig in ihrem Geist: »Ich habe einen großen Drang nach Natur von Rodin, Cottet und Paris mitgebracht. Und das ist wohl das Gesunde meiner Pariser Reise. Es brennt in mir ein Verlangen, in Einfachheit groß zu werden« (April 1903). Nicht aber allein kreativen Elan hatte sie mitgebracht, sondern auch »die wunderbarsten Dinge«, wie Ottos Tagebuch verrät: »Vertiefung der Liebe und künstlerische Einsichten.« So wurde fortan ein alljährlicher Aufenthalt in der französischen Metropole geplant mit Künstleraustausch und Kursen an der Akademie Julian.

1905 begegnete Paula Modersohn-Becker den »aller-allermodernsten« Franzosen, Vuillard, Bonnard, Maillol. Das Pendeln zwischen Worpswede und Paris schien ihr zunächst sehr gut zu bekommen. Schließlich aber fand sie die Enge im nordischen Künstlerdorf, trotz der vielen Reisen, die sie mit Otto Modersohn unternahm, erstickend und unerträglich. Weder die neu ange-

knüpfte Freundschaft mit Clara Rilke, die auch wieder in Worpswede lebte, noch die Anerkennung, die Rilke ihrem Schaffen
entgegenbrachte, konnten sie in Worpswede zurückhalten. Am
23. Februar 1906 trennte sich Paula von ihrem Mann und zog erneut nach Paris. Am Tag darauf schrieb sie in ihr Tagebuch: »Nun
habe ich Otto Modersohn verlassen und stehe zwischen meinem
alten und meinem neuen Leben. Wie das neue wohl wird? Und
wie ich wohl werde in dem neuen Leben? Nun muß ja alles kommen.« In ihrem kleinen Atelier in der Avenue du Maine 14 malte
sie geradezu besessen. Der ebenfalls in Paris lebende deutsche
Bildhauer Bernhard Hoetger wurde ihr neues Vorbild. Das Bitten
und Flehen ihres Mannes, der noch immer ihren Paris-Aufenthalt zahlte, berührte Paula Modersohn-Becker nicht: »Wenn
Ottos Briefe zu mir kommen, so sind sie eine Stimme von der
Erde und ich selbst bin wie eine, die gestorben ist und in seligen
Gefielden weilt und diesen Erdenschrei hört« (26. Mai 1906).
Einige Tage später kam er nach Paris, aber die Aussprache führte
zu keinem Ergebnis.

Am 3. September bat sie ihn, in die Scheidung einzuwilligen, drei
Tage später widerrief sie ihren Entschluß, gab aber zu, daß sie es
auf Anraten ihres Freundes Hoetger täte, keineswegs ihrem eigenen Gefühl folgend. Clara Rilke schrieb sie einen hilflosen und
zugleich gnadenlosen Brief: »Ich werde in mein früheres Leben
zurückkehren mit einigen Änderungen. Auch ich selbst bin anders geworden, etwas selbständiger und nicht mehr voll zu viel
Illusionen. Ich habe diesen Sommer gemerkt, daß ich nicht die
Frau bin alleine zu stehen. Außer den ewigen Geldsorgen würde
mich gerade meine Freiheit verlocken von mir abzukommen. Und
ich möchte so gerne dahin gelangen, etwas zu schaffen, was ich
selbst bin. Ob ich schneidig handle, darüber kann uns erst die
Zukunft aufklären. Die Hauptsache ist: Stille für die Arbeit, und
die habe ich auf die Dauer an der Seite Otto Modersohns am
meisten.« (17. November 1906)

Ende 1906/Anfang 1907 entstand die *Kniende Mutter mit dem
Kind*, eines der reifsten Werke ihrer Kunst – am 2. November

brachte Paula Modersohn-Becker ein Mädchen zur Welt. Drei Wochen später starb sie an einer Embolie. Ihre letzten Worte waren: »Wie schade!«

Der Traum von Paris als optimalem Ort der Inspiration führte fast zur gleichen Zeit eine andere junge Deutsche nach Montparnasse und in das ersehnte Atelier von August Rodin. Ähnlich wie für Paula Modersohn-Becker war auch für KÄTHE KOLLWITZ (1867–1945) die Begegnung mit dem französischen Bildhauer eines der größten Ereignisse ihrer künstlerischen Laufbahn. In ihrem Nachruf auf Rodin 1917 schrieb sie: »Damals gab es für mich in der ganzen neuzeitlichen Plastik einzig Rodin. Ich denke zurück an jenen Eindruck und frage mich: Worin lag das Zwingende, Überzeugende, leidenschaftlich Hinreißende seiner Schöpfungen? Darauf kann ich nur antworten: In seinem Vermögen, dem seelischen Gehalt die plastisch überzeugende, nur diesem Gehalt zugehörende Form zu finden. Der Mensch Rodin, der seelische Gehalt seiner Werke, die Form, die er schuf, sind eins.«
Käthe Kollwitz' Werk hat schon zu Lebzeiten in ganz Europa einen großen Widerhall gefunden, denn »ihre schwingenden Linien dringen« ins Mark wie ein Schmerzensschrei« (Gerhart Hauptmann, 1927). Romain Rolland zählte sie zu den größten Künstlern ihrer Zeit: »Sie verkörpert die schweigende Stimme des geopferten Volkes« (1927). Die russische *Prawda* nannte sie 1926 einen »großen Agitator. Nicht allein durch das Sujet, nicht allein durch die ungewöhnliche, sozusagen physiologische Wahrheitstreue gewisser Züge zeitigt sie jenes Ergebnis – nein, vor allem durch die ungewöhnliche Sparsamkeit ihrer Mittel.« Sie selbst vertraute ihrem Tagebuch an, worauf es ihr ankam: »Kraft: das ist, das Leben so zu fassen, wie es ist, und ungebrochen durch es – ohne Klagen und viel Weinen – mit Stärke seine Arbeit tun. Sich nicht verleugnen – seine Persönlichkeit, die man nun einmal ist, aber sie verwesentlichen. Sie verbessern, ich meine jetzt nicht im christlichen Sinn, mehr im Nietzscheschen. Das Zu-

fällige, Üble, Dumme aus sich ausjäten und das stärken, was von einem weiteren Gesichtspunkt aus gesehen von Wert in uns ist. ›Mensch, werde wesentlich!‹« (Februar 1917)

Käthe Schmidt, später Kollwitz, wurde am 8. Juli 1867 in Königsberg als fünftes Kind eines Baumeisters geboren. 1908 begann sie, Tagebuch zu führen, als sie bereits einundvierzig Jahre alt war. Ihre Jugend stand unter dem Einfluß des Großvaters mütterlicherseits, eines Theologen und hervorragenden Predigers, der 1846 die erste freireligiöse Gemeinde im Rahmen der evangelischen Kirche gegründet hatte. Für Käthe versinnbildete er die »alte Kultur aus dem Großelternhaus«, das Ideal sittlicher Größe und hoher Pflicht sich selbst und den anderen gegenüber – Merkmale, die sie zeitlebens auch ausgezeichnet haben. Schon früh wurde Käthes Talent erkannt und gefordert: Als Vierzehnjährige erhielt sie Unterricht in Malen und Kupferstechen. Zwei Jahre Ausbildung in Berlin, wo sie Gerhart Hauptmann kennenlernte, vervollkommneten ihre Technik. Zu einer Zeit, da die Töchter bürgerlicher Familien nur heiraten konnten, war diese Möglichkeit, die eigenen schöpferischen Talente zu entwickeln, etwas Außergewöhnliches, ein Zeichen fortschrittlicher Gesinnung. Während der zwei weiteren Ausbildungsjahre bei Ludwig Herterich in München erkannte sie, bei der Lektüre von Max Klingers *Malerei und Zeichnung*, daß sie eigentlich keine Malerin sei.

Zwischenzeitlich hatte sie sich in Königsberg mit dem Medizinstudenten Karl Kollwitz verlobt. Diese Verbindung sollte unauslöschliche Spuren in ihrem späteren Schaffen hinterlassen. Als idealistischer Sozialist und Armenarzt eröffnete er ihr die harte Realität, die Not und Armut des Proletariats, die bald im Mittelpunkt des Werks der jungen Künstlerin standen: »Schön war für mich der Königsberger Lastträger, schön waren die polnischen Jimkies auf ihren Witinnen, schön war die Großzügigkeit der Bewegung im Volke. Ohne Reiz waren mir Menschen aus dem bürgerlichen Leben.« (*Erinnerungen*)

1891 heiratete das junge Paar und zog nach Berlin, wo auch die beiden Söhne Hans und Peter aufwuchsen. »Das stille arbeitsame

Leben, das wir führten, war meiner Fortentwicklung sicher gut«, notierte sie, während sie an ihren Radierungen und Steindrucken arbeitete. Die Tagebücher von Käthe Kollwitz, von denen leider nur ein kleiner Teil veröffentlicht worden ist, vermitteln eine lebendige Vorstellung vom Leben und von der geistigen Atmosphäre, die in der Wohnung in der Weißenburgerstraße herrschten. Einfachheit, Direktheit, »Zutrauen zum Leben« waren die Prioritäten. Käthe fiel allen auf durch ihre unkonventionelle Schlichtheit, jedes pathetische Getue war ihr wesensfremd. Goethe war ihre Lieblingslektüre, aber auch die junge Dichtergeneration gab ihr Anstöße und fesselte sie. So Gerhart Hauptmanns *Die Weber*, deren revolutionärer Impetus sie mitriß und zum eigenen Zyklus *Ein Weberaufstand* geradezu trieb: »Diese Aufführung bedeutete einen Markstein in meiner Arbeit. Die begonnene Folge zu Germinal ließ ich liegen und machte mich an die Weber« (Februar 1893). Käthe Kollwitz' sechs Blätter sind aber keineswegs Illustrationen zu Hauptmanns Theaterstück, sie führen kongenial das Thema des proletarischen Elends und dessen Ausweglosigkeit äußerst eigenwillig und eigenständig weiter. Die sogenannte Atelierkunst war Käthe Kollwitz zeitlebens fremd, für sie war die Wirklichkeitskunst die einzig anstrebbare. Diesbezüglich notierte sie viel später in ihr Tagebuch: »Es ist ganz meine Meinung, daß zwischen Künstler und Volk Verständnis sein muß ... Das Genie kann wohl vorauslaufen und neue Wege suchen, die guten Künstler aber, die nach dem Genie kommen – und zu diesen rechne ich mich –, haben den verlorenen Konnex wieder zu schaffen. Eine reine Atelierkunst ist unfruchtbar und hinfällig, denn was nicht lebendig Wurzeln faßt – warum soll das sein?« (21. Februar 1916)
Der Erfolg des *Weberaufstandes* brachte die junge Künstlerin in die öffentliche Berliner Kunstszene. 1899 trat sie in Max Liebermanns Berliner Sezession ein. Es waren Jahre des ungetrübten Glücks: »Diese Zeit meines Lebens erscheint mir sehr schön. Große einschneidende Schmerzen haben mich noch nicht getroffen, die lieben Jungen werden selbständiger ... Mir geht es mit

der Arbeit so, daß ich ganz vergessen habe, wie wahnsinnig ich mich gelangweilt habe noch im letzten Herbst. Wie leer mir war, wie verlassen und unproduktiv. Jetzt arbeite ich Tag für Tag – bin ruhig und froh, habe das Gleichgewicht« (April 1910). Auch eine große Distanz ihrem eigenen Schaffen gegenüber machte sich damals bemerkbar: »Selten bin ich so illusionslos meiner Arbeit gegenüber gewesen wie jetzt. Mitunter kommt es mir vor, als ob es glücklich für mich träfe, daß mein Beginn des plastischen Arbeitens in eine Zeit der Aufhebung der alten Werte fällt. Ich könnte nun auch neu anfangen, beschwert von keiner Technik, einfach neu geboren. Aber es ist leider nicht so« (September 1913). 1916 wurde sie etwas widerwillig Jury-Mitglied der Sezessionsbewegung. »Immer habe ich die Sache der Frau zu vertreten. Weil ich es aber eigentlich nie mit Überzeugung tun kann, da es sich stets um mittelmäßige Leistungen handelt – darüber hinausgehende finden die Zustimmung auch der anderen Jury –, kommt etwas Doppelzügiges heraus«, schrieb sie entmutigt in ihr Tagebuch am 20. Januar 1916. Und weiter: »Bin ich in der Sezession mit den Künstlern zusammen, die alle an ihre Kunst denken, denke ich auch an meine. Bin ich wieder zu Hause, dann lastet wieder mit aller Gewalt das schreckliche und schwere Leben auf mich. Dann ist immer nur das eine: Krieg« (31. März 1916). Ein Jahr später notierte sie: »Möchte ungern Anwalt der Frauen in Kunstsachen sein, was mit so einer Stellung verbunden ist« (17. Februar 1917). Immer wieder wehrte sie sich gegen jede einengende Etikettierung. Sicher war sie auch eine »Künstlerin des Proletariats und der Revolution«, wie ihr Werk kundtut, vor allem der Zyklus *Die Bauernkriege* (1903–1908), aber abstempeln ließ sie sich nicht.

In jener Zeit ihrer größten Vitalität und Schaffensfreude – das waren auch die Jahre, in denen beide Kinder wohlig gediehen – hielt sich Käthe Kollwitz länger in Italien und zu einem Studienaufenthalt in Paris auf. »Paris bezauberte mich«, schrieb sie 1941 in ihren *Erinnerungen*, dort machte sie sich dank des von ihr so bewunderten Rodins mit den Grundlagen der Plastik vertraut. Begegnungen mit dem deutschen Philosophen Georg Simmel, dem jungen Groethuysen, Wilhelm Uhde und der russischen Anarchistin Alexandra Kalmikoff eröffneten ihr andere Bereiche, wobei stets der Mensch im Mittelpunkt ihres Interesses stand. Das Treiben der Großstadt und die künstlerischen Anregungen des Pariser Kunstalltags schlugen sich in ihren Skizzen nieder.

Allmählich wurde für Käthe Kollwitz das Tagebuch zu einem »papiernen Laboratorium« (G. R. Hocke), in dem das technisch Konkrete eine überragende Stellung einnahm. Die Emphase des Ich-Kults wurde reduziert zugunsten der künstlerisch zweckdienlichen Mittel. Zur gleichen Zeit begann sie für die politisch-satirische Wochenschrift *Simplicissimus* zu arbeiten. Die dafür ausgeführten Kohlezeichnungen – die Themen blieben stets ihr überlassen – stellten karg und eindringlich den schonungslosen Alltag des notleidenden Proletariats dar. Die Folge *Bilder vom Elend* sind ein bestechendes Beispiel dafür. Ihre späteren Tagebuchaufzeichnungen verraten ihre Sorge, nicht volksnah genug zu sein: »Es ist eine Gefahr für mich, daß ich mich zu sehr vom Durchschnittsbeschauer entferne. Ich verliere die Verbindung mit ihm. Ich suche in der Kunst, und wer weiß, ob ich nicht zum Gesuchten dabei komme?« (21. Februar 1916)

Die Jahre vor dem Kriegsausbruch waren bedrückend und voller Zweifel, wie auch die grüblerischen Selbstbildnisse aus jener Zeit bezeugen. Ihrem Tagebuch – zehn dicke Hefte sind mit ihrer großzügigen Schrift gefüllt – vertraute sie selbstkritisch und manchmal hilfesuchend ihre Verfassung an, ihr Streben nach einer verantwortlichen politischen Haltung, aber auch die Sorgen um nahe und fremde Schicksale. Hier ist Käthe Kollwitz viel mitteilsamer als in ihren Briefen: »Ein schlimmes Symptom ist dieses: nicht nur eine Sache nicht zu Ende denken, sondern auch ein Gefühl nicht zu Ende fühlen. Sobald es aufsteigt, ist es, als ob man eine Handvoll Asche rauswirft, gleich lischt es aus. Gefühle, die einem früher nah kamen, stehn wie hinter dicken, blinden Fensterscheiben, die müde Seele versucht gar nicht erst zu fühlen, weil es anstrengt.« (April 1921)

In ihren Aufzeichnungen hat Käthe Kollwitz stets die Seite des

Lebens nachgezeichnet, »in der es hapert und heddert« (31. Dezember 1925). Oft erwähnt sie ihre Arbeit, jedoch frei von ästhetischen Betrachtungen. Im Oktober 1910 vermerkte sie die Entdeckung des »Dreidimensionalen«; kurz darauf entstanden die ersten Plastikversuche. Am Ende ihres Lebens bekannte sie: »Wenn ich noch einmal leben könnte, dann würde ich mich ausschließlich als Bildhauerin betätigen.«

In ihren Aufzeichnungen vom Dezember 1910 träumte sie von einem »durchströmenden produktiven Liebesgefühl«, aber etwa ein Jahr später, am 1. Januar 1912, notierte sie: »Es bleibt für das letzte Drittel des Lebens nur Arbeit übrig als das, was immer reizt, verjüngt, erregt und befriedigt.« Anders klingt es Ende 1913 in ihren Notizen: »Schon lange habe ich periodisch das Empfinden, es lohnt alles nicht mehr. Ich habe gesagt, was ich zu sagen hatte, der Rest ist unwichtig. Es geht doch alles nach Hause.«

Diese Stimmung prägte weiterhin ihr Leben ebenso wie die Tagebucheintragungen, in denen vor 1914 kaum die Rede von Politik ist. Als aber ihr achtzehnjähriger Sohn Peter darauf bestand, als Freiwilliger in den Krieg zu ziehen, schrieb sie erschüttert: »Verzweifeltes Aufwachen am Morgen. Gefühl der Unmöglichkeit der Hingabe Peters. Mit Peter nach dem Frühstück gesprochen … Er müsse über sich selbst bestimmen … Das neu sich regende Jugendleben solle weitergeführt werden … Während des Sprechens das selbe Gefühl wie am Abend vorher als Karl sprach: man spricht umsonst und findet keine Worte, weil der stumm zuhörende Junge mit Macht sich gegen das eigene Innere durchsetzt. Dann zum Schluß: ich stehe wie gestern … Abends ich und Karl allein. Weinen, Weinen, Weinen.« (11. August 1914)

Die schmerzliche Trennung vom Sohn veranlaßte Käthe Kollwitz, ein »Kriegstagebuch« zu führen, das die Ängste, die Nöte und die Verzweiflung der Mutter enthüllt: »Seit zwei Tagen soll an der französischen Grenze gekämpft werden … In der Nacht wachte ich auf, weil ich einen langgezogenen metallenen Klang hörte, der sich in kleinen Zwischenräumen mehrfach wiederholte … Sitze abends an Peters Bett, er wünscht, daß ich ihm aus Zarathustra über den Krieg vorlese« (17. August 1914). Später heißt es: »Abschiedsbrief an Peter. Als ob das Kind einem noch einmal vom Nabel abgeschnitten wird. Das erste Mal zum Leben, jetzt zum Tode« (5. Oktober 1914); »Die erste Nachricht von Peter. Er schreibt, sie hören schon Kanonendonner« (24. Oktober 1914). Am 30. Oktober vermerkt sie lakonisch nur den offiziellen Bescheid: »Ihr Sohn ist gefallen.« Gebrochen und fast manisch schrieb sie weiter ihr Tagebuch, als würden die Worte eine letzte Verbindung zum Sohn herstellen können: »Mein Peter, ich will versuchen treu zu sein … Dein Vermächtnis zu erkennen und zu bewahren. Was ist das? Mein Vaterland so zu lieben auf meine Art wie Du es liebtest auf Deine … Ich will Gott die Ehre geben auch in meiner Arbeit, d. h. ich will wahr sein, echt und ungefärbt …« (31. Dezember 1914). Und weiter: »Warum in dieser Zeit hilft mir die Arbeit? Es ist nicht genügend, wenn ich sage, daß sie mich sehr interessiert. Weil es eine Aufgabe ist, der ich mich nicht entziehen darf. Wie Ihr, meine leiblichen Kinder, meine Aufgabe wart, so auch meine anderen Arbeiten …« (21. Februar 1915). Ende Juli 1915 – Käthe Kollwitz arbeitete an einem Denkmal für den gefallenen Sohn – verzeichnete sie nur: »Junge, manchmal denk ich auch, Du hast Sehnsucht nach uns, nach Deiner Stube.«

Die Arbeit an dem Denkmal ist für sie Trauerbewältigung wie zugleich Bestätigung ihres Formwillens: »Peters Arbeit soll wesentlich und einfach sein, aber das Wort ›neu‹ kommt für sie gar nicht in Betracht. Das, was ich früher immer sagte: der Inhalt sei die Form – wo hab ich das wahr gemacht? wo ist die neue Form für den neuen Inhalt dieser letzten Jahre?« (November 1917). Der Tod des Sohnes war ein bedeutender Einschnitt in ihrem Leben: »Von da an datiert für mich das Altsein. Das Dem-Grabzugehen. Das war der Bruch. Das Beugen bis zu einem Grade, daß es nie mehr ein ganzes Aufrichten gibt. Es zeigte sich, daß ich von nun an nach unten zeige« (12. Oktober 1917).

Silvester desselben Jahres nach einer Sonderausstellung bei Paul Cassirer zu Käthe Kollwitz' 50. Geburtstag klingen die Eintragungen resigniert-gebrochen: »Zum erstenmal alleine in dieser

175

Nacht seit 26 Jahren. Karl im Krankenhaus, Hans in Focsani, Peter fort für immer. Ich sitze an meinem Schreibtisch in aller Stille. Wenn es 12 ist, werde ich Wein trinken. Was hat das Jahr gebracht? Was hat es genommen? ... Es hat nicht den Frieden gebracht. Es hat immer genommen und genommen. Menschen genommen und Glauben genommen, Hoffnung genommen, Kraft genommen.« Der Tod des Sohnes war teilweise auch der ihrige: »Dann fiel ich auch. Fortgerissen noch durch ihn in Entwicklungen des Schmerzes und der Liebe, sank ich allmählich in dies Leben zurück... Der Schmerz hat Müdigkeit zurückgelassen. Es ist ja auch nicht allein der Peter. Es ist der Krieg, der einen bis auf den Boden drückt« (Juli 1918). Diese innere Erschöpfung« lähmte ihren Arbeitswillen, so wurde das Peter-Denkmal aufgeschoben und erst 1925 mit einer präzisen Vorstellung wieder aufgenommen: »Die Mutter soll knien und über die vielen Gräber blicken. Die Arme breitet sie aus über alle ihre Söhne. Der Vater auch kniend. Er hat die Hände im Schoß zusammengepreßt« (13. Oktober 1925). Fünf Jahre später wurden die Gipsfiguren auf der Frühjahrsausstellung der Akademie gezeigt, im Juni 1932 die Steinfiguren in der Vorhalle der Nationalgalerie. Bereits 1919 war Käthe Kollwitz als erste Frau in die Preußische Akademie der Künste aufgenommen worden und hatte den Professorentitel erhalten. »Große Ehre, aber ein bißchen peinlich für mich. Die Akademie gehört doch zu den etwas verzopften Institutionen, die beiseite gebracht werden sollten« (31. Januar 1919). Der Expressionismus war ihr zunächst fremd, aber im März 1920 nach dem ersten Jurytag der Sezession notierte sie: »Sehr gute Beschickung. Viele interessante und gute Sachen. In der Mehrzahl ultramodern. Aber meine Augen haben sich daran gewöhnt, ich komm mit vielem mit, was ich früher gar nicht verstanden hätte.«
Der damals entstandene Graphik-Zyklus *Der Krieg* war ihre erste Holzschnittfolge. Barlachs Holzschnitte hatten ihr den Anstoß gegeben, diese neue Technik auszuprobieren, die besonders geeignet schien, die aufwühlende und beunruhigende Stimmung der Zeit wiederzugeben. Das zweite Blatt in dieser Technik war das

Gedenkblatt für Karl Liebknecht, das zu den bekanntesten Werken der Künstlerin gehört. Sie führte diese Zeichnung auf Wunsch der Familie des 1919 ermordeten Politikers aus, der mit Rosa Luxemburg den Spartakusbund gegründet hatte. Vor seiner Ermordung hatte sie dessen extreme Positionen entschieden abgelehnt: »Die Spartakusleute sind auch jetzt wieder die Pioniere. Sie drängen immer vorwärts, wie es auch liegt. Auch wenn es Blödsinn ist, auch wenn Deutschland darüber kaputt geht« (8. Dezember 1918). Der gewaltsame Tod Liebknechts empörte sie dennoch aufs äußerste und trieb sie dazu an, eine eigene politische Position zu beziehen: »Der gewaltige Eindruck, den die Trauer der Hunderttausende an seinem Grab machte, hat sich damals schon umgesetzt in eine Arbeit. Als Radierung begonnen und verworfen, versuchte und verwarf ich es von neuem als Steindruck. Nun hat es endlich als Holzschnitt seinen Abschluß gefunden.« Und an anderer Stelle heißt es: »Ich schäme mich, daß ich immer noch nicht Partei nehme und vermute fast, wenn ich erkläre, keiner Partei anzugehören, daß der eigentliche Grund dazu Feigheit ist. Eigentlich bin ich nämlich gar nicht revolutionär, sondern evolutionär. Weil man mich aber als Künstlerin des Proletariats und der Revolution preist und mich immer fester in die Rolle schiebt, so scheue ich mich, diese Rolle nicht weiter zu spielen … Man kann ja auch von einem Künstler, der noch dazu Frau ist, nicht erwarten, daß er sich in diesen wahnsinnig komplizierten Verhältnissen zurechtfindet. Ich hab als Künstler das Recht, aus allem den Gefühlsgehalt herauszuziehen, auf mich wirken zu lassen und nach außen zu stellen.« (Oktober 1920)

Das Gewissen war für Käthe Kollwitz die alles beherrschende Instanz; darum lehnte sie 1919 die Mitarbeit an dem satirischen Blatt *Der Schrei* ab, mit der Begründung, sie sei keine Kommunistin. Auch verwarf sie 1922 jede Gemeinsamkeit mit dem damals herrschenden schwärmerischen Zeitgeist, der mit Wandern und Predigen eine Weltwende heraufbeschwören wollte.

Das Tagebuch der Nachkriegsjahre berichtet von vielen Toten im Freundes- und Familienkreis. Der Blick in die Zukunft wird immer düsterer: »Deutschlands Zustand ist zum Gotterbarmen. Man sieht nicht, wie es besser werden kann. Die Hoffnung auf Rußland gänzlich zuschanden geworden. Die kulturelle Entwicklung Deutschlands steht still, ja ist rückwärtsschreitend. Die Verarmung der gebildeten Stände nimmt zu. Ich kann mir gut denken, daß man vor Verstimmtheit aus der Welt geht,« schrieb sie am Neujahrstag 1921. Und einige Monate später: »Arbeite mit den Kommunisten mit, gegen den fürchterlichen Hunger in Rußland. Bin dadurch wieder ins Politische hineingezogen ganz gegen meinen Willen« (12. September 1921). Im Auftrag der »Internationalen Arbeiterhilfe« schuf sie 1923 das Plakat *Helft Rußland!*, das ein großes Gespür für Wirkung und Propaganda verrät, was später von den Nationalsozialisten reichlich mißbraucht wurde.

Die Anerkennung ihrer Arbeit nahm immer mehr zu; lakonisch bemerkte sie einmal: »Verwöhnt wie ich jetzt bin, würde ich es schwer aushalten, wenn der ›Begriff‹ Käthe Kollwitz aufhörte zu existieren, wenn der Name nicht Respekt und Anerkennung bedeutete. Wie schauderhaft muß Künstlern zumute sein, die ohne Widerhall arbeiten.« (September 1925)

1927 reiste sie mit ihrem Mann in die Sowjetunion. Ins Tagebuch trug sie am Silvesterabend als Resümee nur ein: »Moskau mit seiner anderen Luft, so daß Karl und ich wie ausgelüftet zurückkamen.« Ihre innere Verfassung gab sie ausführlicher preis: »Zu meiner Verwunderung und Genugtuung lese ich im Corinth, daß er auch mit diesen fürchterlichen Depressionen zu tun hatte. Er beschreibt es genau wie es bei mir ist … ›Ein Stück Selbstmord ist jener Künstler.‹ Mir aus der Seele beschreibt er den verzweiflungsvollen Zustand, wenn man arbeitet und arbeitet und *nichts* wird.« (Juni 1927)

Im selben Jahr wurde Käthe Kollwitz Vorsteherin eines Meisterateliers für Graphik. Nun hatte sie »ein gutes, großes Atelier, schönes Gehalt, aber freilich Lehrverpflichtungen. Jetzt kann Karl die Kassen aufgeben. Karl ist wirklich der liebenswürdigste Mensch, den ich kenne. So was von Freude, kindlichster, jungenhafter Freude. Das ist entzückend.« (April 1928)

Den darauf folgenden behaglichen fünf Jahren bereitete Hitlers Machtübernahme ein jähes Ende. Käthe Kollwitz, deren Ansehen damals auch über die Grenzen Deutschlands hinaus ungewöhnlich groß war, unterzeichnete vor den Reichstagswahlen im Juli 1932 mit Albert Einstein, Heinrich Mann, Arnold Zweig und anderen einen Aufruf zur Einigung der Linksparteien gegen den Faschismus. Einige Monate später trat sie aus der Preußischen Akademie der Künste aus. Während des Dritten Reichs widmete sie sich in der Abgeschiedenheit ihres Berliner Ateliers weiterhin ihren Plastiken, die politisch weniger »exponiert« waren als ihre Graphik. Diese Arbeit schien sie aber nicht zu befriedigen, denn schon 1918 hatte sie dem Tagebuch anvertraut: »Ich liebe meine Form in der Plastik nicht... Ob Plastik nicht immer langweilig bleibt, die ihren Hauptnachdruck im Ausdruck und nicht in der Form hat?« (3. März 1918). Und im April 1922: »Seitdem ich Holz schneide, lockt da vieles. Vor allem habe ich Angst vor der Plastik. Sie ist wohl nicht eroberbar für mich, ich bin zu alt dazu, um sie wirklich noch zu bewältigen.«

Im Oktober 1938 starb Ernst Barlach. Käthe Kollwitz schildert im Tagebuch die letzte Begegnung mit dem Künstler, ohne die eigenen Gefühle preiszugeben: »Wie es immer ist, wenn man jemand begraben hat, um den man trauert, um den man aber nicht schmerzlich weint, war ein gesteigertes Lebensgefühl in mir ... Alles war geweidet und gehoben. Es war sehr schön« (Oktober 1938). Einen Monat nach Ernst Barlachs Beerdigung notierte sie: »Es ist mir manchmal, als ob der tote Barlach mir seinen Segen hinterlassen hat. Ich kann gut arbeiten. Es ist eine konstante Erregung, die mich überkommen hat« (November 1938). *Die Klage*, Käthe Kollwitz' Selbstbildnis, um den Tod Barlachs klagend, läßt die Intensität ihrer Beziehung erahnen.

1940 starb Karl Kollwitz, kurz danach Käthes Mutter. Das Alter und die schmerzlichen Trennungen bestimmten fortan das Leben und Wirken der Künstlerin: »Es geht mir eben eigentlich noch recht gut. Noch habe ich keine Dauerschmerzen, die Augen halten noch vor... Daß ich seit Monaten nicht mehr arbeiten kann, auch das nehme ich nicht so schwer, wie ich es mir früher dachte. Ja, stellenweise drückt dies sehr und macht sehr traurig. Aber dagegen spricht etwas: das ist die Einfügung in die Ordnung. Es ist in der Ordnung, daß der Mensch auf seine Höhe kommt und daß er wieder absteigt. Da ist nichts zu murren. Bitter ist es natürlich, das zu erleben.« (Dezember 1942)

Der Zweite Weltkrieg, der Tod des Enkels Peter, das eigene Hinsiechen – Käthe Kollwitz' letzte Jahre waren mehr denn je ein »Gespräch mit dem Tod«. 1943 wurde sie aus Berlin nach Nordhausen evakuiert, dann siedelte sie nach Moritzburg bei Dresden um, wo Prinz Ernst Heinrich von Sachsen, ein Kunstliebhaber und Sammler, ihr eine Zuflucht bot. Ihre letzte Tagebucheintragung im Mai 1943 lautete: »Am nächsten Tag früh, es war der Muttertag, war wieder Hans da und brachte einen großen Fliederstrauß aus dem Garten. Wie beglückend ist es für mich, daß dieser geliebte Junge noch da ist und mich so lieb hat.«

Am 22. April 1945 verschied Käthe Kollwitz. Einige Monate davor hatte sie der Schwiegertochter Ottilie geschrieben: »Von Euch fortgehen zu müssen, wird mir furchtbar schwer fallen. Aber die unstillbare Sehnsucht nach dem Tode bleibt ... Ich segne mein Leben, das mir bei allem Schweren so unendlich viel Gutes gegeben hat. Ich habe es auch nicht verschleudert, ich habe nach meinen besten Kräften gelebt, ich bitte Euch nur, laßt mich jetzt fortgehen, meine Zeit ist um.«

Eros und Sexualität

»Ich möchte nur noch für die Ekstase leben.
Die kleine Dosis, die gemäßigte Liebe,
die Halbschatten lassen mich kalt. Ich liebe
das Außerordentliche. Briefe, daß der
Postbote davon einen steifen Rücken
bekommt, Bücher, die aus den
Umschlägen quellen, Sexualität, daß die
Thermometer bersten.«
ANAÏS NIN, FEBRUAR 1933

Die Grundprobleme der »Liebe« in allen ihren Schattierungen, Verkleidungen und Verfälschungen sind in den Aufzeichnungen großer Künstler und Schriftsteller unüberhörbar. Parallel zu der »Werkintimität« läuft die persönliche Intimität, die in einer Verbindung von schamlosem Enthüllen oder ängstlichem Verstecken, im Widerstreit von Vernunft und rasendem Begehren, das eigentliche Wesen des Schreibenden preisgibt. Die erotischen Eintragungen, real oder fiktiv, von Schriftstellern wie Sören Kierkegaard, Franz Kafka, Cesare Pavese lassen an Deutlichkeit nichts zu wünschen übrig. Koitus, lasterhafte Vorstellungen, erregende Techniken oder Sublimierungen des sexuellen Rauschs werden ohne Umschweife geschildert. Das voyeuristische Moment spielt dabei eine wesentliche Rolle.

Anders sieht es bei den Tagebüchern schöpferischer Frauen aus – das Erotische wird zwar benannt und enthüllt, aber als Korrelat des Kreativen, das immer im Vordergrund steht. So verschiedenartige Tagebücher wie die von Anaïs Nin, Elsa Morante und Undine Gruenter, die im weitesten Sinne als erotisch bezeichnet werden können, sind fesselnde Beispiele dafür.

In den monumentalen Aufzeichnungen der Franko-Amerikanerin ANAÏS NIN (1903–1977) hat diese Art von Diaristik einen

Höhepunkt erreicht. Diese Aufzeichnungen verraten die persönlichen wie schöpferischen Wunschträume der in den sechziger Jahren zur Kultfigur stilisierten Schriftstellerin. Sie selbst schrieb dazu: »Dieses Tagebuch ist mein Kif, mein Haschisch, meine Opiumpfeife. Es ist für mich Droge und Laster. Statt einen Roman zu schreiben, lehne ich mich mit diesem Buch und einer Feder zurück und träume und schwelge in Spiegelungen und Brechungen ... Ich muß mein Leben im Traum wiederleben. Nur der Traum ist mein Leben. Nur im Echo und Widerhall ereignet sich die Verwandlung, die das Wunder rein hält. Sonst geht alle Magie verloren. Sonst zeigt das Leben seine Verwüstungen, und alles beschlägt sich mit Rost ... Die ganze Welt muß sich so in der Linse meines Lasters brechen, sonst erstirbt mein Rhythmus im Lebensrost.« Dieser Gefahr war sie aber keineswegs ausgesetzt, wie Laurence Durell beteuerte: »Sie lehrte uns alle, was wir irgendwie immer schon wissen, daß durch Exzeß etwas geboren wird, große Kunst wird geboren aus großen Schrecken, große Einsamkeit, große Behinderungen und Unsicherheiten, und immer bringt sie es in eine Balance.« (*Anaïs. An International Journal* 1987)

Anaïs Nins Persönlichkeit und ihr umfangreiches Tagebuch (15 000 Seiten, der Herausgeber Gunther Stuhlmann und die Verfasserin haben ungefähr die Hälfte der Eintragungen eingekürzt) stellen etwas Einzigartiges in der Literaturgeschichte dar. Anaïs' Begabung, seelische Analysen vorzunehmen, war außergewöhnlich. Sie war fähig wie selten jemand zuvor, »die Alchemie des Körpers und der Seele zu benennen und zu definieren, die Wurzeln dunkler Instinkte zu entdecken und sie beim Namen zu nennen« (Jean Fanchette). Der unentwegte Dialog zwischen Wirklichkeit und Wunschtraum schlug sich in tausend Formen und Facetten im Tagebuch nieder, das für Anaïs zugleich Zufluchtsort und Rauschmittel war. Das eigentliche Tagebuch umfaßt die Jahre 1931 bis 1947, nach ihrem Tod wurde auch das Kindertagebuch veröffentlicht, unlängst das zensierte intime Tagebuch, das die wilden Jahre in Paris mit Henry und June Miller bloßlegt. Das Tagebuch war für sie das eigentliche Werk und zugleich ihr Vertrau-

7 Anaïs Nin (1903–1977)

ter, wie die Dreißigjährige im Juni 1933 schrieb, »mein einziger zuverlässiger Freund, der einzige, der mein Leben erträglich macht: denn mein Glück mit Menschen ist prekär, mein Vertrauen selten, und das leiseste Zeichen von Interesselosigkeit bringt mich zum Schweigen. Im Tagebuch stimme ich mit mir überein«. Dennoch durchschaute die analytisch sehr wache junge Frau die Gefahren dieses extremen Soliloquiums, denn sie befürchtete: »...während ich mit diesem Freund Zwiesprache hielt, habe ich vielleicht mein Leben vertan« *(Tagebuch 1)*. Und Henry Miller schrieb 1937 in seinem Essay *Ein Sternenwesen:* »Das Tagebuch ist eine Kunstform wie der Roman oder das Schauspiel... Wenn wir ein intimes Tagebuch lesen, haben wir die Illusion, wir stünden der Seele seines Autors unmittelbar gegenüber... Nach der Wahrheit sollten wir im Tagebuch nicht suchen, wir sollten es als Ausdruck des Kampfes um Freiheit und einer zwingenden Suche nach Wahrheit sehen.«

Die »Legende« der Anaïs Nin begann 1903 im Pariser Nobelvorort Neuilly-sur-Seine, wo sie als erstes Kind des Konzertpianisten und Komponisten katalonischer Abstammung Joaquín Nin y Castellanos und seiner Frau, einer dänisch-französischen Sängerin, zur Welt kam. Von Anfang an wuchs das begabte Mädchen in der »kosmopolitischen Welt der Kunst« auf – ein Geschenk und ein Verhängnis zugleich, denn der häufige Ortswechsel, den die Laufbahn des Vaters mit sich brachte (1905 Kuba, 1908 Berlin, 1910 Brüssel, 1912 Arcachon, wo der Vater die nunmehr fünfköpfige Familie verließ, die zunächst nach Barcelona und 1914 nach New York übersiedelte), rief in ihr ein Gefühl von unüberwindlicher Wurzellosigkeit hervor. Die Trennung vom Vater riß in ihr eine Wunde auf, eine nie gestillte Sehnsucht, die sie zeitlebens geprägt hat – genesen ist sie von diesem Schmerz nie, auch wenn sie ihr Schreiben als »dramatische Lösung, die der Künstler für die Hindernisse des Lebens findet«, interpretierte.

Kurz nach Ausbruch des Ersten Weltkriegs, als die Mutter mit Anaïs und den zwei jüngeren Brüdern nach New York auswanderte, begann die Elfjährige ihr *Kindertagebuch* auf französisch zu führen (erst nach 1920 schrieb sie englisch weiter). Zunächst schrieb sie eine Art Reisejournal, um die sich ständig vertiefende Kluft zwischen ihr und dem Vater zu überbrücken. Die fast täglichen Aufzeichnungen ließen ihre Symbiosewünsche Wirklichkeit werden, stellten die verlorene Einheit zwischen Vater und Tochter wieder her. Noch als Siebzehnjährige notierte sie: »Es ist schwer zu erklären, aber Du bist es doch immer, den ich mitnehme.« Das Tagebuch als Vaterersatz trug das junge Mädchen in einem Körbchen stets bei sich. Es wurde zu Anaïs' vertrautem »Double«, wie sie auch später ihren Vater nannte, als sie ihm wiederbegegnete.

Recht bald lernte das schreibbesessene junge Mädchen, sich selbst zu beobachten und zu analysieren. Geradezu irritierend klingen die Aufzeichnungen der Sechzehnjährigen auf der Suche nach der eigenen Identität: »Mit sechzehn Jahren bin ich so sehr verändert, daß ich jetzt, wenn ich meine Gefühle analysiere, verstehe, daß das elfjährige kleine Mädchen und sein Charakter nur in den Heften des Tagebuches existieren. Diese Veränderung, die doch so menschlich ist, stellt sich mir aber wie ein Abgrund dar« (*Kindertagebuch*, 1919). Im gleichen Jahr erfuhr sie auch, wie selbstsüchtig der angehimmelte Vater gewesen war und warum er die Familie verlassen hatte. Der Traum brach zusammen, die Ernüchterung schlug sich gnadenlos im Tagebuch nieder: »Ich hatte genügend gelitten, ich hatte meinen armen kleinen Papa so gesehen, wie er vielleicht ist, ich hatte in Mama einen Sarkasmus und eine Bitterkeit gesehen, die mir unbekannt waren und die sicher einen Grund hatten, ich hatte Thorwalds und Joaquinitos Charakter verstanden und auch meine kindlichen Illusionen; die geliebte Vorstellung von Vereinigung ... die Reize des Geheimnisvollen, womit meine Phantasie den Namen ›Papa‹ umwoben hatte, das alles ... war tot, meine Romanze war zu einem dieser wirklichen, unendlich traurigen Dramen geworden, die uns überall umgeben« (*Kindertagebuch*, 1919–1920).

Trotz ihres anmutigen Äußeren – in New York versuchte sich Anaïs Nin mit Erfolg als spanische Tänzerin und Malermodell –

spielte sie die Rolle der jungen geistreichen Frau, »doch nachher, wenn ich mich an meinen Arbeitstisch setze, um zu schreiben, dann ist die Verwandlung da. Ich ziehe mich tief in mein Schneckenhaus zurück und bleibe dort stundenlang, traurig vor mich hin brütend ... es ist mein wahres Ich, das abseits von der Welt sitzt und das schmerzhafte Gedanken denkt« (1920/21). Diesen Zwiespalt erkannte sie bald − »Ich beginne wirklich zu glauben, daß jeder Mensch zwei Wesen hat« −, und er löste in ihr Schuldgefühle aus: »Ich versank in einen unendlich tiefen Abgrund, gequält durch meine ständige intensive Selbstbetrachtung, die, wie ich jetzt erkenne, der grundlegendste Akt von Egoismus ist« (1920/21). Dieser »Egoismus«, gepaart mit dem Erleben und Erkunden des Double, wurde aber der Stachel für die schriftstellerische Tätigkeit, denn wenig später notierte die junge Autorin: »Ich habe Tinte im Blut.« Schon sehr früh hatte sie den Wunsch gehabt, Schriftstellerin zu werden, bereits als Kind hatte sie ihre Geschichten unterzeichnet mit »Anaïs Nin. Mitglied der Académie Française«.

In New York besuchte Anaïs Nin die Columbia University und erlernte die »Grundregeln« des Schreibens. Eine nützliche Lehrzeit, die sie aber schnell beendete, da der übliche Literaturbetrieb sie nicht zu fesseln vermochte. Das New Yorker Kulturleben mit Theater, Opern, Filmen und Konzerten, vor allem als die Familie nach Long Island zog und viele Hauskonzerte gab, nimmt in ihrem Tagebuch einen ebenso großen Raum ein wie die Trauer um den fernen Vater und der Wunsch nach einer symbiotischen Beziehung. Eine solche Verbindung schien sich zunächst mit ihrem homosexuellen Vetter Eduardo Sánchez anzubahnen, wie sie ihrem Tagebuch anvertraute: »Wir haben den gleichen Geschmack, und der Einfluß, welchen wir aufeinander haben, ist wirklich komisch, da jeder von uns im anderen das Gegenstück seiner eigenen Verrücktheit und phantastischen Neigung findet.« 1921 lernte Anaïs Nin Hugh Guiler kennen, einen jungen Mann schottischer Abstammung, der in Puerto Rico aufgewachsen war und nach dem in Schottland absolvierten Studium nun an der

National City Bank in New York arbeitete. Auch er war wie Anaïs
»entwurzelt« worden und teilte ihre Leidenschaft für Literatur
und Musik. Bald wurde er zu einem bewunderten Gesprächspartner. »Er ist ein Mensch der Aktion … eine merkwürdige, Vertrauen erweckende Mischung von Tatsache und Phantasie … Der
Dichter in ihm ist ein Gefangener …« *(Jugendtagebuch 2)*. Fortan
erschien er in ihrem Tagebuch unter seinem Künstlernamen
Ian Hugo.
1923 heiratete das Paar in Havanna – Anaïs war gerade zwanzig
Jahre alt – und zog dann nach New York. Als aber 1924 die Mutter
mit beiden Söhnen nach Paris zurückkehrte, ließ sich der junge
Bankier aus Liebe zu seiner Frau in die französische Metropole
versetzen. Dort lebte das Paar eine Art Zwillingsphantasie aus,
die es als Schutzwall gegen das frivole, hektische Pariser Leben
stellte. Ihr Umzug in den Vorort Louveciennes elektrisierte Anaïs:
»Mir war, als bereitete ich mich auf eine künftige Liebe vor.« Das
genügte aber nicht, um Anaïs von ihrer Grübelei abzuhalten, wie
ihr Tagebuch preisgibt: »Gewöhnliches Leben interessiert mich
nicht. Ich suche nur die Höhepunkte; wie die Surrealisten forsche
ich nach dem Wunderbaren. Durch das, was ich schreibe, möchte ich die anderen daran erinnern, daß es solche Augenblicke gibt;
ich möchte beweisen, daß der Raum, die Bedeutungen, die Dimensionen unendlich sind. Aber nicht immer bin ich in dem Zustand der Gnade, wie ich es nenne. Ich habe Tage der Erleuchtung
und der fieberhaften Erregung. Ich habe auch Tage, an denen die
Musik in meinem Kopfe aussetzt. Dann stopfe ich Socken, be-
schneide die Bäume, mache Früchte ein, poliere die Möbel. Aber
während ich das tue, habe ich nicht das Gefühl zu leben« (Winter 1931/32). Sie brauchte Verwirrung, Aufbruch, bloß keine ein-
schläfernde Eintönigkeit. »Es ist der Mangel an Geheimnis, der
das Leben tötet«, schrieb die Lebensgierige.
Die Bücher von D. H. Lawrence, über den Anaïs Nin kurz darauf
ihren ersten literarischen Essay schrieb, wurden für sie eine Art
Ventil: »Man lebt so dahin, geborgen in einer Welt der Empfindsamkeit, und man glaubt zu leben. Dann liest man ein Buch

(›Lady Chatterley‹ zum Beispiel) oder man macht eine Reise, oder man spricht mit Richard und man entdeckt, daß man nicht lebt, sondern in einen Winterschlaf versunken ist … Monotonie, Langeweile, Tod. Millionen leben so (oder sterben so) ohne es zu wissen. Sie arbeiten in Büros. Sie chauffieren einen Wagen. Sie picknicken mit ihren Familien. Sie ziehen Kinder auf. Und dann trifft sie ein Schock, ein Mensch, ein Buch, ein Lied, und weckt sie auf und rettet sie vor dem Tode.« D. H. Lawrence, der im Instinktiven, Sinnlichen, in dem, »was unser Blut glaubt, fühlt und sagt«, den Wahrheits- und Freiheitsraum schlechthin erspürte, wurde für Anaïs Nin geradezu ein Leitbild. Begeistert schrieb sie in ihrem Vorwort: »Lawrence zu begreifen heißt daher, die Philosophie von Anfang an nicht nur als ein intellektuelles Gebäude zu begreifen, sondern gleich als leidenschaftliche Bluterfahrung.« Seine »Umwertung aller Werte«, seine Deutung des Lebens als Traum, Wahnsinn, Poesie und sein Aufdecken von Erfahrungen jenseits des Gewöhnlichen fesselten sie. Von nun an wollte sie die »Vielheit von Ichs« ausleben und bis zur Neige auskosten: »Empfinde ich mein eigenes Selbst als genau abgegrenzt, als festlegbar? … Es gibt Erfahrungen, vor denen ich zurückschrecke. Aber meine Neugierde, meine Produktivität treiben mich darüber hinweg, wandeln dadurch meinen Charakter … ich will nicht nur eine Anaïs sein, geschlossen, alltäglich, begrenzt.« *(Tagebuch 1)*
1931 lernte sie in Paris Henry Miller kennen, der ihr Lawrence-Manuskript als »zarten Ausdruck von kräftigen Wahrheiten« lobte. Anaïs vermerkte nur lakonisch und zukunftsweisend in ihrem Tagebuch: »So werden das Zarte und das Ungestüme aufeinandertreffen und sich herausfordern« *(Tagebuch 1)*. Kurz darauf kam es in Louveciennes zu einer Begegnung mit Millers Frau June: »Als June aus der Dunkelheit des Gartens in das Licht der Tür trat, sah ich zum ersten Male die schönste Frau der Welt … Ich hatte sie nie vorher gesehen, trotzdem kannte ich schon lange vorher die phosphoreszierende Tönung ihrer Haut, ihr Profil einer Jägerin, die Ebenmäßigkeit ihrer Zähne. Sie ist bizarr, reizbar wie jemand mit hohem Fieber. Ihre Schönheit überwältigte mich.

Wie ich so vor ihr saß, fühlte ich, daß ich alles tun würde, was sie von mir verlangte« *(Tagebuch 1)*. June verkörperte genau das Gegenteil von Anaïs Nin, sie verschaffte sich auf unlautere Weise Geld und Vorteile, nahm Drogen, hatte eine lesbische Freundin und keinerlei Scheu vor Ekstasen der Liebe wie des Hasses. Das spürte Anaïs selbst überdeutlich. Sie war von June fasziniert – hier hatte sie das Double ihrer bislang verschwiegenen Sexualität erkannt. Anaïs stürzte sich wenig später in eine leidenschaftliche Liebesaffäre mit dem damals als Schriftsteller noch kaum bekannten Henry Miller und seiner Frau, die »unendlich begehrenswert, ansaugend wie der Tod« war. »Ihre Augen faszinieren mich, ihr Mund, ihr entfärbter, schlecht geschminkter Mund. Weiß sie, daß ich mich an sie verloren fühle, daß ich nicht mehr verstehe, was sie sagt, und nur die Wärme ihrer Worte fühle, ihre Lebendigkeit? ... June erreicht nicht dasselbe sexuelle Zentrum in mir, das Männer erreichen. Daran rührt sie nicht. Was also erregt sie in mir? ... Ich liebe June um dessentwillen, was sie zu sein wagt, weil sie hart und grausam ist, unerbittlich, egoistisch, stolz, zerstörerisch ... Ich bewundere ihren Mut zu verletzen und bin entschlossen, mich diesem Mut unterzuwerfen«, ist am 30. Dezember 1931 zu lesen. In der Liebe zu June, in diesem »perfiden Bündnis«, fand Anaïs zu einem neuen Selbstverständnis. »Die Liebe zwischen Frauen ist eine Zuflucht und Ausflucht in Harmonie und Narzißmus, weg von dem Konflikt. In der Liebe zwischen Mann und Frau gibt es Widerstand und Konflikt. Zwei Frauen verurteilen einander nicht. Sie schließen ein Bündnis. In einer gewissen Weise ist es Selbstliebe. Ich liebe June, weil sie die Frau ist, die ich sein möchte. Warum mich June liebt, weiß ich nicht.« *(Tagebuch 1)*
Die geistige Beziehung zwischen Henry Miller und Anaïs Nin war sehr intensiv, die erotische Entfesselung im Dreiecksverhältnis nicht minder, wie die lange Zeit zensierten Passagen des Tagebuchs 1931/32 zeigen, in denen es eher um die Leidenschaft zu June als zu Henry Miller geht: »Während sie dies sagte, fühlte ich mich ihr sehr nahe und haßte Henrys Schreiben und mein eige-

nes, das uns zu kühler Beobachtung fähig macht. Ich wünschte mir, daß ich in sie eintauchen könnte.« Kurz bevor die ersehnte Vereinigung stattfand, notierte Anaïs: »Dabei sah ich die Schönheit ihres Körpers, den ich nicht anzuschauen gewagt hatte, sah seine Fülle, seine Schwere, und seine Üppigkeit überwältigte mich ... Als sie wieder unten auf der Couch saß, sah ich im Ausschnitt ihres schwarzen, anliegenden Kleides den Ansatz ihrer vollen Brüste. Ich bebte. Ich merkte, wie unklar unsere Gefühle und unsere Wünsche waren. Sie redete weitschweifig daher, aber jetzt wußte ich, daß sie sprach, um ein tieferes Gespräch zu überdecken, daß sie gegen Dinge anredete, die wir nicht aussprechen konnten« (*Intimes Tagebuch*).

Die sexuellen Ekstasen, die Anaïs in ihrem *Intimen Tagebuch* als »sexuelle Odyssee« bezeichnet, mündeten bei ihr in die Suche nach dem idealen Liebhaber und Künstler in einer Person. Ihr Analyst René Allendy (Anaïs war seit ihrem 28. Lebensjahr in Analyse) schien zunächst geradezu dafür berufen zu sein: »Da Allendy mein ganzes Vertrauen gewonnen hat, war ich bereit, offen über meine Frigidität zu sprechen. Ich gestehe, daß ich fürchtete, ein Baby zu bekommen, wenn ich beim Geschlechtsverkehr mit Henry Lust verspürte, und glaubte, ich dürfe nicht zu oft einen Orgasmus haben...« Sie bewunderte zunächst diesen »Supermann«, der mit »Intuition und Emotion« sie und ihre Bedürfnisse besser als jeder andere verstand, aber nach ihrem Abenteuer in einem kleinen Pariser Hotel notierte Anaïs enttäuscht, ihm fehle der Sinn für das »Lächerliche, Exaltierte, Verrückte, Phantastische, das Verzehrende, das Feuer, die Ekstase«, die in ihren Augen die sexuelle Vereinigung wesensmäßig auszeichnete.

Mit dem Ausleben der Erotik ging bei Anaïs Nin – genauso wie bei Henry Miller – das nie versiegende Bedürfnis zu schreiben einher. Schreiben bedeutete für den in Paris lebenden Amerikaner alles: »Mich macht der Gedanke verrückt, daß ein Tag ohne Schreiben vergehen muß. Ich werde das nie mehr aufholen. Das ist gewiß der Grund, warum ich mit solcher Vehemenz, solcher Gequältheit schreibe. Es ist Verzweiflung« (Nin/Miller, *Briefe der*

Leidenschaft, 1932–1953). Anaïs korrigierte, kritisierte und unterstützte finanziell den bewunderten Schriftsteller und Liebhaber, dessen These »Kunst ist etwas, das die menschlichen Leidenschaften aufwühlt, das die Augen öffnet und Hellsicht, Mut und Glauben verleiht« sie zur ihrigen machte. Das Symbiosebedürfnis war hier besonders stark: »Mein Wahnsinn ist, daß ich mich unaufhörlich mit anderen identifizieren muß … In mir verschmelzen die Menschen«, schrieb sie damals *(Tagebuch 2)*.

Anaïs' Beziehung zu Hugh Guiler, dem sie, als er einmal ihr intimes Tagebuch entdeckte, vortäuschte, die darin beschriebenen Liebesszenen mit Henry Miller seien nur fiktiv, zwang sie in eine verwirrende Doppelrolle. Für ihn schrieb sie ihr »wahres« Tagebuch, für sich selbst aber, die durch das Ausleben ihrer Sexualität erst richtig lebendig geworden zu sein meinte, zeichnete sie den ihm verschwiegenen Teil der Realität auf. Dennoch war sie bei ihm glücklich, stets zeugt das Tagebuch von ihrem Verlangen nach ihm, wenn sie nach anderen Affären wieder vereint waren: »Als wir heimkamen, bewunderte er meinen Körper, weil er schöner war als das, was er gesehen hatte: Voll neuer Erkenntnisse ließen wir uns gemeinsam in die Sinnlichkeit sinken. Wir töten Phantome.« Und auch: »Alles ist so angenehm zwischen Hugh und mir. Große Zärtlichkeit … Neulich nachts war ich von seinem Verhalten gerührt und versuchte ihn zu entschädigen, indem ich ihm möglichst viel Lust verschaffte.« Erst 1992, nach Hughs Tod, wurden, Anaïs Nins Verfügung entsprechend, die Aufzeichnungen aus jener turbulenten Zeit unter dem Titel *Incest. From a Journal of Love* veröffentlicht.

Der sinnliche Aufbruch, den das ekstatische Liebeserlebnis mit dem Paar Miller in ihr bewirkt hatte, mobilisierte in Anaïs Nin ungeahnte Kräfte: »… Henrys volle Stimme, sein voller Mund. Das Gefühl, im warmen Blut zu versinken. Und er, überwältigt von meiner Wärme und Feuchte. Langsame Penetration mit Pausen und Bewegungen, bei denen ich vor Lust aufkeuche. Ich habe keine Worte dafür; es ist alles neu für mich … Mit Henry bin ich befriedigt. Wir kommen zum Höhepunkt, wir plaudern, essen und trinken, und bevor ich gehe, überschwemmt er mich noch einmal. Eine solche Fülle habe ich noch nie erlebt« (*Henry, June und ich. Intimes Tagebuch*). Ihre Texte und ihre Affären nahmen neue Gestalten an, das assoziative Schreiben, das die Kritiker oft als Formschwäche gedeutet haben, entsprach wohl ihrer sexuellen Entfesselung, in der sich ihre facettenreiche Persönlichkeit widerspiegelte.

Anaïs traf ihren Vater Ende Juni 1933 in Südfrankreich wieder. Diese Begegnung war für sie beseligend: »Ich liebe den Mann, ich liebe ihn mit meiner Seele, ich halte ihn in meinen Armen, in meinem Körper ... den Mann, den ich überall auf der ganzen Welt suchte, der meine Kindheit brandmarkte und mich verfolgt hat. Es waren Fragmente von ihm, die ich in anderen Männern liebte ... und nun war das Ganze da ...« (*Henry, June und ich. Intimes Tagebuch*). Drei Tage lang lebten Vater und Tochter in Valescure nur der Ekstase ihrer Wiederbegegnung. »Ich erinnere mich an die sakrilegischen Kommunionen meiner Kindheit, bei denen ich an Gottes Stelle meinen Vater empfing, die Augen schloß und die weiße Oblate mit seligem Erschaudern schluckte, meinen Vater in mich aufnahm, in einem Durcheinander von religiöser Ekstase und inzestuöser Leidenschaft mit ihm kommunizierte. Alles für ihn ... Ein vulkanischer Lebenshunger – das ist es, woran ich mich erinnere, woran ich noch immer teilhabe, während ich insgeheim eine sinnliche Potenz bewundere, die automatisch die Werte meiner Mutter negiert. Ich bin die Frau geblieben, die den Inzest liebt. Noch immer praktiziere ich mit heiligem, religiösem Eifer die inzestuösen Verbrechen. Ich bin die verdorbenste aller Frauen, denn ich suche in meinem Inzest kultivierte Verfeinerung ... Trotz meines Madonna-Gesichtes schlucke ich Gott und Sperma, und mein Orgasmus ähnelt einem mystischen Höhepunkt.« (*Henry, June und ich. Intimes Tagebuch*)
Die Konkretisierung des Ersehnten im Inzest ließen aber in der jungen Frau ein Gefühl der quälenden Leere zurück: »Den größten Teil meines Lebens habe ich damit verbracht, dem langen, langen Warten möglichst viel Gehalt zu geben. Jetzt verstehe ich

die tiefe Rastlosigkeit, das tragische Gefühl des Versagens, die tiefe Unzufriedenheit ...«, notierte sie im *Intimen Tagebuch*. Die Beschreibung des Vaters und ihrer gegenseitigen Liebe ist durchsetzt mit Fragmenten über Antonin Artaud, dem Begründer des »Theaters der Grausamkeit«, dessen Essay »Das Theater und sein Double« eine nachhaltige Wirkung auf Anaïs Nins Double-Verständnis hatte – eine Filiation und zugleich Zerreißprobe, da Artaud zur inneren Auflehnung gegen alle Vaterfiguren aufrief und zugleich den Inzest als eine surrealistische Tat pries. »Die Hölle ist für jeden Menschen etwas anderes, jeder Mensch hat seine eigene Hölle. Mein Abstieg in das Inferno ist der Abstieg zu irrationalen Schichten der Existenz, wo die Instinkte und die blinden Emotionen herrschen, wo man nur aus dem reinen Impuls, der reinen Phantasie und daher im reinen Wahnsinn lebt«, schrieb Anaïs Nin *(Tagebuch 1)*.

Sie hielt an der Ehe mit Hugh weiterhin fest, setzte das Verhältnis mit June und Henry Miller fort, traf sich mit ihrem Vater, mit ihrem Psychotherapeuten Allendy und mit ihrem Vetter Eduardo. Das Ausleben ihres sexuellen Begehrens, die Vielzahl ihrer Beziehungen, führte sie damals zum Psychoanalytiker Otto Rank, der jahrelang ein getreuer Schüler Freuds gewesen war, bis er wie C. G. Jung die eigene Interpretation seelischer Zusammenhänge fand und sich von ihm trennte. Für Anaïs Nin wurde im Laufe der Analyse klar, daß die innere Befreiung und die erkämpfte Identitätsfindung im kreativen Tun zusammenfließen. »... das Verlorene durch etwas anderes schöpferisch zu ersetzen. Das ist der Künstler ... Alles vom schöpferischen Standpunkt aus zu sehen, meint ein Handeln, das die Grenzen unseres menschlichen Lebens überschreitet und das ganze Leben größer macht ... Nach Rank entsteht aus Nichtschöpfung ebenso ein Schuldgefühl wie aus Zerstörung« *(Tagebuch 1)*.

Der analytische Abstand zu Otto Rank erwies sich auf Dauer als unmöglich. Eine neue Liebesaffäre entspann sich, die um so komplizierter wurde, als Anaïs im Frühjahr 1934 feststellte, daß sie schwanger war. Die Mutterschaft war für sie zunächst eine neue

Erlebnisvariante, aber da sie gleichzeitig zu verschiedenen Männern Liebesbeziehungen unterhielt, entschloß sie sich, das Kind abzutreiben. Der Eingriff war aber offenbar erfolglos, im sechsten Monat suchte sie verzweifelt einen Arzt auf und brachte das Kind tot zur Welt. Diese Erfahrung des Zusammentreffens von Leben und Tod verarbeitete sie in der Erzählung *Geburt*: »Als sie das letzte Mal aus dem Äther gekommen war, sah sie ihr totes Kind, ein kleines Mädchen … Das kleine Mädchen in ihr war ebenfalls tot. Die Frau war gerettet.« Die Frau als Einsame – weder Henry Miller noch Otto Rank und der Vater vermochten von nun an, sie an sich zu binden. Anaïs begann damals in New York selbständig Analysen durchzuführen, wobei die freundschaftliche Beziehung zu ihrem Analytiker ihr sehr nützlich war. Gemeinsam führten sie ein Tagebuch, in das sie wechselweise scherzhafte Blödeleien eintrugen. Lange hielt Anaïs Nin diese Gemeinschaft nicht aus. Im Sommer 1935 beschloß sie, ein Leben zu führen, »das nicht ständig von Rank analysiert wird. Ich möchte nicht immer alles erklären müssen. Ich möchte vor zuviel Bewußtsein, zuviel Wachheit fliehen« *(Tagebuch 2)*.

Von nun an fuhr sie zwischen Paris und New York hin und her. Einfach war dieses Doppelleben gewiß nicht, das sie von der Depression in intensives Schreiben, von sexuellem Abenteuer in künstlerische Kreativität stürzte: »Ich bin ruhelos. Das Abenteuer verzehrt mich. Wenn sich ein Mann so fühlt, ist nichts weiter dabei, aber für eine Frau ist es ein Aufschrei. Wohin ich blicke, sehe ich eine von Männern nach ihren Wünschen gemachte Welt, und ich bin, was Männer sich wünschen … Ich fühle mich so seltsam gelöst, ich fühle in mir selbst keine Grenzen, keine Mauern, keine Ängste« (Tagebuch 2). Gegen die ständige Selbstbeobachtung im Analysieren bevorzugte sie nun »das Vergnügen verschiedenartiger Beziehungen … Es war, als hätte der Krebs in mir aufgehört, an mir zu nagen, der Krebs der Innenschau.« *(Tagebuch 2)* Eine Reise mit Hugh Guiler nach Marokko im April 1936 ließ sie die »Leidenschaft für das Geheimnis, das Unbekannte, das Unendliche, das Gesetzlose« entdecken *(Tagebuch 2)*. Ihr Leben in

New York mit dem Ehemann gestaltete sich harmonisch – gleichzeitig lebte sie als Madame Miller mit Henry in Clichy. »Wann immer ich das Gefühl hatte, zwischen zwei Dingen wählen zu müssen, lief es darauf hinaus, daß alles inbegriffen war. Niemals wollte ich das eine ergreifen und das andere vernachlässigen« *(Tagebuch 2)*. Ihr Durst nach Unabhängigkeit war zugleich ihr Verhängnis, wie sie im Herbst 1937 notierte: »Ich kann mich nicht aufgeben. Ein Teil von mir bleibt immer Anaïs Nin. Der Wunsch, mit anderen zu sein, mit ihnen zu verschmelzen, Konzessionen und Kompromisse zu machen, tötet mich … Diese Unfähigkeit, sich zu ändern, zu bleiben, was man ist, ist für eine Frau zutiefst schmerzlich.«

Komplex gestaltete sich auch Anaïs Nins Beziehung zum peruanischen Sänger und Gitarristen Gonzalo More, der in der Kommunistischen Partei tätig und ihren bisherigen intellektuellen Liebhabern genau entgegengesetzt war: »Er ist ein Tiger, der träumt, der Inka mit den kohlschwarzen Augen, dem wilden schwarzen Haar … mit einem strahlenden, kindlichen Lächeln. Ein Mystiker, Träumer, fürstlich und tief, eine geheimnisvolle Kraft. Und bei alldem durchaus irdisch … Auf spanisch höre ich Worte mit meinem Körper, meinen Sinnen, meinem Blut, nicht mit dem Verstand« *(Tagebuch 2)*. Gonzalo und Anaïs ergänzten einander aufs beste – er war für sie geradezu ein Heilmittel gegen den Zwang des Zergliederns von seelischen Phänomenen, sie eröffnete ihm die Welt des Betrachtens und Befragens. Damals hatte Anaïs schon ihren Traum vom Leben in einem Hausboot verwirklicht, »La belle Aurore« am Pariser Seine-Ufer war ihr Zuhause geworden. Dort fanden nunmehr geheime politische Treffen statt, unter anderem auch mit Pablo Neruda. Das Geld, das sie regelmäßig von ihrem Ehemann erhielt und für soziale Taten bestimmte, wurde jedoch weitgehend von Mores angeblich »sterbenskranker« Frau Helba, einer Tänzerin, schamlos in Anspruch genommen. »Warum verbinde ich mich mit zerstörerischen Naturen?« fragte sich Anaïs immer wieder, »und warum bekämpfe ich sie? Als ich Henry und June kennenlernte, war es dasselbe. Ich betrat ein Inferno finsterster Zerstörung. Und warum, wenn sie mich anziehen, gehe ich nicht ihre Wege, werde ich nicht destruktiv, warum gebe ich den Kampf nicht auf, sie zu ändern?« *(Tagebuch 2)*. War es, um sich von den eigenen zerstörerischen Tendenzen zu befreien, von der eigenen Angst und Unsicherheit? Bis zum Schluß half sie dennoch diesem couple infernal und besorgte ihnen sogar ein Einreisevisum in die USA, als die politische Lage in Spanien sich zuspitzte und die Vorzeichen des Zweiten Weltkriegs sie zwangen, aus Europa zu fliehen.

Auch Anaïs Nin verließ nach Kriegsausbruch 1939 Paris und kehrte mit ihrem Mann in die Vereinigten Staaten zurück. Für die Freunde, die bereits im amerikanischen Exil waren, hatte sie so viele Geschenke eingekauft, daß sie schließlich die Luftfracht für ihre eigenen Tagebücher nicht mehr zahlen konnte. Die Hälfte blieb zunächst in einem Pariser Banksafe zurück, später wurden die verschlossenen Stahlkassetten in einer ländlichen französischen Bahnstation aufbewahrt, bevor sie in die USA überführt wurden.

Anaïs fiel die Trennung vom Vater, der zu dieser Zeit in Spanien lebte und später nach Kuba zog, ausgesprochen schwer: »Wir wissen, daß wir von einer Lebensform Abschied nehmen, die es nicht mehr geben wird... Dies ist das Ende unseres romantischen Lebens«, schrieb sie *(Tagebuch 2)*. Sie sah ihn nie wieder. In der Erzählung *The Winter of Artifice* (1939) setzte sie ihm ein literarisches Denkmal: »Stärke, Kräfte ... hatten sie getrieben, ihren Vater zu verlassen, um den fatalen Kreis des Verlassenwerdens zu schließen.« Die Ablösung vom Double war erfolgt.

Ihre neue Heimat bildeten die nach New York übergesiedelten europäischen Künstler und Schriftsteller Miller, Breton, Max Ernst, Yves Tanguy und andere Surrealisten. Die Trennung von Europa fiel Anaïs Nin schwer: »Als wir im Begriff waren, uns unserer Reife zu erfreuen, in Europa, in einem Land, das die Reife liebt und würdigt, wurden wir alle entwurzelt und in ein Land verpflanzt, das nur Jugend und Unreife liebt: das ist unsere Tragödie.« *(Tagebuch 3)*

Unbehagen und Vereinsamung waren die Folge. 1942 gründete Anaïs Nin mit Gonzalo More einen kleinen Verlag mit eigener Druckerei, die »Gemor Press«. Der Verlag bestand über fünf Jahre lang, aber Gonzalos zudringliche Liebe und sein unprofessionelles Verhalten brachten sie schließlich dazu, das Unternehmen aufzugeben: »Gonzalo kann nichts konstruieren. Ginge er in den Krieg, er würde wild drauflos stürmen wie ein Wahnsinniger und wahrscheinlich sinnlos und blindlings sterben an einem Irrtum.« *(Tagebuch 2)*

Anaïs Nin begann nun, ganze Teile ihres Tagebuchs zu einem »Roman fleuve« umzuarbeiten, wovon der erste Band 1945 unter dem Titel *Dieser Hunger* mit Holzschnitten von ihrem Ehemann Ian Hugo erschien. Ihre Intimsphäre verlagerte sich in jenen Jahren immer mehr in den »Underground«, wo sie mit Künstlern, Schriftstellern, Homosexuellen, die sie ihre »Söhne« nannte, da sie alle viel jünger waren als sie, heftige Liebesbeziehungen unterhielt. »Mit jungen Menschen lebt man in der Zukunft. Das ist mir lieber ... Die Anwesenheit der Jungen ... macht aus einer bedrückenden, endgültigen, erstarrten Welt eine veränderliche Welt, die immer die Möglichkeit bietet, wunderbar, formbar, veränderungsfähig, noch erschaffbar zu sein« *(Tagebuch 4)*.

Henry Miller, dessen chronischer Geldmangel ihn dazu gebracht hatte, für einen Sammler von erotischen Texten sehr gutbezahlte pornographische Erzählungen zu schreiben, forderte damals seine Freunde auf, desgleichen mit ihm gemeinsam zu tun. Anaïs Nin stieg gleich ein, das finanzielle Angebot war verlockend, und sie brauchte viel Geld, um ihre »Söhne« zu unterstützen, dennoch wollte sie ihre eigenen Erfahrungen keineswegs dafür verwenden: »Ich wollte nicht Selbsterlebtes preisgeben und beschloß eine Mixtur aus Gehörtem und Erfundenem zu fabrizieren, jedoch so zu tun, als stammten die geschilderten Episoden aus dem Tagebuch einer Frau« *(Tagebuch 3)*. Ihre Mixtur schien den Sammler nur teilweise zu überzeugen, wie wir aus ihrem Tagebuch erfahren: »Ich bin sicher, daß der alte Mann von den Seligkeiten, Verzückungen, blendenden Rückstrahlungen geschlechtlicher Begegnungen nichts weiß. Lassen Sie die dichterische Verbrämung weg, das ist seine Botschaft. Klinischer Sex, aller Liebesglut, Orchestrierung der Sinne des Gefühls, Gehörs, Gesichts, Geschmacks, aller euphorischen Begleiterscheinungen, musikalischen Hintergründe, Stimmungen, atmosphärischer Veränderungen beraubt, hat ihn gezwungen, seine Zuflucht zu literarischen Aphrodisiaka zu nehmen ... Und wie sehr haben wir ihn geschmäht, weil er uns fast dazu trieb, Keuschheitsgelübde abzulegen, indem er verlangte, daß wir auf all das verzichten, was unser Aphrodisiakum ist – die Dichtung« *(Tagebuch 3)*. Der die »Erotik steigernde dichterische Flug« war aber für Anaïs unerläßlich. Stets war für sie das Imaginäre die wesentliche Grundlage der Erotik, die verschiedene Facetten haben konnte: »Die Homosexuellen schreiben so, als seien sie Frauen und befriedigen auf diese Weise ihre Sehnsucht danach, Frauen zu seien. Die Schüchternen schildern Orgien. Die Frigiden fabulieren über rasenden Genuß. Die Poetischen frönen Bestialität und die Reinsten schwelgen in Perversionen« *(Tagebuch 3)*.

Die Grundthemen ihres Tagebuchs – Ich, Weiblichkeit, Neurose, Freiheit, die Verquickung von Kunst und Leben – durchziehen auch ihre damals entstandenen Prosawerke. Aus dieser Zeit stammt *Das Delta der Venus*, ein Meisterwerk der erotischen Literatur.

Zu ihren weiteren kurzen erotischen Geschichten bemerkte sie schmunzelnd: »Wenn ich eine sinnliche oder poetisch-erotische Beschreibung gab, beschwerte sich der Klient; ich fing deshalb an, mit heimlicher Ironie zu schreiben, exotisch, erfindungsreich zu werden und derart zu übertreiben, daß ich glaubte, er müsse es bemerken, daß ich Sexualität karikierte. Doch ein Protest erfolgte nicht« (*Das Delta der Venus*, Vorwort). Beim Schreiben dieser Texte galt das gleiche wie bei der Ausgestaltung anderer: »Ich schreibe wie ein Medium; ich fürchte Kritik, weil ich fürchte, sie zerstört meine Spontaneität ... Ich lebe vom Impuls und von der Improvisation, und ich will auch so schreiben« *(Tagebuch 4)*. Nie vergaß sie, an die Nachwelt zu denken: »Ich schaffe einen Mythos und eine Legende, eine Lüge, ein Märchen, eine verzauberte Welt und eine, die jeden Tag zusammenbricht und mir das Gefühl gibt, den gleichen Weg wie Virginia Woolf zu gehen« *(Tagebuch 4)*. Das Tagebuch war zum Werk geworden.

1946 erschien *Leitern ins Feuer*, das einem jungen Autor und Lektor eines renommierten New Yorker Verlags gewidmet war, Gore Vidal, einem ihrer »Söhne«, für den sie eine Bresche schlagen wollte. Anaïs idealisierte zweifelsohne den verschlossenen, homosexuellen Zwanzigjährigen, wollte ihm helfen, sich zu befreien, zu sich selbst zu finden. Der Gegenzug des jungen aufsässigen Autors führte zum Bruch: In Gore Vidals 1948 erschienenem Roman *Die Stadt und der Pfeiler* wird sie, die ewig Junge, als mütterliche Gestalt mit Falten im Gesicht beschrieben. Unter dem Vorwand, er zeige nur das Häßliche des Lebens und sie selber brauche Gefühl, Poesie und Illusion, trennte sich Anaïs von ihm. Vorgemacht hatte sie sich selber nichts: »Die Schutzmechanismen, die die Menschen errichten, werden ihnen zur Falle. Ich glaube, ich liebe an den Jungen, daß sie noch keine Verkleidungen und Masken geschaffen haben. Das Tagebuch entstand aus der Angst, daß es mir genauso ergehen würde wie allen anderen um mich herum. Die wirkliche Anaïs ist im Tagebuch zu finden. Sogar die destruktive Anaïs, die es im Leben ablehnt zu zerstören.« *(Tagebuch 4)*

Der ehrgeizige Kulturbetrieb in der Metropole, der unbarmherzige Wettkampf im Künstlermilieu und die menschlichen Enttäuschungen, die der Erfolg mit sich brachte, hatten Anaïs Nin im Laufe der Zeit immer empfänglicher für Natur, Ungebrochenheit und »wahres Leben« gemacht. Als sie 1947 dem siebzehn Jahre jüngeren Rupert Pole begegnete, dem Sohn eines Schauspielers aus dem Westen, der noch nie etwas von ihr gelesen oder gehört hatte, willigte sie gleich ein, ihn in seinem Ford auf die Reise ins »wahre Amerika«, nach Kalifornien, zu begleiten. »Die Reise in den Westen hatte mich von dem Gift New Yorks befreit… Am liebsten wäre ich für immer geblieben« *(Tagebuch 4)*. Bezeichnenderweise hatte sich auch Henry Miller damals in Big Sud, weitab von der Zivilisation, niedergelassen. Einige Monate lang lebte Anaïs in Mexiko, dessen Sprache und sinnliche Lebensführung sie faszinierten: »Acapulco ist eine Droge für das Vergessen ... als ich im tropischen Meer schwamm ... erinnerte ich mich an die Definition des Wortes ›tropisch‹: es bedeutet ›drehen‹, ›wechseln‹, und ich fühlte, hier würde eine neue Frau geboren werden.« *(Tagebuch 4)*

Die Dualität, die sie zeitlebens bestimmt hatte, nahm nun eine »etablierte« Form ein. Sie lebte fortan in New York an der Ostküste mit Hugh Guiler, der 1949 die Bank verließ, um als Graphiker und Filmemacher zu leben, und in San Francisco an der Westküste mit Rupert Pole, der nach der Ausbildung in Harvard es vorgezogen hatte, Förster zu werden. Geschrieben hat Anaïs Nin an beiden Orten. Ihre Erinnerungen an die New Yorker Jahre des »Underground« hielt sie im Roman *Ein Spion im Haus der Liebe* fest.

Das Experimentieren mit offenen Augen war immer Anaïs' Devise gewesen, der Lebensentwurf mußte stets neu riskiert werden. In der Analyse, die sie seit 1951 mit der New Yorker Psychoanalytikerin Inge Bogner machte, war ihr klar geworden, daß sie bislang »immer für und durch andere gelebt« hatte *(Tagebuch 5)*. Die Erkenntnis, daß das Individuum nur in sich selbst Halt und Sicherheit finden kann, half ihr, die eigene Rätselhaftigkeit zu durchschauen und zu bewahren. Die psychologischen Einsichten und Erklärungen, die ihr Tagebuch und ihr Werk als eine literarische Bearbeitung verschiedener Lebensabschnitte durchziehen, sind ein Zeugnis dafür. Auch die in den siebziger Jahren publizierte Vortragssammlung *Plädoyer für den empfindsamen Mann*, die die Überschreitung tradierter Konzepte behandelt, ist ein glühendes Plädoyer für das Wagnis eines individuellen Lebensentwurfs.

Die Begegnung mit der Dozentin für kreatives Schreiben, Marguerite Young, die die Untrennbarkeit von Traum, Irrationalem, Mythos und Faktizität vertrat, war von entscheidender Bedeutung für Anaïs Nin. Auch Renate Drucks, eine in Wien geborene

Malerin, deren Haus in Malibu zum Treffpunkt der Gegenkultur des Happenings war, übte auf sie einen großen Einfluß aus, sie wurde sogar ihre Vertraute in allen Lebensfragen – die erträumte Zwillingsphantasie wurde hier zur Wirklichkeit. Beide kreative Frauen hatten eine intensive Bindung an ihren Vater erfahren, beide suchten in der Ekstase beginnender Liebe ein Gefühl der Selbsterneuerung.

Das Leben zwischen New York und San Francisco, zwischen zwei so unterschiedlichen Männern – Hugh drehte experimentelle surrealistische Filmgedichte, die erst später große Anerkennung fanden; Rupert lebte in den Wäldern und engagierte sich für ökologische Fragen – führten zu entsprechenden finanziellen Problemen. In Kalifornien hielt Anaïs Vorträge und nutzte die Ruhe aus, um zu schreiben. In New York hingegen trat sie als kreative und kritische Autorin auf. Beide Männer wußten oder wollten nichts wissen von Anaïs' Doppelleben. Sie schien dafür eine geglückte Form gefunden zu haben.

Die Tagebücher spiegeln leider nur teilweise die Fakten wider. Der Entschluß, die Tagebücher später doch zur Veröffentlichung freizugeben, brachte Anaïs Nin dazu, die Beschreibung intimer Verhältnisse wegzulassen, niemand sollte verletzt werden, besonders Hugh nicht. Verständlich, aber erstaunlich zugleich ist Anaïs' Selbstdarstellung als alleinstehende Frau. Einen sie liebenden und finanziell sie stets unterstützenden Ehemann gibt es im Tagebuch nicht, auch an der Westküste scheint sie einsam zu leben – Hugh Guiler und Rupert Pole werden in den Aufzeichnungen totgeschwiegen.

1954 ernannte Anaïs Nin den Literaturagenten Gunther Stuhlmann – »er ist ein intelligenter Mann, der Literatur liebt« *(Tagebuch 6)* – zum Herausgeber ihrer Tagebücher. Die Veröffentlichung im Jahre 1966 – Anaïs Nin war bereits dreiundsechzig – bewirkte endlich den großen Durchbruch. Innerhalb einer Woche war die erste Auflage von 5000 Exemplaren vergriffen. »April, Mai, Juni haben alle Enttäuschungen der Vergangenheit ausgelöscht«, schrieb sie. »Ich erhielt wunderbare Besprechungen …

Sprach im Barnard College vor einem überfüllten Saal. Es gab eine Sendung im Camera Three mit realitätsgetreuen Kulissen von Louveciennes, und ich las aus dem Tagebuch... Plötzlich herrschten Freude, Feiern, Lob; es gab Einladungen zu Vorlesungen, Interviews, und man schickte mir Blumen.« *(Tagebuch 6)* Der weltweite Erfolg ihrer Tagebücher ermöglichte ihr jetzt, langgehegte Reiseträume zu verwirklichen, nach Japan, Haiti, Tahiti und Bali. Anaïs Nins Ruhm als »Befreierin der Frauen« nahm ständig zu, von vielen auch mißverstanden, denn eine Feministin war sie gewiß nicht. In vielem glich sie der von ihr so verehrten Lou Andreas-Salomé, die sie stets als großes Vorbild hinstellte. Die militant gebrauchten Begriffe »weiblich« und »männlich« stießen auch bei Anaïs Nin eher auf Ablehnung: »Es gibt keinen Grund, warum sich die Menschen an die alten Stereotypen von Männlichkeit und Weiblichkeit halten sollten ... Es wäre gut, diese Begriffe wegzulassen und sie durch psychologische zu ersetzen; es gibt Persönlichkeiten, die immer abhängig sein werden; manche Männer denken irrational, manche Frauen sind kämpferisch ... Ich glaube an das Paar – an zwei Menschen, Frau und Mann, oder Mann und Mann oder Frau und Frau, die darangehen, ein Gleichgewicht zwischen ihnen herzustellen und so den Problemen des Lebens zu begegnen.« *(Tagebuch 7)* Ende 1974 unterzog sich Anaïs Nin einem leider aussichtslosen chirurgischen Eingriff – der Entfernung eines bösartigen Unterleibstumors. Sie wußte, daß keine Aussicht auf Heilung bestand. Rupert Pole gab daraufhin seinen Beruf auf, um Anaïs zu Hause zu pflegen. Er kochte für sie, wusch ihren gequälten Körper, arbeitete an der Herausgabe ihrer letzten Tagebücher und brachte ihr erfinderisch junge Studenten ins Haus, mit denen sie sich schöpferische Fragen unterhielt. Ihre letzten Tagebucheintragungen diktierte sie zum Teil. Sie sind mit der Widmung versehen: »Möge dieses Tagebuch Liebe und Leben Rupert bringen, der Liebe meines Lebens.«
Anaïs Nin starb am 14. Januar 1977 in Los Angeles. Ihrem Wunsch entsprechend verstreute Rupert Pole ihre Asche von einem Hub-

schrauber aus über den Pazifischen Ozean. In New York und Los Angeles erschien jeweils eine Todesanzeige, die Hugh Guiler bzw. Rupert Pole als Ehemann auswies; an beiden Orten fand eine Beerdigungsfeier statt, beide Männer erbten zu gleichen Teilen. Bis zum Schluß war Anaïs ihrem Double-Dasein treu gewesen. Eine der letzten Tagebucheintragungen resümiert ihr Leben: »Ich erzählte mir die Geschichte eines Lebens, und dies verwandelte Ereignisse, an denen man zerbrechen kann, in ein Abenteuer. Alles wird zu einer mythischen Reise, auf die sich jeder von uns begeben muß, die innere Reise, jene Reise, die in der klassischen Literatur durch das Labyrinth führt. Und dann beginnt man, die Ereignisse als Herausforderung des eigenen Muts zu sehen, und ich sage nicht, daß wir alle Helden sind, sondern nur, daß wir diese Reise beenden und daran glauben, daß es einen Weg gibt, der aus diesem Labyrinth herausführt.« *(Tagebuch 7)*

Die legendären Tagebücher der Anaïs Nin, in der manche die Priesterin der Erotik und der befreienden Sexualität sahen, sind aber nicht unter dem Gesichtspunkt der »Schlüssellochperspektive« zu lesen. Gewiß haben die darin enthaltenen erotischen Passagen einen wichtigen Stellenwert, insbesondere im *Journal intime* der ungestümen Pariser Jahre, aber letztlich ist nicht die voyeuristische Enthüllung, sondern das Bekenntnis einer modernen Frau auf der Suche nach sich selbst vorrangig.

Von Erotik bestimmt ist auch das Tagebuch einer der renommiertesten italienischen Schriftstellerinnen unseres Jahrhunderts. ELSA MORANTE (1918–1985), Ehefrau des berühmten Schriftstellers Alberto Moravia, bekannt vor allem durch ihr Werk *La Storia* (1974), hat sechs Monate lang, vom 19. Januar bis zum 30. Juli 1938, ein Tagebuch über ihre Sehnsüchte, Begierden, Träume, Verlassenheit geführt – ein kurzer Zeitraum, der auf einzigartige Weise die Höhen und Tiefen der wechselvollen Beziehung der beiden Schriftsteller kristallisiert. Der ursprüngliche Titel *Lettere ad Antonio* wurde gestrichen zugunsten von *Diario 1938*, da dieser obsessive Monolog der jungen Autorin die charakteristischen

Merkmale des Tagebuchgenres aufweist, nämlich »forschende Introspektion und keine überschwengliche Mitteilsamkeit«, wie die Herausgeberin Alba Andreini schreibt.

Das *Diario 1938*, das erst auszugsweise 1988 in der »Cronologia delle Opere« von Elsa Morante bei Mondadori, Mailand, erschien (für die deutsche Ausgabe 1990 wurde der Titel *Traumtagebuch* gewählt), schildert ebenso wie Anaïs Nins Tagebuch den mutigen Weg einer Selbstfindung. Darin analysiert Elsa Morante ihre Beziehung zu Moravia und zugleich auch ihr schmerzvolles Verlangen, daraus auszubrechen. Ästhetische Überlegungen über den Zusammenhang von Imagination und Traum und Aufzeichnungen über die Schriftsteller in ihrem Umkreis durchziehen diesen ungewöhnlichen Text.

Die 76 Seiten, die in einem Guß geschrieben wurden, sind ein Schrei nach Leben und Liebe. Das *Traumtagebuch* sprengt den »kreativen Rahmen« von Elsa Morantes Werk. Nicht Literatur, sondern aufgerissenes Leben kommt in diesen Aufzeichnungen zu Wort, die sich größtenteils als morgendliches Festhalten eines Traums darstellen. Dabei geht es nicht um Eintragungen über das Intimleben, sondern um das Abenteuer der Selbstfindung, die in den Träumen unleugbar zum Ausdruck kommt. Für Elsa Morante selbst waren die Träume eine »magische Transposition unseres Lebens, die vielleicht noch bedeutsamer ist als das Leben selbst, da bereichert um die Kraft der Imagination«. So schreibt auch Alba Andreini in ihrem Vorwort über das *Diario 1938*, es sei eine »Transkription ungreifbarer Geschehnisse, der Fetzen einer labyrinthischen nächtlichen Reise in das ›Anderswo‹ des Irrationalen«.

Elsa Morante wurde 1912 in Rom als Tochter einer Grundschullehrerin jüdischer Herkunft geboren und wuchs im Haus ihres Stiefvaters auf, der Lehrer in einer Besserungsanstalt war. Kurz nach dem Abitur verließ sie die Familie, um an der Philosophischen Fakultät ein Studium zu beginnen, das sie wegen finanzieller Schwierigkeiten bald abbrach. Damals veröffentlichte sie schon Gedichte und Erzählungen in der Wochenzeitschrift *Oggi*.

1936 lernte sie Alberto Moravia kennen, zu dem sie sich in stürmischer, aber auch quälender Leidenschaft hingezogen fühlte. 1941 fand die Heirat statt – Elsa Morante drängte als gläubige Katholikin dazu, die Verbindung zu legalisieren.

1948 erschien Elsa Morantes erster Roman *Lüge und Zauberei*, der mit dem »Premio Viareggio« ausgezeichnet wurde und eine Familiengeschichte aus Süditalien und den Rückzug des jungen Mädchens Elisa in eine erdachte Welt von Träumen und Phantasien behandelte. Wie die Autorin später, 1968, in einem Interview preisgab, hatte sie dabei an Cervantes *Don Quijote* und Ariosts *Rasenden Roland* gedacht: »Ich wollte den letzten möglichen Roman schreiben, den letzten Roman der Welt, und natürlich auch meinen letzten Roman.« Ihre Prosakunst wurzelte in der europäischen Tradition: Homer, Cervantes, Melville, Tschechow und Verga waren ihre Vorbilder. Ähnliches gilt für den Roman *Arturos Insel* (1957), für den sie den »Premio Strega« erhielt. Die Ergründung von Ersehntem und Erträumtem fesselte sie. Diese Dimension kam bereits geradezu ungestüm in ihrem Tagebuch des Jahres 1938 zum Ausbruch, das Calderons Maxime »Das Leben ist Traum« als Motto hatte. Im Mittelpunkt der Aufzeichnungen steht, neben der Mutter, Alberto Moravia. Das Zusammenleben des Paares war oft von Krisen geschüttelt. Pier Paolo Pasolini, ein unersetzlicher Freund, stand damals beiden sehr nahe und unternahm 1961 mit ihnen eine Reise nach Indien. Kurz darauf trennte sich das Ehepaar.

Die folgenden Jahre brachten eine gewisse Unruhe in Elsa Morantes Leben – sie knüpfte mehrmals kurzfristige Beziehungen zu jungen Intellektuellen an, die sie jedoch nicht zu erfüllen vermochten. Die Einsamkeit wurde immer bedrängender. Weite Reisen, neue Erlebnisse und ein intensives politisches Engagement (sie nahm beispielsweise 1978 mit einem Brief an die Brigate Rosse öffentlich Stellung zur Entführung Aldo Moros) kennzeichneten fortan ihr Leben. So ist ihr Roman *La Storia* als »ein globaler Protest gegen die Geschichte, … als zerstörende und schicksalhafte Gewalt, die vor allem das Leben der schutz- und hilflosen kleinen Leute, denen die ganze Sympathie der Autorin gilt, zermahlt, zu verstehen« (Manfred Hardt). Ihr letzter großer Roman *Aracoeli* (1976 begonnen, 1982 veröffentlicht) endet in einer entschiedenen Negativität – so wie ihr eigenes Leben. 1980 erlitt Elsa Morante einen Oberschenkelhalsbruch. Die langwierigen, schmerzvollen Operationen brachten keine Heilung – sie konnte nicht mehr gehen. Nach einem vereitelten Selbstmordversuch starb sie im November 1985 an einem Herzinfarkt.

Elsa Morantes spezifisch weibliche Art, die Realität zu beobachten, kommt im karierten Schulheft mit schwarzem Umschlag, das nach ihrem Tod den nüchternen Titel *Diario 1938* erhielt, unverhohlen zum Ausdruck. Diese Aufzeichnungen, die zum vertrauten Partner ihrer Träume und ihres Begehrens wurden – »offenbar … wird mein Leben immer stupider, eine Sklaverei und ein Sehnen der körperlichen Bedürfnisse: der materiellen und sexuellen« (19. Januar 1938) –, geben zunächst die mannigfachen Facetten der frustrierten, verletzten weiblichen Identität der berühmten Schriftstellerin preis: »Ob ich bevor ich sterbe, noch einen Mann kennenlernen werde, der (+++). Ich fürchte, ich würde seine Sklavin werden, doch welch Entzücken! Und wenn es A. selber wäre? Er hätte nicht den Mut dazu (+++). Mein Leben ist elend. Ich müßte diese Dinge befriedigen, und sei es nur, um nicht mehr daran zu denken. Aber mit wem? (+++) Es ist ein Elend, sich so tief in derartige Gedanken zu verstricken.« Und wenig später: »Seltsam, während im Traum bestimmte Bedürfnisse befriedigt werden und man die ganze Freude der Befriedigung empfindet, wacht man plötzlich auf und stellt fest, daß in der Wirklichkeit dasselbe Bedürfnis unbefriedigt geblieben ist. Gibt es also besondere, traumeigene Sinne?« Auch die Sehnsucht nach schützender Mütterlichkeit als eine Rückkehr zum bergenden Schoß kommt darin zum Ausdruck, und zwar so eindringlich, daß sie fast dem erotischen Verlangen gleichkommt: »Drei Dinge sind mir von diesen Nächten im Sinn geblieben. Die Gesichter meiner Mutter, mein nackter Körper, schmächtig, zart und unschuldig in seiner Adoleszenz, vor dem Glasfenster und jenes langgestreckte Haus

...« (28. Januar). Und weiter: »Immer wieder kommt in diesen Träumen meine Mutter vor. Erinnerung beim Überqueren der Straße mit den Bahngeleisen, beim Gang durch die kleinen arabischen Gassen. Es ist seltsam, daß ich jetzt nicht mehr weiß, ob ich sie schon andere male geträumt habe. Oder im Leben durch sie gegangen bin. Verschmelzen Leben und Träume zuweilen in der Erinnerung?« (2. Februar). Das Mutter-Motiv läuft geradezu kontrapunktisch zum Erotischen: »Eine düstere Zuneigung zog mich zu meiner Mutter hin, schon Besitz der Häßlichkeit und des Verfalls, die viele Jahre lang das Ende des Todes vorbereiten« (3. März).

Die wandelbaren, visionären Regungen der Seele, der hartnäckige Traum von Liebe, von physischer wie seelischer Vereinigung mit dem allgegenwärtigen Alberto Moravia, dem all ihr Verlangen galt, klingen verzweifelt: »Im Traum A. sehr freundlich, liebevoll, menschlich. Vor dem Schlafengehen hatte er zu mir gesagt, daß mein Atem schlecht riecht (weil ich dauernd billige Liköre und Weine trinke). Aber er hatte es ziemlich roh gesagt, sich dabei die Nase zusammengehalten und das verzogene Gesicht von mir abgewandt, und daß er mich deshalb nicht lieben könnte. Nur einen Augenblick lang hatte er es bereut und mir zärtlich, lächelnd, über die Wange gestrichen. Außerordentlicher Schmerz, Gefühl von Alptraum. Im Schlaf wurde jene kurze, von Lächeln begleitete Liebkosung zu einer großen Zärtlichkeit seinerseits, zur Liebe. Jener flüchtige Trost wird zu einem wahren, tiefen Trost« (1. Februar). Morantes »laszive Verirrungen« sind dennoch klarsichtig, illusionslos: »A. liebt mich nur, wenn ich fliehe, aber ich kann nicht fliehen. Ich habe kein Geld. Er ist berühmt und reich, in wenigen Tagen fährt er nach Paris. Außerdem ist er immer verschlossen und finster. Er wird nach Paris fahren, um seinen gegenwärtigen Triumph zu feiern, und ich? Eine schreckliche Einsamkeit, ich stürze ab... Ich muß so tun, als schenkte ich ihm keine weitere Beachtung, damit er mich dann sucht, mir folgt. Verzweifelte Flucht, verzweifeltes Versteckspiel. Warum müssen wir so sein? ... Meine Schönheit, die noch einer Heranwachsenden gleicht – wie alles rechtzeitig erfassen? Alter und Tod machen mir Angst« (17. Februar). Diese quälende Einsicht führt zu Ersatzträumen wie jener vom »Tal der kleinen Prostituierten«, der einen Versuch darstellt, den eigenen Frustrationen eine Szenerie des Begehrens und der Erfüllung zu vermitteln. »Gestern abend vor dem Einschlafen weinte ich vor Wut, weil ich Lust zu lieben hatte, aber A. mit V. zu Besuch gekommen war. Dauernde nicht befriedigte Erregung, übrigens (+++) er in meiner Gegenwart – und gibt mir keine Lust – Mein Wunsch und Bedürfnis, und mehr als alles die lange Begierde zu (+++), bisher nur im Traum befriedigt. Aber ich muß mich von diesen Gelüsten und Träumen befreien. Ich will andere Träume, ein anderes Leben. Meine Träume enthüllen mir ständig die schmutzigen Strömungen meines Lebens, die niedrigen Herren, die es gefangen halten«, notierte Elsa Morante in ihr Tagebuch. Dramatisch war der Widerstreit zwischen Schuld und Sühne: »Oft sind Träume nächtliche Prozesse, in denen über alles gerichtet wird, was man sich am Tag hat zuschulden kommen lassen. Wie man sich anklagt, sich verurteilt! Und man entdeckt sich jeden Tag etwas mehr. Heute kenne ich bestimmte Gemeinheiten, bestimmte Niederträchtigkeiten von mir besser als gestern« (20. Januar). Immer wieder nahm sie auch in den Tagebuchaufzeichnungen Zuflucht zu religiösen Bildern: »Heute nacht suchte ich meine Kirche, mit dem Altar der Schmerzensreichen Muttergottes, die ein Herz im Strahlenkranz, aus Gold, auf der Brust trägt; aber vergeblich« (16. März).

Es setzt sich aber das lebensspendende Prinzip der begehrenden, aufzehrenden Erotik durch, die im Traum wie in der Wirklichkeit stets ihre Nähe zum Tod aufzeigt und in den Tagebuchaufzeichnungen verschiedene Gestalten annimmt: die eines toten Fisches, eines toten Kindes, der toten Mutter und schließlich auch des toten Liebhabers: »Ist mit A. wirklich alles zu Ende? Er ist abgereist ... vielleicht ist das ein Scherz, ein Alptraum. Ich bin krank, während seiner Krankheit hatte ich grauenvolle Träume, daß er verreisen mußte, ich ihm aber nicht folgen konnte ... In Wirklichkeit ist er genesen, ist gekommen und hat gesagt: ›Seit einem Jahr sind wir Liebende und haben nur miteinander gelitten. Es ist besser damit aufzuhören. Denk nicht mehr an mich. Ich verreise, und Du darfst nicht mitkommen ...‹ Er ist nochmals gekommen, dann ist er abgereist. Drei Tage lang habe ich nicht aufgehört zu zittern. Es kann nicht wahr sein. Ich warte auf ihn. Komm bald zurück, Alberto. Maria, Du Wundertätige, laß ihn bald zu mir zurückkehren« (5. April). Wenn andere Arten der Liebe bei Elsa Morante zum Scheitern verurteilt schienen, stellte sich um so obsessiver die Suche nach der Mutter ein: »Neulich nachts sagte ich verzweifelt zu meiner Mutter: ›So viele Jahre lang habe ich dich in meiner Nähe gehabt und dich nicht gesucht! Ich suchte Alberto! Aber wer ist er denn? Ein gefühlloser, geiziger Egoist! Und du warst doch da, du warst da!‹ Schweißgebadet bin ich aufgewacht, mit einem heftig stechenden Schmerz auf der linken Seite. Soweit ich mich erinnern kann, habe ich nur selten solche Angst empfunden« (22. April). Der drohende und quälend antizipierte Bruch mit Alberto Moravia wurde aber nicht ganz vollzogen: »A. kommt jeden Tag und sucht dauernd meine Gesellschaft. Ich selber suche ihn auch, ich weiß wahrhaftig nicht, wieso, da ich nicht mehr in ihn verliebt bin«, schrieb die scheinbar Ernüchterte am 29. Mai.

Die letzte Eintragung am 30. Juli 1938: »Heute nacht habe ich von den rosa Blüten geträumt«, läßt die Hoffnung auf das Wunder einer Verklärung durchschimmern. Elsa Morante hat – ähnlich wie Catherine Pozzi – geschrieben, um nicht vor Einsamkeit zu sterben. Auch sie stellte ihre Sehnsüchte und Wunschträume als Schutzwall gegen die schmerzvolle Realität. Ihre Traumwanderungen erinnern an den von ihr so verehrten Calderon de la Barca »Por que la vida es sueño y los sueños, sueños son.«

»Es gibt zwei verschiedene Sorten von Schriftstellern; für die einen hat ihre Literatur die Funktion der Selbstausstellung, für die anderen die der Selbstmaskierung. Zu den letzteren gehöre ich. Verstecken, Verdrehen der Probleme, Verstecken hinter Rollen, Wunschträume. Vielleicht ist diese Form die radikalste der Selbstzerstörung…« (Undine Gruenter) Wunschträume und Sehnsüchte begleiten die tiefen Einsichten, die literarische Introspektion und die Literaturrezeption, die das Tagebuch der 1952 in Köln geborenen Schriftstellerin Undine Gruenter einfängt. Diese Aufzeichnungen, die die Jahre 1986 bis 1992 umfassen und die 1995 unter dem Titel *Der Autor als Souffleur* erschienen sind, enthüllen keine intim-indiskreten Blicke. In ihnen vereinen sich Arbeits- und Lebensjournal, Kreativität und das »Projekt der Liebe« sind ihr Thema: »Man kann das *Projekt der Liebe* nicht aufgeben, ohne zugrunde zu gehen. Man kann nicht aufhören, diesen Ort, diesen ganz anderen Ort zu suchen, diesen Ort des Extremen, eines extremen Verlangens«, schrieb die in Paris lebende Schriftstellerin.

Das Ringen um die Liebe, um die Identität des Körpers als »Schlachtfeld, auf dem sich die Seele austobt«, bildet das unüberhörbare Basso continuo dieser Aufzeichnungen, die das literarische Werk Undine Gruenters – bislang zwei Romane (1986 *Ein Bild der Unruhe*, 1992 *Vertreibung aus dem Labyrinth*) und drei Erzählbände – begleiten. Wie die Verfasserin selber schreibt, hat ein Tagebuch nur dann Sinn, »… wenn die Schonungslosigkeit sich selber gegenüber so weit geht, daß all dieser hochgespülte Müll der Seele (der falsche Idealismus, der Selbstbetrug, das Ressentiment) als ein Psychogramm der Selbstentlarvung dient – und damit doch einer Art der Selbsterkenntnis.« (14. April 1988)

Über die Tochter des bekannten Essayisten Rainer Gruenter, des Autors von *Das Elend des Schönen*, kann man nur das berichten, was sie selbst ihrem Tagebuch anvertraut: »Ich, Undine Gruenter, achtunddreißig Jahre alt. Ich lebe in Paris. Ich schreibe. Der Name gefällt mir nicht. Aber vorläufig habe ich ihn. *Undine* ist zu theatralisch. *Gruenter* ist eine Geschichte in drei Geschichten: es ist der Name meines Vaters, der nicht Vater sein wollte bei der Geburt, 2. nicht Vater sein wollte später, 3. Liebhaber war. – Die Namen, die ich vorher hatte, gefallen mir auch nicht. Auch aus den sogenannten *menschlichen Gründen*. Ich werde mir selber

8 Undine Gruenter (geb. 1952)

einen geben« (8. September 1990). Für die katholisch erzogene Schriftstellerin, die selbst bekennt: »Ich bin ein Anfälliger für die Mystik«, scheint die Liebe zunächst nur als theoretisches Postulat (daher der etwas hölzerne Ausdruck »Projekt der Liebe«) oder als »Trauma« zu existieren (20. Dezember 1986). Eine unüberhörbare Sehnsucht klingt dennoch bei der ehemaligen Studentin der Philosophie und der Literaturwissenschaften durch: »Ein Leben ohne Leidenschaft, undenkbar. Ich gehöre nicht zu den modernen Emanzipierten, die, in der Leidenschaft noch, um ihre Individualität fürchten. Die einen sorgfältigen Plan ausarbeiten mit vorschriftsmäßigem Verhältnis von Nähe und Distanz. Sich ganz ausliefern. Es geht nicht *außer* der Leidenschaft, *außer* dem Schmerz, *außer* der Angst – es geht nur *in* der Leidenschaft, *im* Schmerz, *in* der Angst.« (19. Dezember 1986)

Undine Gruenters Tagebuch ist nicht im engeren Sinne als erotisch zu bezeichnen, dafür ist es zu intellektuell, zu sehr in der Nähe der literaturkritischen Überlegung oder des eigenen kreativen Entwurfs angesiedelt. Die darin enthüllte verhaltene Sinnlichkeit, das Verlangen nach Liebe – erträumter wie projizierter ebenso wie der im Inzest vollzogene – erlauben dennoch diese beinahe aphoristischen Aufzeichnungen in das Umfeld des Erotischen einzugliedern, das die Autorin selber wie folgt definiert: »Erotik ist immer ein geistiger Exzeß, ein Zeichen-Spiel, das sehr wohl auf etwas über sich selbst hinausweist. Ob mit oder ohne Metaphysik, bleibe dahingestellt. In der Pornographie gibt es keinen blinden Fleck – in der Erotik sitzt er im Zentrum.« (20. Februar 1992)

Diese Tagebuchaufzeichnungen, die sechs Jahre des Lebens der eigenwilligen, sich ständig abkapselnden Schriftstellerin wiedergeben, fesseln zunächst durch ihre schutzlose Aufrichtigkeit und das Ausmaß ihres Bildungshorizonts. Undine Gruenter greift mit größter Selbstverständlichkeit auf Platon und Heidegger zurück. Ihre literarische Vorliebe für Georges Bataille und André Breton begründete sie mit deren Kunstverständnis als »Ausdruck eines Verlangens« (1986), aber auch E. M. Cioran, auf den sie mehrmals zu sprechen kommt, scheint für sie ein »maître à penser« zu sein, vor allem dort, wo er sich über das Wesen der Frau äußert: »Wenn ich die Frauen den Männern vorziehe, so deshalb, weil sie den Vorzug besitzen, verstörter zu sein, also komplizierter, scharfsinniger und zynischer, abgesehen von jener geheimnisvollen Überlegenheit, die eine tausendjährige Sklaverei verleiht« (1986).

Die subtile Literaturrezeption Undine Gruenters, in der die Spuren von Nietzsches Ästhetik und die Kunsterfahrungen der Symbolisten immer wieder anklingen, macht aus ihren Aufzeichnungen eine hochinteressante Fundgrube intellektueller »Perlen«. Ihre Analysen der »Seele«, der Identität, des »Projekts der Liebe« sind immer wieder durch Melancholie, Enttäuschung, die Versuchung zur Selbstaufgabe und letztlich deren Überwindung geprägt. »Die Sicherheit im Sozialen kappt die ganze Bandbreite des Erotischen … Der am Sport orientierte Austausch der Körper … kappt die ganze Bandbreite des Erotischen … Die Seele ist der Ort des Begehrens … Man stirbt nicht an der Liebe. Nicht am Vergessen. An der Sehnsucht«, schreibt 1986 die die Wirklichkeit überprüfende Undine Gruenter. Und ferner: »Der richtige Umgang mit dem Abgrund ist nicht, sich hineinstürzen, sondern, ihn ängstlich und gefaßt ins Auge zu nehmen. Sich ruhig darüber beugen, ungeachtet des Schwindelgefühls, betrachten, analysieren, distanzieren, weitermachen« (18. Dezember 1986). Die inzestuöse Liebe zum Vater bringt Undine Gruenter Anaïs Nin nahe, für Anaïs verkörperte er zunächst die Sehnsucht und das Begehren schlechthin, danach die bittere Enttäuschung; für Undine Gruenter war er ebenfalls vorerst das Sinnbild der Suche, danach die ernüchternde Konfrontation mit der Realität: »Er jedenfalls wollte in der Nacht nicht mit mir schlafen, fragte mich aber, ob ich wolle, und ich sagte ja. (Ich glaube, vor allem wollte ich meine dämliche Jungfräulichkeit loswerden, was bis jetzt ja immer durch Verbote und Einschränkungen zu Hause nicht möglich war.) … Sexuell habe ich nichts davon gehabt, es tat nur weh und mein Vater bekam die Defloration voll mit. Daß ich anfing, Lust zu haben, war erst später, kurz vor Weihnachten in Bonn.« Radikal anders als bei der Franko-Amerikanerin wird aber bei der in Paris lebenden Deutschen jeder Versuch eines Doppellebens negiert, zumal als sie B., ihrem langjährigen Lebensgefährten, in Marburg begegnete. »Vielleicht täusche ich mich schon wieder, aber ich meine, nicht das Tabu der Sexualität an sich ist das Problem gewesen, sondern das *Doppelleben* ...« (25. Februar 1989). Stets wird in ihren Notaten das Liebesideal, ein geradezu mystisch-erotisches, der sexuellen Wirklichkeit gegenübergestellt, zumal der Erfahrung der physischen Vereinigung mit dem eigenen Vater: »Indirekt gibt es aber natürlich ein sexuelles Problem, weil ich *unbewußt* das Verhältnis zu meinem Vater als Mißachtung meiner *Person* (Identität) empfand, weil ich umgekehrt unbewußt dadurch die Sexualität als zentralen Punkt meiner Bedeutung für ihn sah. So vertrakt es klingt: hätte ich mich von ihm *geliebt* gefühlt, wäre mein Identitätsproblem anders ausgefallen«. (Februar 1989)

Ortlos in der Gesellschaft, in der selbstgewählten Ferne ist Undine Gruenter immer, obwohl die Schilderungen ihrer »literarischen Streifzüge durch die Nachtseiten der Zivilisation« und ihre poetische Evokation des »Bar au Rêve«, nicht unweit vom Montmartre, betörend stimmungsreich sind und ein Gefühl von »Heimat« vermitteln. Vielleicht ist gerade diese Ortlosigkeit der Stachel, der sie besessen dem »Projekt der Liebe« anhängen läßt, das gedanklich und faktisch im Laufe ihrer Aufzeichnungen immer wieder angezielt wird: »Lieben heißt nicht besitzen, sondern Hingabe. Heißt, sich einem anderen überantworten, nicht aus Masochismus oder Lust an der Unterwerfung, sondern, um in einem Sprung – über den Abgrund der Unsicherheiten hinweg – dem anderen sein verlorenes Vertrauen zurückzuschenken, ein Stück weit sein Leben zurückzuretten aus der Verwüstung und den Enttäuschungen des Lebens« (Mai 1986). Liebe ist für Undine Gruenter »eine Obsession des Unmöglichen«, damit ein zunächst seelisches Geschehen, wie sie in ihren Eintragungen über den Lebensgefährten B. kundtut: »Ich glaube heute, was mich von Anfang an dieses Urvertrauen zu B. fassen ließ, war die

Tatsache, daß er in mir zuerst die Seele und den Geist *begriffen* und *gewollt* hat und nicht die *attraktive* Frau ... Alles was danach geschah, war Umweg und Entfernung von dieser Konstellation: die zwangsläufig erotisch-sexuellen Verwicklungen, Fehler, Mißtrauen, etc.« (Mai 1988). Und ein Jahr später schreibt sie: »Wie nennt Gombrowicz sein Tagebuch? Das kleine Hündchen meiner Seele. Nun, mein Hündchen, so wisse denn – B. hat wirklich das, was man Gemüt nennt.« Die »âme sœur« gewiß, dennoch weiß sie nur zu genau, daß die »traumatische Erfahrung« wesensmäßig zur Liebe gehört, denn »die Tragik jeder Liebesgeschichte ist, daß niemals zwei ... diese Geschichte *miteinander* haben, sondern daß jeder mit dem anderen eine Geschichte für sich hat« (Anfang Oktober 1987). Undine Gruenters Fazit klingt skeptisch und endgültig: »Die Liebe ist das Erbe der Religion *ohne* Religion, aber Ort des *Absoluten*, wo das Funktionieren der Wirklichkeit auf dem Relativen beruht, auf Annahme der Schranken, der Anpassung und Kompromisse.« (Oktober 1988) Allmählich und eindringlich fließen im Tagebuch Schreiben und Lieben ineinander über. »Liebe = Sprache«, notiert die Schriftstellerin, für die alles, was nicht »Niederschlag einer Obsession« ist, zu leicht »geistige Pirouette, leicht verdauliches Futter für müßige Bildungsbürger« wird. »Liebe und Literatur: bedeuten (mir) gleich viel. Weder Fanatiker des einen noch des anderen zum Nachteil des Gegenteiligen. Aber vor die Wahl gestellt, würde ich niemals die Literatur aufgeben. Warum? Nicht weil die Liebe weniger wäre, sondern gerade drum: ohne Literatur wäre ich vor der Liebe *nichts*, denn Ich ist Literatur (das Ich)!« (22. Mai 1992) Undine Gruenters Aufzeichnungen sind klar und geheimnisvoll zugleich, »denn die Wirklichkeit ist zu prüfen und zu wenden wie ein Stoff, der immer auch die andere gewebte Seite hat«. Die Schreibstrategien der Schriftstellerin verdecken die suchende Frau – die Sehnsuchtsvolle entblößt und soufliert der Literatin, denn »mit der Liebe geht es ... wie mit allen existentiellen Erfahrungen: sie ist zu haben nur als Paradox« (19. Dezember 1986). Das hartnäckig angestrebte »Projekt der Liebe« stellt sich

zunächst als ästhetisches Programm dar, entblößt sich aber allmählich als ars vivendi, die Undine Gruenters »Krankheit zum
Absoluten« ausgleicht und den damit verbundenen Schmerz er-
träglicher macht. Nüchtern und geradezu blasiert wirft sie in den
letzten Seiten ihres Tagebuchs einen schonungslosen Blick auf
ihr eigenes Leben: »Schreibe die Cahiers von 89 ab – stelle fest,
daß sich im *Wesentlichen* nichts geändert hat: immer noch kein
Geld, kein Erfolg, immer noch der Psychoterror am frühen Morgen – und eine tiefe Abgestumpftheit (der literarische Ehrgeiz
zerschlagen, die Seele in Scherben, und B. ist mir ein *Rätsel*).«
(1992)
Illusionen hatte sich die Schriftstellerin schon Jahre davor nicht
gemacht, als sie im Frühjahr 1989 notierte: »Ich glaube, dieses Tagebuch ist überhaupt kein Tagebuch, sondern ein einziger Brief.
Weiß Gott kein Liebesbrief – es sei denn, man bezeichnet dieses
Herumwühlen im eigenen Seelenabfall als jenes: sieh her, so bin
ich, das alle Liebesgeschichten begleitet.«
Undine Gruenters Tagebuch steht unter den gleichen Vorzeichen
wie ihr literarisches Werk: »Der zentrale Begriff, um den meine
Arbeit kreist, heißt Leere … Es geht um das Ertasten einer unbekannten Wirklichkeit, nicht indem Wirkliches definitiv benannt,
sondern indem es umkreist und evoziert wird.« (*Rheinischer
Merkur*, 24. Dezember 1987)

Das zeitkritische Tagebuch

>»Sie ist nie der Wahrheit ausgewichen,
> auch nicht der Notwendigkeit, wenn ein
> Beweis anzutreten war, sie hat keiner
> niedrigen Versuchung nachgegeben, hat daher
> auch nicht nach Macht oder Ruhm gestrebt;
> und doch hat sie ihr kurzes Leben ganz gelebt –
> als Arbeiterin, als Kämpferin, im Exil,
> aufopferungsvoll und heldenhaft, hat dazu
> noch ein großes Werk geschrieben, schließlich
> das Leben einer Heiligen geführt.«
> MICHEL SERRES ÜBER SIMONE WEIL,
> DEZEMBER 1988

Das zeitgeschichtliche Tagebuch enthüllt mehr als alle anderen Aufzeichnungen eine unüberwindliche Paradoxie: Die akribische Introspektion wird hier begleitet von politischen Betrachtungen, denen bisweilen sogar ein historischer Rang zukommt. Die schonungslose Preisgabe vollzieht sich auf der individuellen wie auf der gesellschaftlich-historischen Ebene. Das schreibende und beobachtende Ich enthüllt sich selbst, gibt aber gleichzeitig Ereignisse preis, die bislang geheimgehalten oder verschüttet waren und den persönlichen Aufzeichnungen eine unerhörte gesellschaftliche Relevanz verleihen können. Wie G. R. Hocke eingehend analysiert hat, bahnt sich im zeitkritischen Tagebuch oft ein neues gesellschaftliches Bewußtsein einen Weg. Seit der Französischen Revolution durchsetzen zeitkritische Beobachtungen alle europäischen Tagebücher; Introspektion und subjektiv gefärbte Umweltschilderungen werden von Reflexionen über die politischen Umwälzungen der Zeit begleitet.

In einigen Tagebuchaufzeichnungen kreativer Frauen unseres

Jahrhunderts kommt das zeitkritische Element besonders stark zum Tragen. Paradigmatisch hierfür ist die Philosophin und Mystikerin SIMONE WEIL (1909–1943), die in ihren *Carnets* ein breites Spektrum von Wahrnehmungen zum Ausdruck bringt. Auch Simone de Beauvoir (1908–1986), Sibilla Aleramo (1876–1960), Sinaida Hippius (1869–1945), Alexandra Kollontaj (1872–1952) und Luise Rinser (1911) gehören in diesen Zusammenhang. Auch Anne Franks (1929–1945) Tagebuch sei hier erwähnt – unabhängig davon, ob sie sich zu einer kreativen Persönlichkeit entwickelt hätte, denn ihre Aufzeichnungen sind ein unüberhörbarer Schrei in der Geschichte der Menschheit.

Simone Weil, die »Zeugin des Absoluten« (Gabriel Marcel), die »potentielle Heilige« (T. S. Eliot), über die ihre berühmte Zeitgenossin Simone de Beauvoir knapp und treffend sagte: »Ich beneide sie um ein Herz, das imstande war, für den ganzen Erdkreis zu schlagen« (*Memoiren eines Mädchens aus gutem Hause),* wurde 1909 in Paris als Tochter eines jüdischen, aber nicht gläubigen Arztes geboren. Väterlicherseits stammte die Familie aus dem Elsaß, wo sich der Großvater Abraham Weil als Kaufmann einen Namen gemacht hatte. Mütterlicherseits reichten die Wurzeln bis nach Rostov am Don zurück. Aufgezogen wurde Simone Weil in einem weltläufigen Agnostizismus – das philosophische oder literarische Menschenbild bildete das Universum ihrer Kindheit, nicht das des Alten oder Neuen Testaments. Der Ausbruch des Ersten Weltkriegs verschlug die Familie jeweils an den Einsatzort des als Militärarzt einberufenen Vaters. In dieser Zeit begann die achtjährige, recht zarte Simone, ihre ersten Verse zu schreiben. Schon sehr bald erweckte sie Staunen aufgrund ihrer Frühreife und Intelligenz. Die Sagen und Märchen europäischer Völker mit ihren Mut- und Charakterproben übten auf sie einen großen Einfluß aus. Opferbereite, bis an die Grenzen der Selbstzerstörung reichende Liebe, »echte stoische Tugend« zeichneten sie bis zu ihrem Lebensende aus. »Mit vierzehn Jahren verfiel ich einer jener grundlosen Verzweiflungen des Jugendalters, und ich wünschte ernstlich zu sterben, wegen der Mittelmäßigkeit meiner

9 *Simone Weil (1909–1943)*

natürlichen Fähigkeiten«, schrieb sie in *Das Unglück und die Gottesliebe*. Lebenslang hat Simone Weil fast das Unglück herbeigesehnt, gebraucht, um sich der Erlösung zu vergewissern. Ähnlich wie Edith Stein empfand sie sich als Atheistin, war aber stets auf der Suche nach der Gottesliebe.

Ein nicht attraktives Aussehen, verschlimmert durch dicke Brillengläser und eine gewisse Ungepflegtheit, starke Migräneanfälle, die sie immer wieder zwangen, von den Spielen und Feiern ihrer Altersgenossen fernzubleiben, belasteten sie von frühester Jugend an. An Intelligenz überragte sie alle anderen: Mit fünfzehn bestand sie ihr Abitur und entschloß sich, Philosophie zu studieren. Der berühmte Philosoph Émile Chartier, genannt Alain (1868–1951), der versucht hat, die Religionen des Abendlandes, den Pantheismus und die »olympische Religion« im Christentum miteinander in Einklang zu bringen, wurde ihr Meister und Wegweiser. Er ermutigte sie zum Schreiben und führte sie in seine Gedankenwelt ein, die jeden politischen Klerikalismus ablehnte und für das frei entscheidende und unabhängige Individuum plädierte. Seinen Spuren folgend setzte sich die junge Studentin mit dem Begriff des Atheismus und der Läuterung auseinander und schrieb viel später in *Schwerkraft und Gnade:* »Es gibt zwei Arten von Atheismus, deren eine eine Läuterung unseres Begriffes von Gott ist… Ich soll Atheist sein mit dem Teil meiner selbst, der nicht für Gott gemacht ist.« Simone Weils brillante Intelligenz, ihre fast fanatische Wahrheitssuche, ihr rigoroses Bedürfnis nach Reinheit und Erlösung machten sie schon in frühen Jahren zu einer schonungslosen Zeugin und Deuterin ihrer Umwelt: »Es gibt Leute, die haben nur von Gefühlen gelebt – und für Gefühle; André Gide ist dafür ein Beispiel. In Wirklichkeit sind sie die vom Leben Betrogenen und fallen in tiefe Traurigkeit. So müssen sie sich betäuben, indem sie unglückselig sich selbst belügen. Denn die Wirklichkeit des Lebens besteht nicht aus Gefühl, sondern aus Tätigkeit, ich meine: Aktivität sowohl im Denken wie im Handeln. Diejenigen, die von Gefühlen leben, sind, materiell und moralisch, nichts als Parasiten im Vergleich zu den arbeitenden und schöpferischen Menschen, die allein Menschen sind ...« (*Die Welt der Arbeit*). Die unbeugsame Simone Weil, die der Wahrheit auf den Grund gehen wollte, widersetzte sich dieser Geisteshaltung ganz und gar.

1928 bestand sie beim zweiten Anlauf die Aufnahmeprüfung für die Elite-Schule École Normale Superieure, wo sie Simone de Beauvoir kennenlernte. Diese vermerkte später in ihren *Memoiren einer Tochter aus gutem Hause,* Simone Weil hätte sie damals sehr interessiert »wegen des großen Rufes der Gescheitheit, den sie genoß, und wegen ihrer bizarren Aufmachung; auf dem Hofe der Sorbonne zog sie immer, von einer Schar alter Alain-Schüler umgeben, umher; in der einen Tasche ihres Kittels trug sie stets eine Nummer der ›Libres Propos‹ und in der anderen ein Exemplar der ›Humanité‹.«

»La petite Weil«, wie man sie nannte, sie war nur 1,59 Meter groß, soll äußerst burschikos gewesen sein – die Lebhaftigkeit ihrer Blicke und ihrer Bewegungen stand im krassen Gegensatz zu ihrer betont langsamen Sprechweise. Unentwegt rauchte sie selbstgedrehte Zigaretten und verbrachte die meiste Zeit in Cafés, wo sie heftige Diskussionen entfachte mit aufwiegelnden Thesen wie »Die Bildung ist ein Werkzeug in der Hand von Professoren, die ihrerseits wieder Professoren erzeugen. Von allen gegenwärtigen Formen, unter denen die Krankheit der Entwurzelung auftritt, gehört die Entwurzelung der Bildung zu den besorgniserregendsten« (*Die Einwurzelung*). Bald bekam sie wegen ihres politischen und sozialen Engagements und ihres provokativen Verhaltens den Spitznamen die »Rote Jungfrau«. Einige ihrer Mitschüler nannten sie ironisch »kategorischer Imperativ in Unterröcken«. Im Sommer 1931 legte sie das Staatsexamen in Philosophie ab und wurde in die französische Provinz nach Le Puy versetzt. Als Lehrerin war sie dort sehr beliebt, obwohl ihre Bevorzugung der Arbeiterkinder gegenüber den »Reichen« fast an Ungerechtigkeit reichte und für manche Klage seitens der Eltern sorgte. Nebenher schrieb sie Zeitungsartikel für Alains *Libres Propos* und für die Zeitschriften *Révolution Prolétarienne* und *Le Cri du peuple,* in denen sie lapidar erklärte, nicht die Partei, sondern die Gewerkschaften seien der wichtigste revolutionäre Faktor. Immer wieder kam die Frage ihres Eintritts in die kommunistische Partei zur Sprache, den sie jedoch nicht vollzog. Dennoch setzte sie sich vehement für die Forderungen der Arbeiter ein und spielte auch eine wichtige Rolle in der Arbeitslosenbewegung. Polizeiliche Vorladungen und sogar eine kurzfristige Festnahme waren bald die Folgen. Die »Rote Jungfrau« wurde bewundert, aber auch in den eigenen Reihen stieß sie auf heftige Kritik, besonders als sie das Fehlen einer Zusammenarbeit der sozialistischen Parteien und das hartnäckige Beharren auf Ideologien für die Machtergreifung Hitlers verantwortlich machte. »Wie viele Male, wenn 1932 in Deutschland ein Kommunist und ein Nazi auf der Straße diskutierten, packte sie Schwindel, wenn sie feststellten, daß sie sich in allen Punkten einig waren!« (*Londoner Schriften*), schrieb sie später. Als sie dann selber an Aufmärschen und Demonstrationen teilnahm und fast alle ihre Schüler durch das Abitur fielen – Simone Weil hielt Prüfungen für lächerliche Konventionen –, wurde die »Rote Jungfrau« nach Auxerre strafversetzt. Bis 1934 blieb sie im Schuldienst, ab 1935 übte sie wegen ihres prekären Gesundheitszustands ihren Beruf nur zeitweise aus. Suspendiert wurde sie endgültig, als die »Arierbestimmungen« auch in Frankreich in Kraft traten.

Hitlers Machtergreifung und die Aufhebung der Gewerkschaften in Deutschland hatten Simone Weil schon 1933 das katastrophale Ende ahnen lassen. Von diesem Zeitpunkt an wurde ihr politisches Engagement immer entschiedener. Im Oktober desselben Jahres trug sie die rote Fahne beim berühmten Aufmarsch der Bergarbeiter in Saint-Étienne und hielt eine provozierende Rede: Mit ihren Vorschlägen zur Humanisierung der Arbeitswelt war sie ihrer Zeit weit voraus. Ende Dezember waren Leo Trotzki und seine Frau bei den Eltern Weil zu Gast: Simone interviewte ihn so inbrünstig, daß er beim Abschied schmunzelnd bemerkte: »Sie können sagen, daß die Vierte Internationale in Ihrem Haus gegründet wurde« (vgl. Angelica Krogmann).

Radikal war sie gewiß, jedoch nie orthodox, weder im Politischen noch im Religiösen, das allmählich in Simone Weils Leben eine wesentliche Stelle einnehmen sollte. Das beste Beispiel dafür bildet die Italienreise von 1937, die gleichermaßen der politischen Information wie dem Kunstgenuß und der religiösen Spurensuche diente. Das religiöse Erlebnis erreichte einen Höhepunkt in Assisi – Simone Weils Seelenheimat. »Während ich allein war in Santa Maria degli Angeli … zwang mich etwas, das stärker war als ich selbst, zum ersten Mal in meinem Leben auf die Knie zu fallen« (*Das Unglück und die Gottesliebe*). Von nun an hatte das Sehnen nach Glauben und Gottesnähe Priorität in ihrem Leben. Die gefährliche Trennung von Wissenschaft und Glauben, die sie als ein Grundübel unserer Kultur ansah, diagnostizierte sie später in ihrem erst 1949 publizierten Essay *Einwurzelung*. Ihre schonungslose Redlichkeit führte sie dazu, sich maßlos gegen die Unlauterkeit der Wortmächtigen zu empören, die den Mächtigen schlechthin bewußt oder unbewußt zur Hand gingen. So schrieb sie: »Unsere Epoche ist derart von Lügen vergiftet, daß sie alles, was sie berührt, in Lüge verwandelt.«

Für Simone Weil war die Arbeit »das einzige, was uns dazu bringt, die Idee der Notwendigkeit zu fassen …, der einzige Weg vom Traum zur Wirklichkeit«. In ihren *Cahiers* schrieb sie, durch Kursivschrift hervorgehoben: »Eine Monographie über den Begriff der Arbeit zu machen, wäre interessant.« Arbeit bedeutet für die junge Philosophin, »den Körper in Übereinstimmung zu bringen mit den wahren Verhältnissen der Dinge«. Simone Weil war sich dessen bewußt, daß ihr Einsatz für die Arbeit als »rettender Faktor« zunächst ein intellektueller war – das widersprach ihrem glühenden, sich nach Taten sehnenden Temperament. So entschloß sie sich, trotz ihrer zarten Konstitution und ihrer manuellen Ungeschicklichkeit, für ein Jahr in die Elektrofabrik von Renault zu gehen, um als Akkordarbeiterin die Bedingungen der proletarischen Existenz im Industriezeitalter am eigenen Leib zu testen. Das *Fabriktagebuch* bildet die Niederschrift dieses Experiments, in dem Handeln und Denken ineinander übergehen sollen: »Nicht nur, daß der Mensch wissen sollte, was er tut; er sollte nach Möglichkeit auch erkennen, wie es sich auswirkt, daß nämlich die Natur durch ihn verändert wird. Die eigene Arbeit sollte für jeden ein Gegenstand der Kontemplation sein.« Die Aufzeichnungen der Hilfsarbeiterin Weil im elektromechanischem Betrieb von Alsthom klingen etwas entmutigt: »...Widerwille wegen dieser 56 Centimes (Stücklohn im Akkord), der Zwang, sich anzustrengen und zu verausgaben mit der gewissen Aussicht auf einen Anschnauzer, wegen Langsamkeit oder wegen Ausschuß ... Gefühl der Sklaverei« (17. Dezember 1934). Und zwei Tage später: »Sehr starkes Kopfweh, Arbeit getan, indem ich fast unaufhörlich weinte.«

Die Fabrikerfahrung überstieg ihre Kräfte, die dort erlebten Demütigungen verletzten fast ihre Würde: »Ich stand mit Angst auf, ich ging in die Fabrik mit Furcht; ich arbeitete wie eine Sklavin; die Mittagspause war ein einziger Jammer... Die Zeit war ein unerträgliches Gewicht« (*Die Welt der Arbeit*). Die »Fügsamkeit eines resignierten Lasttieres« wich dem ihr angeborenen Impuls zur Auflehnung. Zugleich registrierte sie die Leiden der anderen wie die eigenen mit der kühlen Distanz des Beobachters: »...Auflehnung ist unmöglich ... Man verliert sogar das Bewußtsein von dieser Situation, man erträgt sie, das ist alles. Jedes Wiedererwachen des Denkens ist jetzt qualvoll.« Die Kameradschaft unter den Arbeitern wurde für sie »ein göttlicher Augenblick«: »Niemals diese Beobachtung vergessen: ich habe bei diesen ungebildeten Menschen immer Großmut des Herzens gefunden und Aufnahmefähigkeit für die wichtigsten Ideen.«

Simone Weils *Fabriktagebuch*, dessen Sachlichkeit und Präzision erschütternd sind, zieht die Bilanz von einem gedemütigten Arbeiterleben, das sich am Rande des Selbstverlusts vollzieht: »Die Berührung mit dem Unglück hat meine Jugend getötet«, schrieb sie damals, und Jahre später faßte sie das Unauslöschliche der dort erfahrenen Entwürdigung zusammen: »...daß ich mich noch heutigen Tages, wenn ein Mensch ohne Brutalität zu mir spricht, des Eindrucks nicht erwehren kann, hier müsse ein Mißverständnis vorliegen« (*Das Unglück und die Gottesgnade*). Einige Monate als Landarbeiterin besiegelten ihr Experiment. Die *Cahiers*, die sie viel später niederschrieb, als sie bereits zur inbrünstigen Gottessucherin geworden war, spiegeln dennoch eine recht eigenwillige Interpretation der Arbeit wider als »Loskauf von der Erbsünde; Teilhabe an der Erlösung« (*Cahiers II*). Die ehemaligen Gewerkschaftsgenossen konnten ihr in diesem Punkt gewiß nicht folgen, behielten ihr aber stets ihre »ganze Freundschaft und ein treues Andenken«.

1936 nahm Simone Weil wieder ihre Lehrtätigkeit am Gymnasium Bourges auf. Im russischen Philosophen und Sozialkritiker Boris Souvarine (1895–1984), einem trotzkistischen KP-Dissidenten, der sie die »intelligenteste Frau seit Rosa Luxemburg« nannte, fand sie damals einen Freund und geistigen Weggefährten. Er wurde ihr wichtigster politischer Gesprächspartner, mit ihm konnte sie ihre Überlegungen zum Scheitern der russischen Revolution und zum Zerfall der deutschen und französischen Arbeiterbewegung teilen. Diese Freundschaft dauerte bis zu Simone Weils Tod.

In dem damals aufflammenden Spanischen Bürgerkrieg fand die junge Philosophin eine lohnenswerte Aufgabe. Trotz ihres erklärten Pazifismus zog Simone Weil im Sommer 1936 nach Barcelona, um sich als Freiwillige auf der Seite der Republikaner zu engagieren. Ihr militanter Einsatz nahm ein böses Ende: Beim Kochen übergoß sich die linkische Intellektuelle mit siedendem Öl und wurde daraufhin von den Eltern aus dem spanischen Lazarett nach Frankreich zurückgeholt. Die Brandwunden heilten schlecht und langsam, so daß sie notgedrungen aus dem Schuldienst beurlaubt wurde.

Die Erfahrung des Spanischen Bürgerkriegs brachte sie dazu, »das Imaginäre vom Wirklichen zu unterscheiden«, d. h. die verschleiernden Mythen von den tatsächlichen Machtverhältnissen, denn sie hatte bald erkannt, daß aus dieser gerechten Revolution ein »Tauziehen zwischen Faschismus und Bolschewismus, eine Art von blutigem Manöver auf Kosten des spanischen Volkes« geworden war (A. Krogmann). Die Rolle der Einbildungskraft in den gesellschaftlichen Prozessen beschäftigte Simone Weil fortan verstärkt.

Während der Karwoche 1938 hielt sich Simone Weil mit ihrer Mutter in der Benediktinerabtei Solesmes auf, wo auch der Dichter Paul Claudel gelegentlich zu Gast war. Dort überkam sie während der gregorianischen Messe eine schmerzvolle Betroffenheit: »Ich hatte bohrende Kopfschmerzen; jeder Ton tat mir weh wie ein Schlag; und da erlaubte mir eine äußerste Anstrengung der Aufmerksamkeit, aus diesem elenden Fleisch herauszutreten, es in seinen Winkel hingekauert alleine zu lassen und in der unerhörten Schönheit der Gesänge und Worte eine reine und vollkommene Freude zu finden« (*Das Unglück und die Gottesliebe*). Mit einemmal verstand sie, »wie es möglich sei, die göttliche Liebe durch das Unglück hindurch zu lieben«. Weder Sinne noch Einbildungskraft waren an dieser plötzlichen Bestürzung beteiligt: »Ich empfand nur durch das Leiden hindurch die Gegenwart einer Liebe gleich jener, die man im Lächeln eines geliebten Antlitzes liest.« Und ferner: »In meinen Überlegungen über die Unlösbarkeit des Gottesproblems hatte ich diese Möglichkeit nicht vorausgesehen: die einer wirklichen Berührung, von Person zu Person, hienieden, zwischen dem menschlichen Wesen und Gott« (*Das Unglück und die Gottesliebe*). Simone Weils erstes Christus-Erlebnis prägte von nun an ihr Leben und ihre Arbeit. Damals lernte sie den blinden Dominikanerpater Jean-Marie Perrin kennen, der ihr religiöser Berater und Freund wurde. An ihn schrieb sie auch den berühmten *Brief an einen Ordensmann*, der den Inhalt vieler ihrer religiösen Gespräche zusammenfaßte. Im Mittelpunkt ihres geistigen Austauschs stand die Frage der Taufe und damit der Zugehörigkeit zur katholischen Kirche, zu der sie sich bis zu ihrem Lebensende nicht entschließen konnte, ebenso wie die Weilsche These, der Geist des Christentums sei der Geisteswelt Griechenlands näher als dem Alten Testament.

Simone Weil engagierte sich fortan ebenso glühend für die Religion wie früher für die Arbeiterklasse. So schrieb sie in *Das Un-*

glück und die Gottesliebe: »Die Inkarnation des Christentums erfordert eine harmonische Lösung des Problems der Beziehungen zwischen Individuum und Kollektiv… Genau diese Lösung ist es, wonach die Menschen heute dürsten.« Simone Weils »Theologie« ist ebenso christlich wie heidnisch: griechische Weisheitsquellen, Sanskrit-Texte, Märchenlegenden, Fragmente aus allen Weltreligionen fließen ihrer Meinung nach im Christentum zusammen. Sie scheute sich nicht, von früheren Inkarnationen Christi zu sprechen, als Osiris, Dionysos oder Prometheus.

Für Simone Weil war allein der Tod Richtmaß und Ziel des Lebens: »Ich dachte, daß für diejenigen, welche leben, wie es sich gehört, dieses der Augenblick sei, in welchem für einen unendlich kleinen Bruchteil Zeit die reine, nackte, gewisse und ewige Wahrheit in die Seele eintritt. Ich darf sagen, daß ich niemals ein anderes Gut für mich begehrt habe« (*Das Unglück und die Gottesliebe*). Sie fürchtete, nicht ihr Leben, sondern ihren Tod zu »versäumen«. Ihre Deutung der Kirche als geschichtliche Institution, als Institution schlechthin, führte sie dazu, die Frage, ob es überhaupt für sie zulässig sei, in die Kirche einzutreten, geradezu obsessiv abzuwägen: »Mir scheint, es ist nicht Gottes Wille, daß ich gegenwärtig in die Kirche eintrete. Die sozialen Gefüge sind heute so übermächtig, sie sind derart imstande, die Menschen bis zum äußersten Grade des Heroismus im Leiden und Sterben zu erheben, daß ich es für gut erachte, wenn einige Schafe außerhalb des Stalles bleiben, um zu bezeugen, daß die Liebe Christi wesentlich etwas ganz anderes ist« (*Das Unglück und die Gottesliebe*). Die jüdische Philosophin wurde somit zum Sprachrohr all jener, die trotz ihres religiösen Engagements außerhalb der Kirche bleiben. Als Hitler 1939 in Prag einzog, gab Simone Weil ihren Pazifismus auf, um gegen den Nationalsozialismus zu kämpfen. Sie schrieb damals einen Protestbrief an den Propagandaminister Jean Giraudoux, der sie ins Gefängnis hätte bringen können, aber: »Was kümmert es mich? Lebenslängliche Haft könnte mich nicht mehr verletzen als die Tatsache, daß ich der Kolonien wegen nicht glauben kann, Frankreichs Sache sei gerecht.« Als 1940 im Mai die

»triumphale« deutsche Offensive in Frankreich begann, setzte sie sich illegal für die Résistance ein und verteilte verbotene Schriften. Kurz darauf wurde sie des »Gaullismus« beschuldigt, verhaftet und lange verhört, dann aber als geistesgestört wieder entlassen, weil sie unerschrocken erklärte, die Gesellschaft der Prostituierten sei ihr äußerst willkommen und nur im Gefängnis möglich. Die Vichy-Polizei ließ sie seit diesen Vorfällen nicht mehr aus den Augen. In den folgenden Monaten schrieb Simone Weil eine große Anzahl von Artikeln, Essays und einen wesentlichen Teil ihrer *Cahiers*. Angesichts der politischen Situation entschlossen sich ihre Eltern, die 1942 von Paris nach Marseille vertrieben worden waren, mit ihrer Tochter über Algerien in die USA auszuwandern. Beim Abschied übergab sie Auguste Thibon ihre *Cahiers*, aus denen er 1947/48 eine umstrittene Auswahl mit dem Titel *Schwerkraft und Gnade* veröffentlichen ließ.

Seit ihrer Ankunft in New York war Simone Weil fest entschlossen, so schnell wie möglich nach Europa zurückzukehren, um sich dort als Partisanin zu engagieren. Im November gelang es ihr, sich nach England abzusetzen, wo sie aber wegen Spionageverdachts festgehalten wurde. Mitte Dezember erreichte sie endlich London, wo sie unter Maurice Schumann für die »Force de la France libre« arbeitete, unter anderem an dem Manifest *Erklärung der Menschen- und Bürgerrechte*, das eine Grundlage für die Neuordnung des politischen Lebens in Frankreich nach dem Krieg entwerfen sollte. Damals schrieb sie auch ihr politisches Vermächtnis und ihr umfangreichstes Werk *Die Einwurzelung*, worin sie an ihre politischen Aufsätze der dreißiger Jahre anknüpft, sich aber von der damaligen marxistischen Analyse absetzt. Zugleich beschäftigte sie sich noch einmal mit den *Upanishaden* und überarbeitete einige ihrer Texte und Übersetzungen neu.

Um sich mit den leidenden Franzosen zu solidarisieren, lebte Simone Weil äußerst spartanisch und verweigerte teilweise die Nahrung – sie wollte nicht mehr verbrauchen, als ihre Landsleute zu Hause auf die Lebensmittelkarten bekamen. Ihre angegriffene Gesundheit, die Tuberkulose, die sie aufzehrte, hielten diesem Fasten nicht stand. Im Alter von dreiunddreißig Jahren hungerte sie sich buchstäblich zu Tode. Simone Weil starb am 24. August 1943. Der amtliche Totenschein gab als Befund an: »Herzversagen durch Herzmuskelschwäche, verursacht durch Hunger und Lungentuberkulose. Die Verstorbene hat sich selber getötet und zerstört, indem sie sich in einer Phase von Geistesgestörtheit weigerte zu essen.« Simone Weil wurde ohne kirchliches Begräbnis auf dem Friedhof von Ashford/Kent beerdigt. Der ungestillte Hunger nach Wahrheit, nach Gottesnähe war ihre Obsession gewesen, der physische Hunger ihr Tod – eine Parallele, die diese Verfechterin des Absoluten am eindringlichsten kennzeichnet.

Ihre Aufzeichnungen, die von 1933 bis 1943 reichen und nicht für eine spätere Veröffentlichung bestimmt waren, bilden das Kernstück ihres Werks. Sie sind keine Tagebücher im engeren Sinne, sondern Notizbücher, *Cahiers,* die das komplexe Denken der Philosophin widerspiegeln, die sich von keiner weltanschaulichen Richtung, keiner politischen Partei vereinnahmen ließ. Grundfragen der menschlichen Selbstfindung laufen darin parallel zu politischen und religiösen Denkansätzen, die der Entwurzelung des modernen Menschen gelten. Simone Weils obsessives Kreisen um die Begriffe Unglück, Leiden und Elend führte zu einer luziden Analyse der Lage Europas in den vierziger Jahren. Die Enttäuschung der kommunistischen Hoffnung im Stalinismus, das Durchschauen der Wurzeln des Faschismus führten sie zu einer resignierten Auffassung der Conditio humana, die allein die Lektüre der Evangelien noch zu retten vermochte. Ihre kritische Haltung zum offiziellen Christentum zeugte von ihrem ständigen Zweifel und ihrer Suche nach Wahrheit.

Ganz anders klingen die Memoiren, Aufzeichnungen und Tagebuchfragmente der SIMONE DE BEAUVOIR, die mit dem Philosophen Jean-Paul Sartre eines der legendären Paare unseres Jahrhunderts bildete. Wie ihr Lebensgefährte formulierte, besaß sie »die Intelligenz eines Mannes ... und die Sensibilität einer

Frau« (Interview *Vogue,* Juli 1965). Simone de Beauvoir setzte sich ihr Leben lang mit unerschrockener Freimütigkeit für Wahrheit und Gerechtigkeit und gegen gesellschaftliche Tabus ein. Radikal trat sie in den fünfziger Jahren für die Selbstbestimmung auf dem Gebiet der Sexualität ein und wurde somit zum Idol der Frauenrevolte, die in ihr das Vorbild einer Frau sah, »die es wagte, zu existieren« (Alice Schwarzer). Neben ihrem philosophischen und literarischen Werk hinterließ sie mehrere Memoirenbücher, die dank der schonungslosen Preisgabe ihres Werdegangs durchaus den Charakter eines »Journal intime« besitzen. Zeitgeschichte und Ich-Geschichte verschmelzen hier in ungewöhnlicher Weise miteinander. Sicher geht es in den Aufzeichnungen von Simone de Beauvoir nicht um eine Preisgabe »diplomatischer Geheimnisse«, aber in ihnen wird Geschichte entideologisiert, die »Unerschrockenheit der Bloßlegung« trifft das sich darstellende Individuum genauso wie seine Zeit.

Simone de Beauvoir wurde am 9. Januar 1908 in Paris geboren, am Boulevard du Montparnasse, einige Schritte vom Friedhof entfernt, wo sie heute neben Sartre ruht. Ihre Familie gehörte zur französischen »Grande Bourgeoisie«. Behaglichkeit, ungebrochener Familiensinn und katholische Tradition seitens der Mutter prägten ihre ersten Lebensjahre, über die sie später rückblickend bemerkte: »Ich nahm (damals) die Welt vertrauensvoll in mich auf.« Dieses grundlegende Urvertrauen ließ sie zeitlebens bedingungslos für ihre Überzeugungen kämpfen. Als der Vater, ein angesehener Jurist, nach dem Ersten Weltkrieg den größten Teil seines Vermögens verlor, mußte sich die Familie auf das Wesentliche beschränken: »Als Hauptunterhaltung boten meine Eltern mir Lektüre, ein Vergnügen, das nicht sehr kostspielig war« (*Der Lauf der Dinge*). Als Schülerin und Studentin spielte sich Simones Leben im Intellektuellen-Quartier Saint-Germain-des-Prés ab, dessen kultureller Seismograph und Chronist sie später wurde. Die *Memoiren einer Tochter aus gutem Hause* erzählen von ihrer Faszination für Paris und seine Einwohner ebenso wie von ihrer Sehnsucht nach der Natur, die sie regelmäßig auf dem Gut ihres

Großvaters in Meyrignac begierig stillte: »Ich lernte auch, daß man, um in das Geheimnis der Dinge einzudringen, sich ihnen zuvor hingeben muß ... Die Natur enthüllte mir in sichtbarer und greifbarer Gestalt eine Menge von Formen des Lebens, denen ich sonst nie nähergekommen wäre.«

Das überdurchschnittlich begabte Mädchen wandte sich schon früh vom streng katholischen Glauben ab, den ihr die Mutter zu vermitteln suchte, und flüchtete sich in eine Art Pantheismus, die Natur wurde nunmehr ihre Brücke zu Gott: »Je mehr ich mich an den Boden heftete, desto näher kam ich ihm, so daß jeder Spaziergang zu einem Akt der Anbetung wurde.« Die scharfe Kritik der Pubertierenden an der Autorität der Eltern, vor allem der Mutter, der sie Kompromißlosigkeit und Starre vorwarf, lief parallel zu ihrer Ablösung vom Glauben.

Ihrer Lebensgier stand nichts mehr im Weg. Fieberhaft trachtete sie nach Wissen, Wissen als etwas sehr Aktivem, Lebenspendendem, und zugleich nach emotionaler Erfüllung. Diese fand das junge Mädchen zunächst in einer Schulfreundschaft, die die Züge einer »fanatischen Zuneigung« annahm. In den *Memoiren einer Tochter aus gutem Hause* hat sie ihr ein bewegendes Denkmal gesetzt. Zaza, eine sehr begabte, unabhängige, in vieler Hinsicht Simone überlegene Freundin wurde ihre erste große Liebe, in ihr entdeckte sie »das Vergnügen geistigen Austauschs und täglichen Einanderverstehens ... Sie war meine einzige, nicht von Büchern abhängige, freudenbringende Beziehung zum Leben. Ich hatte den Hang, mich in Form von krankhaftem Hochmut gegen die feindlichen Mächte zu wehren: meine Bewunderung für Zaza hat mich davor bewahrt.«

Schon früh hat Simone eingesehen, daß die Daseinsform der Mädchen ihrer Kreise für sie nicht in Frage kam: »Kinder zu haben, die ihrerseits wieder Kinder bekämen, hieß nur das ewige alte Lied wiederholen; der Gelehrte, der Künstler, der Schriftsteller, der Denker schufen eine andere, leuchtende, frohe Welt, in der alles seine Daseinsberechtigung erhielt. In ihr wollte ich meine Tage verbringen; ich war fest entschlossen, mir darin einen Platz zu schaffen!« Als sie 1926 ihr Philosophiestudium an der Sorbonne begann, trieb sie sich gleichzeitig nachts als faszinierte Beobachterin im Künstlermilieu von Montparnasse herum: »Ich liebte die schimmernden Flaschen, die bunten Fähnchen, den Geruch nach Tabak und Alkohol, die Stimmen, das Lachen, das Saxophon. Die Frauen versetzten mich in bewunderndes Staunen… Ich schwang mich mit dem gleichen Eifer auf den Barhocker, mit dem ich als Kind vor dem Allerheiligsten in die Knie gesunken war: ich rührte an die gleiche Gegenwart; der Jazz war an die Stelle der Orgel getreten, und ich spähte nach dem Abenteuer in der gleichen Weise aus, wie ich früher auf die Verzückung wartete« (*Memoiren einer Tochter aus gutem Hause*).

Trotz der Ablehnung jeglicher heuchlerischen Moral und Unaufrichtigkeit, trotz ihres Hungers nach aufgeklärter Selbstbestimmung blieb Simone de Beauvoir zeitlebens den Werten ihrer Kindheit, »Pflichtgefühl, Anerkennung des Verdienstes, sexuelle Tabus« verpflichtet. Ihr philosophisches Interesse galt während des Studiums vor allem Leibniz, über den sie ihre Diplomarbeit schrieb, und Husserls Phänomenologie. Literarisch fesselten sie damals: Barrès, Gide, Claudel, Valéry, über die sie in den *Memoiren* schmunzelnd bemerkte: »Von bürgerlicher Herkunft wie ich, fühlten sie sich wie ich in ihrer Haut nicht wohl.« Aber auch Hemingway, Dos Passos und Faulkner gehörten zu ihrer Lieblingslektüre, ganz zu schweigen von Kafka, den sie grenzenlos bewunderte: »Er deckte unsere Probleme auf, angesichts einer Welt ohne Gott, in der sich dennoch unser Heil vollzog… Wir tasteten ebenso einsam wie K., wie der Landvermesser, in den Nebelschwaden, in denen kein sichtbares Band Wege und Ziele verbindet« (*In den besten Jahren*).

Nach bestandener Prüfung absolvierte Simone de Beauvoir 1929 gemeinsam mit Merleau-Ponty und Claude Levi-Strauss ihre Referendarzeit im berühmten Lycée Janson-de-Sailly. Das war für sie der eigentliche Sprung ins Leben, in die geistige Elite Frankreichs, wo sie auch den jungen Philosophen Jean-Paul Sartre kennenlernte. Im selben Jahr verlor sie ihre so geliebte Zaza, die sich einer arrangierten Vernunftehe hatte beugen müssen und vermutlich daran zerbrochen war. Simone traf dieser Tod sehr hart, wie sie am Ende ihrer *Memoiren* bezeugt: »Zusammen hatten wir beide gegen das zähflüssige Schicksal gekämpft, das uns zu verschlingen drohte, und lange habe ich gedacht, ich hatte am Ende meine Freiheit mit ihrem Tod bezahlt.«

Die Zeit der berauschenden Freiheit brach nach dem Studium endlich für sie an. Finanziell war sie von den Eltern unabhängig, besaß ein kleines eigenes Zimmer und verbrachte den größten Teil ihrer Freizeit in Cafés, wo sie auch schrieb. Nun konnte sie sich zwanglos dem widmen, was für sie entscheidend war. »Mein Unternehmen war mein Leben selbst, und ich glaubte es in den eigenen Händen zu halten. Es mußte zwei Forderungen erfüllen, von denen ich in meinem Optimismus nicht abließ: glücklich sein und mir die Welt schenken.« Die Tochter aus gutem Hause kannte sich selbst zur Genüge: »In meinem ganzen Leben bin ich niemandem begegnet, der so zu Glück begabt gewesen wäre wie ich, auch niemandem, der sich mit gleicher Hartnäckigkeit darauf versteift hätte. Sobald ich es zu fassen bekommen hatte, wurde es mein Lebensinhalt« (*Alles in allem*).

Zu fassen bekam sie es gewiß bei dem, der den Ruf hatte, er »würde nie zu denken aufhören«. Als sie etwas schüchtern zum erstenmal im Juni 1929 in Sartres Zimmer kam, um mit ihm ihr philosophisches Spezialgebiet zu erörtern, war sie etwas irritiert: »Außer einem riesigen Durcheinander von Büchern und Papieren, überall umherliegende Zigarettenstummel und dicker Rauch« (*Memoiren*). Sie freundeten sich schnell an, bereits als Simone in die Ferien zu den Eltern fuhr, war ihr klar, »daß er nie aus meinem Leben verschwinden würde«. Im Herbst wurde sie seine Geliebte. Ihre Vorstellungen von zwingender Gegenwart, intellektueller Überlegenheit, leidenschaftlicher Bewunderung schienen auf Sartre zuzutreffen. Geistig fühlte sie sich ganz von ihm beherrscht, dazu kam »das Gefühl unbedingter Sicherheit«, nach dem sie sich so gesehnt hatte. Unterlegen fühlte sie sich indes nie, Sartre war für sie ein »Doppelgänger, in dem ich in einer Art von

Verklärung alles wiederfand, wovon ich selbst besessen war. Mit ihm würde ich immer alles teilen können« (*Memoiren*). Sie verglich sogar diese Beziehung mit der zu Zaza, mit der sie »ausgezogen war, um die Welt zu entdecken«. Im kleinen schielenden Mann, der die Frauen liebte und schon manche Erfahrungen gesammelt hatte, erkannte Simone de Beauvoir von Anfang an die außergewöhnliche Begabung, das Geniale. Das Versprechen vollkommener gegenseitiger Aufrichtigkeit und das intellektuelle Gespräch bildeten die Grundelemente ihrer Beziehung.

Allmählich gewann der Philosoph, der 1930 seinen Militärdienst in Tours absolvierte, einen so großen Einfluß auf sie, daß sie nicht mehr »Mittelpunkt« ihres eigenen Lebens war: »Für mich zählte nur noch die Zeit, die ich mit Sartre verbrachte ... ich gab mich so weit auf, daß von meiner Person nichts übrigblieb ... Dann stellte ich fest, daß ich meine eigene Existenz aufgegeben hatte, daß ich als Parasit lebte ... Als ich Sartre begegnet war, hatte ich geglaubt, nun sei alles gewonnen. An seiner Seite konnte meine Selbstverwirklichung nicht mißlingen. Jetzt sagte ich mir: auf das Heil eines anderen mitzusetzen ist der sicherste Weg zum Untergang«, bekennt sie in ihren autobiographischen Aufzeichnungen *In den besten Jahren*. Für die puritanisch erzogene junge Frau war die Sinnlichkeit nichts Selbstverständliches, ihr Erwachen stürzte sie in Abgründe der Abhängigkeit und sogar der Selbstverachtung. »Ein schmachvolles Übel ... mein einsames Schmachten verlangte wahllos nach irgendeinem Partner. Nachts, im Zug Tours–Paris, konnte eine fremde Hand, die an meinem Bein entlangstrich, einen Aufruhr in mir erwecken, der mich in Selbstverachtung stürzte« (*In den besten Jahren*).

Sartre war der Mittelpunkt ihres Geistes, ihrer Seele, ihrer Begierden, dennoch schlug sie dessen Heiratsantrag ab, der sie während ihrer Lehrtätigkeit geographisch nähergebracht hätte – er wurde nach Le Havre in Nordfrankreich, sie nach Marseille versetzt. Aus Rücksicht auf seine Freiheit, auf seine »unwiderrufliche« Jugend lehnte sie ab – sie wußte nur zu gut, daß er auf »Zufallslieben« nicht verzichten konnte. Von 1932 bis 1936 weilte

10 *Simone de Beauvoir (1908–1986) mit Jean-Paul Sartre (1905–1980).*
Aufnahme von 1948

Simone de Beauvoir in Rouen, in Sartres Nähe. Ihre Übereinstimmung hatte etwas Legendäres, so schrieb sie viel später: »In meinem Leben habe ich einen unbestreitbaren Erfolg zu verzeichnen: meine Beziehung zu Sartre. In mehr als dreißig Jahren sind wir nur einen Abend uneins eingeschlafen. Das langjährige Beisammensein hat keineswegs das Interesse verringert, das wir an unseren Gesprächen haben … Unsere Gedanken sind aber so beharrlich kritisiert, korrigiert und begründet worden, daß sie heute unser gemeinsames Eigentum sind … Oft beendet der eine einen Satz, den der andere begonnen hat. Wenn man uns eine Frage stellt, geschieht es, daß wir beide die gleiche Antwort formulieren« (*Der Lauf der Dinge*). Diese vollkommene Beziehung verteidigte sie hartnäckig bis zum Ende, als sie resigniert akzeptieren mußte, daß eine von Sartres Freundinnen, die algerische Jüdin Arlette Elkaim, seine Adoptivtochter und Nachlaßverwalterin wurde. Sartres Worte über seine Lebensgefährtin klangen zuversichtlich: »Es sind eben die besonderen Qualitäten von Simone de Beauvoir, die dazu führten, daß sie in meinem Leben einen Platz eingenommen hat, der keinem anderen Menschen zugänglich ist« (Interview in *Die Zeit*, 25. Februar 1977). Schon lange Jahre vorher hatte er ihr eine Dreiecksbeziehung mit einer russischen Schülerin, Olga Kosakiewicz, aufgezwungen, die für Simone in eine »Miniaturhöllenmaschine« (*In den besten Jahren*) ausartete. Diese Erfahrung war für Simone de Beauvoir verwirrend und schmerzlich: »Damals war ich unfähig, mir Olgas Launen vom Leibe zu halten … Nein, die Gedanken der Menschen waren nicht bloß harmlose kleine Rauchwölkchen im Innern ihrer Köpfe, sie überzogen die Erde, und ich löste mich darin auf, Olga zwang mich, einer Wahrheit ins Gesicht zu sehen, der ich bisher mit Erfolg ausgewichen war: andere existieren genauso wie ich und mit gleicher Evidenz« (*In den besten Jahren*). Dieses Erlebnis der unausweichlichen Existenz des Anderen schlug sich im Roman *Sie kam und blieb* nieder.

1936 wurde Simone de Beauvoir nach Paris versetzt, wo sie mit Sartre in einem kleinen Hotel am linken Seine-Ufer lebte: »Wir

hatten so die Vorteile eines Lebens zu zweit und keine seiner Un-
annehmlichkeiten«, notierte sie damals. Beide schrieben eifrig.
1938 erschien Sartres *Der Ekel,* der ihm zum literarischen Durchbruch verhalf.

Das Bewußtsein der jungen Philosophiedozentin war bis dahin
mit metaphysischen Fragen und Problemen ausgefüllt, jetzt trat
die politische Dimension in ihr Leben ein. Der Spanische Bürgerkrieg bildete für sie einen ersten Auftakt: Sie fühlte sich persönlich von ihm betroffen, obwohl sie im Gegensatz zu Simone
Weil nie geplant hatte, daran teilzunehmen. Als die Nazis Paris
und einen Teil Frankreichs besetzten, wurde aus der unpolitischen
Individualistin eine zutiefst engagierte Frau: »Plötzlich ergriff die
Geschichte von mir Besitz, ich zerbarst und fand mich über die
ganze Welt verstreut wieder, mit allen Fasern an alle und jeden
gebunden. Ideen, Werte, alles wurde umgestürzt; selbst das Glück
verlor seine Bedeutung« (*In den besten Jahren*). Die Zerstörung ihrer Vorkriegswelt, die Okkupationszeit, aber auch später die Enttäuschung über die Entwicklung Frankreichs und Europas nach
dem Krieg verwandelten sie in einen scharfen Beobachter der
Zeitgeschichte. Als Sartre an die Front mußte und in ein Kriegs-
gefangenenlager kam, solidarisierte sich Simone de Beauvoir
mit den Ängsten und dem Haß der französischen Bevölkerung:
»Meine Emotionen, meine Hoffnungen, meine Angst, meine
Auflehnung, teilte ich mit einer Menge, die zwar kein Gesicht
hatte, deren Gegenwart sich mir jedoch mitteilte. Sie war überall,
außerhalb meiner Person und in mir. Sie äußerte ihre Erregung,
ihren Haß im Schlag meines Herzens« (*In den besten Jahren*).

Ihr Haß galt ebenso Hitler und den Nazis wie der Pétain-Regie-
rung und den kollaborierenden Intellektuellen. Nie gehörte sie
aber aktiv der »Résistance« an, auch nicht, als Sartre 1941 die Wi-
derstandsbewegung »Sozialismus und Freiheit« gründete, die jedoch bald scheiterte. Zu Beginn der Okkupation hatte Simone de
Beauvoir eine eidesstattliche Erklärung unterschrieben, daß sie
keine Jüdin sei, um weiter unterrichten zu können. Als ihr aber
1943 angetragen wurde, auf eine ihrer Schülerinnen, Nathalie

Sorokin, einzuwirken, damit das junge Mädchen sich von ihrem jüdischen Freund trenne und zur »guten Partie« zurückkehre, weigerte sie sich heftig und wurde darum wegen »Verführung Minderjähriger« aus dem Schuldienst entlassen.

Die Zeit der Besatzung rief viele Ängste und Nöte hervor, stets schwebte der Tod über dem Alltag, und besonders in den Alpträumen fühlte sie sich ihnen unwiderstehlich ausgeliefert: »Mein Bett macht mir Angst – ein Nachen, der mich fortträgt, Schwindel. Ich entferne mich immer weiter vom Ufer, starr … ich sinke und gleite, und ich bin unterwegs, nirgendwohin, auf meinem Bett, das Wasser, die Zeit, die Nacht hinab« (*In den besten Jahren*). Das Verschwinden von Freunden und Bekannten traf sie schwer. Sie konnte nur hilflos zusehen; Schuldgefühle mischten sich mit dem »Grauen vor dem Ende«, das in jenen Jahren ihre »Freude zu existieren« übertönte. Dieses Grauen führte aber auch zu einer Solidarität mit all jenen, die gefährdet waren oder sich freiwillig der Gefahr aussetzten: »Der Tod ist nicht immer ein absurdes, einsames Unglück. Manchmal stellt er eine lebendige Bindung zu anderen her; dann hat er Sinn und Rechtfertigung gefunden« (*In den besten Jahren*).

Diese Jahre brachten aber nicht nur Unheil: Sartres Ansehen wuchs immer mehr, und Simone de Beauvoirs Roman *Sie kam und blieb* erntete großen Erfolg. Das Paar wurde allmählich zum Sprachrohr für die Ideen, die die Welt der Literaten und Künstler bewegten: die persönliche Freiheit und die Verantwortlichkeit. Auch neue Freundschaften wurden geknüpft, u. a. mit Albert Camus, Jean Genet, Michel Leiris, Georges Bataille, Giacometti und Picasso. Sie trafen sich oft im »Café de Flore« in Saint-Germain-des Prés und diskutierten stundenlang über neue intellektuelle Tendenzen sowie über ihre Hoffnungen und Befürchtungen. Die sich anbahnende Niederlage Deutschlands ließ sie Pläne und Konzepte für das Nachkriegsfrankreich entwickeln: »Dann würde die Zukunft wieder offenstehen, und es wäre an uns, sie vielleicht politisch, bestimmt aber geistig zu formen. Wir sollten der Nachkriegszeit eine Ideologie liefern. Wir hatten klare Vorstellungen … Seite an Seite wollten wir einen neuen Anlauf nehmen.« Die freudigen Zukunftsperspektiven brachten Sartre und die Beauvoir dazu, regelmäßig Fiestas zu inszenieren, zur großen Begeisterung ihrer surrealistischen Freunde. Für Simone war das Fest vor allem »eine glühende Apotheose der Gegenwart im Angesicht der ungewissen Zukunft«.

Die Befreiung von Paris war das Fest schlechthin. Aus einem berauschenden Glücks- und Solidaritätsgefühl heraus schrieb sie enthusiastisch: »Den ganzen Tag bummelte ich mit Sartre durch das beflaggte Paris, ich betrachtete die festtäglich herausgeputzten Frauen, die den Soldaten um den Hals fielen … Was für ein Aufruhr in meinem Herzen! Es kommt selten vor, daß man mit einer lang ersehnten Freude im Augenblick der Erfüllung noch übereinstimmt; ich hatte dieses Glück … Ganz Paris hatte sich in mir verkörpert, und auf jedem Gesicht erkannte ich mich wieder … Es waren mir Flügel gewachsen, und von nun an wollte ich mich über die Enge meines persönlichen Lebens erheben und in der Welt des Kollektivs schweben. Mein Glück würde das wunderbare Abenteuer einer sich neu erschaffenden Welt spiegeln« (*In den besten Jahren*).

Polarität bestimmte Simone de Beauvoirs Leben. Ihrer Selbstsicherheit stand ein ständiger Ich-Zweifel, ihrer intellektuellen Begabung die Unfähigkeit zu handeln, ihrer geistigen Befreiung eine tief verwurzelte bürgerlich moralische Hemmschwelle gegenüber. Die Bücher, die sie während der Besatzung und in der Nachkriegszeit schrieb, deutete sie nach ihrer Wendung zum Marxismus pejorativ als »moralische Phase«, wie überhaupt alles, was sie geschrieben und beschrieben hatte, bevor sie sich diesem neuen »Glauben« hingab. Ihr ehemaliger »Moralismus« – eine gewisse Neigung zur Lehrhaftigkeit blieb ihr zeitlebens erhalten – stellte sich für sie nunmehr als »letzte Zitadelle des bürgerlichen Idealismus« dar, den es zu überwinden galt: »Warum hatte ich den Umweg über andere Werte eingeschlagen, statt das Bedürfnis selbst anzuerkennen … Warum schrieb ich ›konkrete Freiheit‹ statt ›Brot‹ und ordnete den Willen zum Leben dem Sinn des Lebens unter?« fragte sich die Existentialistin, die schon mit neunzehn überzeugt gewesen war, »daß es dem Menschen zusteht, und nur ihm allein, seinem Leben einen Sinn zu geben, und daß er dieser Aufgabe gewachsen ist« (*Der Lauf der Dinge*).

Die Frage nach dem »Wozu« hatte sich ihr schon früh aufgedrängt, wie das Tagebuch der Zwanzigjährigen preisgibt. Während sich Sartre auf ontologische Fragen konzentrierte, die in *Das Sein und das Nichts* gipfelten, ging es Simone de Beauvoir um die Begründung einer existentialistischen Ethik: »Das Nichts, das mir die Angst enthüllt, ist nicht das Nichts meines Todes, sondern die Negativität inmitten meines Lebens, die es mir ermöglicht, unaufhörlich jede Transzendenz zu transzendieren. Solange der Mensch lebt und plant, ist der Tod nicht da«, schrieb sie in ihrem Essay *Pyrrhus und Cineas* (1944).

1945 gründete Sartre die Zeitschrift *Les Temps Modernes,* zu deren Redaktion Raymond Aron, Michel Leiris, Merleau-Ponty, Albert Olivier und Simone de Beauvoir, als einzige Frau, gehörten. Bald galt die Zeitschrift als eine »existentialistische Offensive«. Simone de Beauvoirs wichtigster Beitrag zum Existentialismus war 1947 der Essay *Für eine Moral der Doppelsinnigkeit,* mit dem sie an Sartres *Das Sein und das Nichts* anknüpfte und ein Plädoyer für das Ambivalente, für die Antinomien des Seins und für die absolute individuelle Verantwortlichkeit hielt: »Weil der Mensch auf der Erde verlassen ist, sind seine Handlungen endgültig, absolute Verpflichtungen; er trägt die Verantwortung für eine Welt, die nicht die Schöpfung einer fremden Macht, sondern sein eigenes Werk ist … Ein Gott kann verzeihen, auslöschen, ausgleichen; wenn aber kein Gott existiert, dann sind die Fehler des Menschen unsühnbar.«

Gemeinsam mit Sartre unternahm Simone de Beauvoir Ende der vierziger Jahre viele Reisen, über die sie in zwei Reisebüchern, in ihrem Memoiren-Tagebuch und im Roman *Die Mandarins von Paris* (1954) eingehend berichtet. Das erste Reisetagebuch *Amerika – Tag und Nacht* (1948) gibt ihre Begeisterung für die »Neue Welt«, die ihr sehr viel bedeutete, kund: »Die Zukunft war auf dem Marsch. Der Überfluß und die grenzenlosen Horizonte; ein Tohuwabohu legendärer Bilder: Wenn man sich überlegte, daß man das alles nun mit eigenen Augen sehen sollte, wurde einem schwindelig… Der amerikanische Luxus warf mich um… Ich verkehrte nur mit Intellektuellen, aber was für ein Unterschied zwischen dem Weißkäsesalat am Vassar College und der Marihuanazigarette, die ich mit Bohemiens aus Greenwich in einem Zimmer des ›Plaza‹ rauchte« (*Der Lauf der Dinge*). Ihre Beziehung zu dem amerikanischen Schriftsteller Nelson Algren steigerte noch den Enthusiasmus. Dieser beendete aber die Liaison, als er einsah, daß er nie mehr als eine Nebenrolle in ihrem Leben spielen würde, und entdeckte, daß sie in ihren Aufzeichnungen sehr freizügig über ihre Liebesbeziehung sprach. Verletzt behauptete er: »Sie romantisiert die Affäre wie eine alte Jungfer… Sie schreibt wie in einem Dreigroschenroman – Madame Quatsch-Quatsch… sie ist völlig humorlos.«

Im Umfeld der Zeitschrift *Les Temps Modernes* lernte Simone de Beauvoir den Jung-Marxisten Claude Lanzmann kennen: »Lanzmann war mir sehr sympathisch. Viele Frauen fanden ihn attraktiv: auch ich gehörte zu ihnen. In zwanglosem Ton servierte er die gewagtesten Formulierungen, und seine Geisteshaltung ähnelte der Sartres« (*Der Lauf der Dinge*). 1952 wurde der Fünfundzwanzigjährige ihr Geliebter. Er ließ sie ihr eigenes Alter vergessen; Sartre und seine damalige Freundin Michelle Vian machten keine Schwierigkeiten, zu viert unternahmen sie mehrere Reisen. Damals ermutigte Lanzmann Simone de Beauvoir, ihren 1949 begonnenen Roman *Die Mandarins von Paris* fertigzustellen, der die für den Existenzialismus typische Verbindung zwischen Philosophie und Kunst aufzeigt. Auch ihr bahnbrechendes Buch *Das andere Geschlecht,* das auf ihre eigene Frage »Was hat es für mich bedeutet, eine Frau zu sein?« eine Antwort zu geben versucht, entstand 1949.

Der Algerien-Krieg, der 1954 einsetzte, stellte Simone de Beauvoir in den Mittelpunkt der öffentlichen politischen Diskussion: Sie trat heftig für ein freies Algerien ein und übte scharfe Kritik an der französischen Kolonialpolitik. In zwei polemischen Schriften, die sie als Sympathisantin der rußlandfreundlichen Linken auswiesen, verlieh sie ihrer Empörung Ausdruck.

Simone de Beauvoirs Wunsch, die Welt kennenzulernen, zu erkunden, war geradezu rauschhaft: Bildungs- und Tätigkeitsdrang ergänzten sich aufs vollkommenste. Zunächst war sie mit Sartre als Kulturgesandte Frankreichs nach Portugal, Tunesien, in die USA gereist. In den fünfziger und sechziger Jahren waren sie im Dienste der linksintellektuellen Internationale in China, Kuba, Nordafrika und mehrmals in der Sowjetunion. Ihre Suche nach dem wahren Sozialismus wurde aber fast immer enttäuscht, wie Simone de Beauvoir in *Alles in allem* darstellt. Das Festhalten an der Sowjetunion als »Träger der Weltrevolution« erschien ihr nach den Ereignissen von 1968 endgültig in Frage gestellt. Dennoch reiste sie weiter durch fremde Länder, um für eine freiere, bessere Welt einzutreten. Eine rege politische Aktivität prägte in diesen Jahren Simone de Beauvoirs Alltag; sie schrieb viele Artikel zur Verteidigung der Menschenrechte, sprach auf Kongressen und nahm an Demonstrationen teil. 1964 starb ihre Mutter, zu der sie seit jeher eine sehr schwierige Beziehung hatte, die schließlich zu einer tiefen Entfremdung führte. *Ein sanfter Tod* beschreibt mit minutiöser Genauigkeit das grausame Leiden und die nicht nachlassende Lebensgier der alten Dame.

Der Tod der Mutter im Jahre 1964 war für Simone de Beauvoir der Anlaß, um sich mit dem Problem des Alterns zu beschäftigen: »Ich hasse mein Spiegelbild ... Das Sterben hat schon begonnen. Das hatte ich nicht vorausgesehen – daß es so früh beginnt und daß es so weh tut (*Der Lauf der Dinge*). Und im tagebuchartigen Zeugnis *Alles in allem,* das die Geschichte ihres eigenen Alters bis 1972 widerspiegelt, zieht sie Bilanz: »Vor allem zwei Dinge haben meinem Dasein seine Einheit verliehen: der Platz, den Sartre niemals aufgehört hat in ihm einzunehmen. Und die Treue, mit der ich immer an meinem ursprünglichen Projekt festgehalten habe: Erkennen und Schreiben.« So beendet sie auch ihr Leben: Ihre liebevolle Fürsorge galt Sartre, der seit einem Schlaganfall 1971 zunehmend verfiel, bis er 1980 an Urämie starb. Die anstrengende Pflege des fast völlig erblindeten Lebensgefährten teilte sie sich mit Arlette Elkaim, Michelle Vian und anderen jüngeren Freundinnen des Philosophen. Nach seinem Tod erkrankte sie ernsthaft. Eine Zuflucht fand sie in der literarischen Tätigkeit, die sie nun ganz dem Andenken Sartres widmete. In *Die Zeremonie des Abschieds* (1981) schilderte sie schonungslos die letzten zehn Jahre seines Lebens, den erschütternden Verfall seines durch Drogen- und Alkoholmißbrauch zerstörten Körpers. Sie überarbeitete und veröffentlichte die Gespräche, die sie 1974 mit ihm geführt hatte. Danach befaßte sie sich mit der Herausgabe seiner Korrespondenz, die nach schwierigen Verhandlungen mit Sartres Adoptivtochter Arlette Elkaim-Sartre 1983 erschien.

Ihre letzten Jahre teilte Simone de Beauvoir mit der jungen Philosophielehrerin Sylvie Le Bon, die sie schließlich adoptierte. Mehrere Reisen, unter anderem in die USA zur amerikanischen Feministin Kate Millet (der Verfasserin von *Sexual Politics*), und eine rege intellektuelle Tätigkeit kennzeichneten ihren Lebensabend. Simone de Beauvoir starb 1986 in Paris.

Neben ihrem literarischen Werk hat Simone de Beauvoir reiches autobiographisches Material hinterlassen. Es war ihr ein dringendes Anliegen, ihre Memoiren zu schreiben, denn sie wollte »das Geschehen in seiner Willkür, seinen Zufällen, seinen zuweilen ungereimten Kombinationen« einfangen, so »wie es der Wirklichkeit entspricht« (*Der Lauf der Dinge*). Die Offenheit, mit der sich Simone de Beauvoir selbst preisgibt, leidenschaftlich ihre Überzeugungen verteidigt, aber ebenso unerschrocken ihre Irrtümer zugibt und keinen Hehl aus ihren persönlichen wie politischen Zuneigungen und Abneigungen macht, rücken ihre Memoiren unbestreitbar in die Nähe der Tagebuchaufzeichnungen. Für Simone de Beauvoir bildeten sie sozusagen eine Barriere gegen das Alter, die Verlassenheit und den Tod. In den drei Memoirenbänden, die sie zwischen 1956 und 1963 verfaßte (*Eine Tochter aus gutem Hause*, 1958, *In den besten Jahren*, 1960, und *Der Lauf der Dinge*, 1963), erzählt sie schonungslos von ihrer oft schmerzvollen

Loslösung von den Konventionen und Tabus ihres bürgerlich-katholischen Elternhauses, von ihrem Ringen um Emanzipation und Selbstbehauptung, von den Jahren mit Sartre, der Zeit der deutschen Besatzung und des Algerienkriegs. Neben der Beschreibung und Analyse ihrer eigenen Entwicklung, die diesen Memoiren Tagebuchcharakter verleihen, traten im Lauf der Zeit immer mehr Berichte über das politische und literarische Geschehen in den Vordergrund, die das Ende düster und hoffnungslos erscheinen lassen. Trotz allem zieht sie eine positive Bilanz: »Ich bin keine virtuose Schriftstellerin gewesen. Ich habe nicht – wie Virginia Woolf, wie Proust oder wie Joyce – das schillernde Spiel der Empfindungen wieder zum Leben erweckt und die Außenwelt in Worten eingefangen. Aber das ist auch nicht meine Absicht gewesen. Ich wollte mich existent machen für die anderen, indem ich ihnen auf die unmittelbarste Weise mitteilte, wie ich mein eigenes Leben empfand: das ist mir in etwa geglückt … Nichts anderes wünschte ich mir.« *(Der Lauf der Dinge)*

Zeitkritik und unerlöste Ich-Suche sind auch das Leitmotiv der Tagebuchaufzeichnungen der italienischen Schriftstellerin Sibilla Aleramo (alias Rina Faccio, 1876-1960). Wie Simone de Beauvoir war sie sozial sehr engagiert und zählte zu den ersten Feministinnen Italiens. Ihre Romanbiographie *Una donna,* die Geschichte einer italienischen Frau, die sich gegen alle Konventionen von ihrer Familie trennt, um ein eigenes freies Leben zu führen, erregte bei ihrer Veröffentlichung 1906 großes Aufsehen. Nach vierzig Jahren eines bewegten, erfüllten Lebens als Schriftstellerin, politische Kämpferin und liebende Frau begann sie 1945, fast siebzigjährig, das *Tagebuch einer Frau* zu schreiben, das sie bis zu ihrem Tod 1960 fortführte (erschienen 1978 bei Feltrinelli). Diese Notizen enthüllen nicht nur die Einsamkeit und die schmerzlichen Prozesse einer langen unglücklichen Liebe zu einem jungen Dichter, sondern auch die alltägliche politische Arbeit der Autorin, die seit 1946 zur Kommunistischen Partei Italiens gehörte und sich lebenslang für die Werte des Sozialismus eingesetzt hat.

Sibilla Aleramo wurde 1876 in Alessandria/Piemont als Tochter eines Naturwissenschaftlers geboren. Der heißgeliebte Vater (»Die Liebe zu meinem Vater beherrschte alles«), ein überzeugter Atheist, wechselte oft den Beruf: 1879 zog er mit seiner Familie nach Mailand, wo er als Geschäftsmann tätig war, 1881 nach Porto Civitanova, wo er eine Glasfabrik leitete. Von ihrem zwölften bis fünfzehnten Lebensjahr arbeitete Sibilla als Buchhalterin bei ihm. Schon früh schrieb sie Erzählungen und unter Pseudonym Phantasiestücke und vermischte Nachrichten für regionale Zeitungen. Nachdem ihre depressiv veranlagte Mutter 1889 einen Selbstmordversuch verübte, führte das junge Mädchen neben ihrer Arbeit in der Fabrik auch den Haushalt. 1892 wurde sie von einem Angestellten ihres Vaters vergewaltigt, den sie aus gesellschaftlicher Konvention bald darauf heiratete – zur gleichen Zeit wurde ihre Mutter ins Irrenhaus von Macerata gebracht. Drei Jahre später kam der Sohn Walter auf die Welt – die Ehe der Sibilla Aleramo gestaltete sich zu einer ständigen Qual; der ungeliebte Mann bezichtigte sie, ihn zu betrügen, und quälte sie unentwegt.

Seit 1897 begann Sibilla Aleramo dank ihrer Artikel für die Triester *Gazzetta Letteraria,* für die feministische Zeitung *Vita Moderna* und die politisch-kulturelle Zeitschrift *Vita Internazionale* sich in den intellektuellen Kreisen Italiens einen Namen zu machen. Kurz darauf wurde sie die Chefredakteurin der Zeitschrift *L'Italia Femminile.* In diesem Umfeld lernte sie 1899 in Mailand die Feministin Anna Kuliscioff und den Dichter Giovanni Cena kennen. Als sie 1900 von ihrem Mann, der die Glasfabrik seines Schwiegervaters übernehmen wollte, gezwungen wurde, ihren Posten aufzugeben und nach Porto Civitanova zurückzukehren, ließ sich Sibilla Aleramo mehr aus Verzweiflung denn aus Lust in eine Liebesbeziehung mit dem Schriftsteller Felice Damiani ein. Das war der Auftakt zu einer Reihe von aufregenden, höchst dramatischen Affären.

1902 verließ Sibilla Aleramo endgültig Mann und Sohn und zog nach Rom, wo sie mit Giovanni Cena zusammenlebte. Ihre Wohnung wurde bald zu einem literarischen Treffpunkt – Pirandello, Montessori, Gorki und Stefan Zweig verkehrten dort.

Die sieben Jahre, die sie mit Cena verbrachte, waren nicht allein der eigenen schriftstellerischen Tätigkeit gewidmet (sie schrieb über Ibsen, Nietzsche, Wilde, Emerson, d'Annunzio, Colette). Sibilla Aleramo setzte sich tatkräftig für das allgemeine Wahlrecht und gegen den damals blühenden Mädchenhandel ein. Verbittert kämpfte sie auch um das Sorgerecht für ihren Sohn, das ihr aber nicht zuerkannt wurde. Diesen Verlust konnte sie nur mühsam verwinden, und er war vermutlich der Grund, weshalb sie sich als freiwillige Helferin in einer Ambulanz für arme Kinder engagierte. 1906 erschien in Turin die Romanbiographie *Una donna*. Dieses Buch, das zunächst von zwei Verlegern abgelehnt worden war, erntete großen Erfolg und galt bald als »feministisches Hauptwerk«.

Die gefeierte Autorin verliebte sich damals in das »knabenhafte Mädchen« Lina Poletti (die spätere Muse der Eleonora Duse), die sie zu der Favola in ihrem Buch *Il Passaggio* inspirierte und mit der sie eine ergreifende Korrespondenz führte. Von Giovanni Cena trennte sie sich endgültig 1910. Kurz darauf ging Sibilla Aleramo ein schwieriges Verhältnis von kurzer Dauer mit dem Journalisten Vincenzo Carderelli ein. Darauf folgten Liebesbeziehungen zu Giovanni Papini, dem Verfasser mehrerer Tagebücher und des Romans *Ein erledigter Mensch* (1912), dem sie in ihrer Erzählung *Transfigurazione* (1914) ein Denkmal setzte, zu dem Dichter Vincenzo Gerace, der sie mit Benedetto Croce bekanntmachte, und zu dem Maler und Bildhauer Umberto Boccioni.

1913 weilte die Autorin in Paris, wo sie im berühmten Salon der Rachilde, der Mitbegründerin des *Mercure de France*, Apollinaire und Rodin begegnete. Obwohl sich Sibilla Aleramo als Schriftstellerin politisch nicht engagierte, war ihre Haltung antifaschistisch.

Den Vorabend des Ersten Weltkriegs erlebte sie wieder in Italien; dort wurde sie mehr als Literatin im Umfeld der futuristischen Bewegung denn als politisch Engagierte tätig. Fieberhafte Beziehungen, wie die zu dem Schriftsteller Giovanni Boine und zu Dino Campana, der 1917 in ein Irrenhaus eingeliefert wurde, prägten neben der literarischen Arbeit weiterhin ihren Alltag. In den mondänen Künstlerkreisen von Rom, Neapel, Sorrent und Capri fühlte sich Sibilla Aleramo zu Hause, wo sie auch die Duse kennenlernte, mit der sie lange korrespondierte. 1920 erschien ihre erste Gedichtsammlung. 1925 ließ sie sich in einer Dachwohnung in Rom nieder.

1933 sah Sibilla Aleramo nach dreißig Jahren endlich ihren Sohn wieder. Im gleichen Jahr wurde sie Mitglied der nationalen antifaschistischen Frauenvereinigung für Künstlerinnen und Akademikerinnen. Ihrem unruhigen Privatleben setzte 1936 – nach einer stürmischen Liebesaffäre mit dem Dichter und Nobelpreisträger Quasimodo – eine zehn Jahre dauernde Beziehung mit dem Jahre jüngeren Dichter Franco Matacotta, der letzten großen Liebe ihres Lebens. Als dieser 1947 doch noch eine andere Frau heiratete, stürzte sich Sibilla Aleramo in eine noch intensivere politisch-kulturelle Aktivität: Sie wurde Mitglied der KPI, schrieb für die parteinahen Zeitschriften, reiste in ganz Italien umher und trug ihre Gedichte und ihre politischen Ansichten vor. Wie ihre langjährige Freundin Alba Morino berichtet: »Nachdem sie mit der Liebe zu den Männern abgeschlossen hat, ist es die Liebe zur Menschheit und ihrem Fortschritt, die sie bis zu ihrem Tod begleitet« (Vorwort zum Tagebuch). 1960 starb Sibilla Aleramo an Leberzirrhose in Rom.

In ihrem *Tagebuch einer Frau 1945–1960* vermerkte sie einmal: »Die Jahre sind über mich hinweggegangen, ebenso wie das Weltgeschehen und die Kriege, bis zur letzten Ausrottung, ohne daß mein *Ja* zum Leben, zum künftigen Leben der Menschheit, sich in Verneinung gewandelt hätte. Trotzdem, wieviel Schmerz, und oft welch Gefühl angstvoller Einsamkeit.«

Das Tagebuch beginnt 1945 mit einer persönlichen Eintragung: »In mir ist eine Veränderung vorgegangen. Ich kann sie nicht genau beschreiben, ich will sie noch nicht analysieren, kann ihr Ausmaß und ihre Tiefe nicht ermessen. Nur eines ist sicher: ich bin nicht dieselbe wie damals, als ich auf Francos (d. i. Matacottas) Rückkehr wartete, einen Monat ist das nun her. Und in meiner Seele existiert eine stillschweigende Anerkennung dieser Veränderung. Ohne Freude, aber auch ohne Leid, merkwürdigerweise. Ich werde sehen, ob mir in den nächsten Abenden der Impuls kommt, mir selbst hier im Tagebuch meinen neuen Zustand zu erklären...« Das durch die Untreue oder Gleichgültigkeit des jungen Liebhabers »zutiefst verwundete Innere« bewegt sich zwischen tiefer Niedergeschlagenheit und der Hoffnung auf ein Wunder: »Lieben! Beginn damit, daß Du Dein Schicksal, Dein Los liebst, Franco! *Leben* darf für Dich nicht heißen, freudeverheißenden Gespenstern nachzulaufen und die Arme wie ein Blinder nach gesichtslosen Formen auszustrecken und währenddessen die Bedeutung Deines Erscheinens auf der Erde zu vergessen... Aber Du hast Fieber, es ist wahr. Du zeigst sogar, wie Du selbst sagst, wie ein lebendes Thermometer das Fieber der Welt an« (17. April 1945). Leidige Geldprobleme verdüsterten das ohnehin schon dunkle Bild der siebzigjährigen Autorin: »Ich habe hier in der Dachstube den Boden geputzt. Ich finde keine Frau, die ab und zu kommen und diese Arbeit tun will, nicht einmal für 20, 30 Lire in der Stunde. Sie beschäftigen sich alle lieber mit dem ›Schwarzmarkt‹ – die Alten versteht sich, denn für die Jungen ist es noch einfacher, sich an ein paar alliierte Soldaten, Yankees, Kanadier oder Schwarze zu verkaufen« (10. April 1945). Kontrapunktisch dazu erhebt sich die unbeugsame Stimme der politisch Engagierten, die mit wachem Auge den Einmarsch der Alliierten in Berlin und in Norditalien verfolgt: »Es jubelt das Herz. Die Patrioten Norditaliens haben sich überall erhoben und vertreiben Deutsche und Faschisten noch vor Ankunft der alliierten Truppen. Genua hat nur durch die Ausdauer seiner Einwohner die Kapitulation des deutschen Kommandos erreicht und ist frei. In Mailand, Turin, in Novara, am Lago Maggiore wird gekämpft, gestreikt, jeden Augenblick werden sie sich befreien, wie die dortigen Radiostationen, die dem Feind aus der Hand genommen wurden, meldeten... Seit heute morgen bin ich von diesen Nachrichten so bewegt, wie ich es nie gedacht hätte, bewegter als letztes Jahr, bei der Ankunft der Engländer in Rom. Also bin ich nicht tot?« (26. April 1945).

Die Hinrichtung Mussolinis und der Tod Hitlers nehmen großen Raum in ihren Tagebuchaufzeichnungen ein. Die Patriotin jubelte, die zeitkritische Beobachterin stellte sachlich dar. Mit einer ähnlich kühlen Distanz berichtete sie später auch von den Kongressen der Kommunistischen Partei. »Mein Beitritt wird mir von dem Bewußtsein, eine Pflicht zu erfüllen, diktiert und bedeutet für mich zugleich so etwas wie die Krönung meines Lebens als Schriftstellerin und Frau. Mein ganzes Werk von 40 Jahren ist vom Glauben an eine gerechtere und menschlichere Zukunft für unsere Gattung, d. h. Männer und Frauen der ganzen Erde, inspiriert worden … Aber werde ich die Kraft finden, für das zu arbeiten, wofür ich mich öffentlich engagiert habe? Oder wird meine Geste nur ein Schwanengesang bleiben? Eine letzte Glaubensbezeugung, bevor ich erschöpft zusammenbreche?« schrieb Sibilla Aleramo am 10. Januar 1946. Die Freunde von früher, die es vorzogen, sich keiner Partei anzuschließen, ließen sie ihr Befremden fühlen: »Als Symbol für die Idee, die sie verabscheuen, werde ich ab jetzt nie mehr ihr volles Vertrauen genießen können. So sei es.« (25. Februar 1946)

Die unerfüllte Liebe zu Franco prägt die Aufzeichnungen der zutiefst niedergeschlagenen Schriftstellerin: »Die Anfälle von Geistestrübung wiederholen sich, während denen er alles abstreitet, was es je an Vitalem zwischen uns gegeben hat … Aber eine grausame Stimme in mir, dieser liebenden Hoffnung feind, wiederholt mir, daß es sich nicht um eine heilbare Krankheit handelt, sondern um die *Form seines Charakters*, d. h. etwas Unbezwingbares, wogegen nichts gilt, kein Beispiel, kein Axiom, ach nicht einmal Strafe … Vielleicht wird nicht einmal mein Tod genug sein, ihn zu retten, ihn ein für allemal zu erleuchten?« (11. März 1946). Das Tagebuch wurde zum Ersatz für die real nicht mehr vorhandene Kommunikation, zum lauschenden Freund. »Bittere Melancholie« überfiel sie, wenn sie sich nicht »über diesem Tagebuch hätte sammeln können« (24. Februar 1946), das ebenso ihr obsessives Liebesleid wie ihre politischen Einsichten und den mühsamen Alltag im Nachkriegsitalien bloßlegt.

Sibilla Aleramos politisches Engagement wurde in jenen Jahren immer heftiger. Begeistert schrieb sie in ihrem Tagebuch über die erste Frauenwahl Italiens (Juni 1946) und über die Ausrufung der Italienischen Republik: Der politische Neubeginn spornte sie an, mit Zeitungsartikeln, Radiosendungen und Parteikongressen an dem Wiederaufbau Italiens teilzunehmen. Allmählich verwandelte sich ihr Tagebuch fast in ein »Ereignis-Verzeichnis« des sich neu organisierenden politischen und sozialen Alltags. Aber auch die eigene schriftstellerische Arbeit und ihre problematische Beziehung zu ihren Verlegern werden darin berücksichtigt.

Der Neujahrsmorgen von 1949 klingt eher betrüblich: »Große Stille in der Dachstube. Um Mitternacht trank ich einen Schluck Likör und faßte dabei den Vorsatz: ›arbeiten‹, dann las ich bis 1 Uhr das Tagebuch von 1948 weiter…«, schrieb die damals Dreiundsiebzigjährige. Eine Reise zum Internationalen Kommunistischen Kongreß brachte sie im gleichen Jahr nach Paris, wo sie mit Picasso – »seine Malerei mag ich nicht, obgleich ich in ihm schon das große Genie anerkenne. Er hat ein eindrucksvolles und schlaues Gesicht, sympathisch« (24. April 1948) – sowie mit dem Schriftsteller Paul Éluard zusammenkam. Als sie endlich 1952 ihren lang gehegten Wunsch verwirklichen konnte, in die Sowjetunion zu reisen, schrieb sie nicht viel darüber im Tagebuch und bat sogar ihre spätere Herausgeberin Alba Morino, diese knappen Passagen zu tilgen, da die Aufzeichnungen dieser für sie so grundlegenden Eindrücke zu allgemein, zu klischeehaft geraten seien. Statt dessen veröffentlichte Sibilla Aleramo bald den Sammelband *Rußland großes Land* (Gedichte und Prosa), aus dem sie öfters öffentliche Lesungen hielt. »Die Reise nach Rußland und das Kurzepos, das sich daraus ergab, sind mit Abstand die wichtigsten Ereignisse nicht nur dieses Jahres, sondern auch vorheriger Jahre zusammengenommen«, notierte sie am 31. Dezember in ihr Tagebuch.

Die letzten Jahre ihres Lebens waren dem politischen Einsatz und der Frauenemanzipation gewidmet. Neben der regelmäßigen Veröffentlichung von Artikeln in der Zeitschrift *Noi Donne* überarbeitete Sibilla Aleramo ihr Tagebuch und damit auch ihr Leben. Klagend vermerkte sie: »Der Name Franco wird tausendmal wiederholt. Über die Größe meiner – zum Glück letzten – Liebesillusion bin ich einfach entsetzt« (10. Februar 1954). Beim Durchsehen ihrer alten Aufzeichnungen traf die militante Feministin auf ein Geständnis, das sie im Frühjahr 1909 abgelegt hatte: »Ich habe in meinem ganzen Leben nur eine einzige Frauenseele ergründen können, nämlich die meiner Mutter. Für ihre tragische Schwäche hatte ich erst spät Rührung empfunden, eine trostlose und vergebliche Leidenschaft.«

Allmählich wurde die Vergangenheit zur Gegenwart: Erinnerungen an die Jahre des politischen Einsatzes, Fragmente ihres Liebeslebens und die Beschreibung ihrer physischen Schmerzen nehmen den größten Raum in ihrem Alterstagebuch ein, das Sibilla Aleramo als Siebzigjährige zu schreiben begann und das sich über fünfzehn Jahre erstreckt – ein politisch hochinteressantes und menschlich bewegendes Zeugnis.

Zeitgeschichtliches aus dem »entgegengesetzten« Lager wird in den Aufzeichnungen der Russin SINAIDA HIPPIUS eingefangen, die 1869 in Belewo als Tochter eines deutschstämmigen Juristen und einer aus Sibirien stammenden Russin geboren wurde und 1945 in Paris starb. Als Lyrikerin, Kritikerin und scharfzüngige Publizistin sowie als Muse ihres berühmten Mannes, des Schriftstellers und Kulturphilosophen Dmitrij Merezkowskij (1865-1941) machte sie sich einen Namen. Sinaidas Lyrik gehört zu den Meisterleistungen der russischen Dichtung des beginnenden 20. Jahrhunderts. Wie kaum eine andere »Grande dame« ihrer Zeit war sie gegenüber den damals aufkommenden fortschrittlichen Ideen aufgeschlossen. Über sich selbst erklärte sie schon früh: »In meinem Geist bin ich mehr Mann, in meinem Körper bin ich mehr Frau.« Viele junge Dichter und Schriftsteller ihrer Zeit – Alexander Blok, Andrej Belyj, Wassilij Rosanow – erlagen ihrer Faszination. Belyj schreibt in seinen Memoiren *Jahrhundertbeginn*: »Der Austausch mit ihr war wie Aufflammen von Stroh in der Dürre ... Die Hippius war in der Feinheit der Gedanken und Gefühle um fünfundzwanzig Köpfe größer als er (d. i. Merezkowskij).«

Die Dichterin führte in Petersburg einen berühmten literarischen Salon, in dem sich nicht nur die Fin de siècle-Stimmung der Intellektuellen und Künstler widerspiegelte, sondern auch ihre Sehnsucht nach einem neuen Aufbruch, nach Befreiung aus gesellschaftlichen wie moralischen Zwängen. In diesem sehr westlich orientierten Kreis entfaltete der westeuropäische Symbolismus eine russische Variante, die zu einer Art »Weltanschauung« führte, in der die Kunst nicht mehr als Ziel, sondern als Weg zu einer neu zu schaffenden Kultur gedeutet wurde (vgl. Stender-Petersen).

1903/04 gründete Sinaida Hippius gemeinsam mit ihrem Mann und dem Kulturphilosophen D. W. Filossofow die Literaturzeitschrift *Neuer Weg*, in der Literarisches, besonders die Werke des Symbolismus, ebenso wie religionsphilosophische Auseinandersetzungen und Utopien der Jahrhundertwende zu Wort kamen. Sinaida teilte ganz den Glauben ihres Mannes an die große Antithese als das zentrale Prinzip aller Kulturgeschichte. Zur gleichen Zeit rief das Paar die »religiös-philosophischen Versammlungen« ins Leben, eine Art Gesprächsrunde, in der die Petersburger Intellektuellen mit Vertretern der orthodoxen Kirche zusammenkamen. Sinaida Hippius vertrat zwar die Idee von der Wiedergeburt Rußlands aus einem neuen religiösen Geist, kritisierte aber zugleich heftig die orthodoxe Kirche wegen ihrer autokratischen Strukturen, die sich zunehmend denen des Staates anpaßten. Das Scheitern der Revolution von 1905 war für die engagierte Dichterin ein Beweis, daß der Zarismus einer demokratischen Erneuerung der Gesellschaft im Weg stand.

Seit dem Kriegsausbruch 1914 führte Sinaida Hippius ein Tagebuch, das ihre politischen Ideen wie Erfahrungen widerspiegelt. Ihre Neigung galt zweifelsohne dem linken Flügel der Provisorischen Regierung, den Kerenskij personifizierte, sie durchschaute aber dessen Schwächen und die Gefahren, die dieses System mit sich bringen würde. Der Umsturz der Bolschewiki bedeutete für das Paar Merezkowskij das Ende ihrer politischen Utopie und die Wiedereinführung der verhaßten autokratischen Strukturen. Das Exil war für sie der einzige Ausweg.

Paris bot ihnen eine neue Heimat, dort wurde bald das Haus des Petersburger Künstlerpaars zu einem politischen und kulturellen Treffpunkt russischer Emigranten. Sinaida Hippius schrieb damals ihre Memoiren und überarbeitete den letzten Teil der politischen Tagebücher, den sie hatte retten können. Das *Petersburger Tagebuch*, das die denkwürdigen Monate von Juni bis Dezember 1919 schildert und damit das letzte Halbjahr ihres Lebens im alten Rußland, ist ein erschütterndes Zeugnis vergangener Zeiten wie auch ein subjektiv gefärbtes Bild des Aufbruchs. Erstmals veröffentlicht wurde es 1921 in Deutschland. Sinaida hatte eine ausführliche Einleitung zu dem *Schwarzen Heft*, wie sie diese Eintragungen nannte, verfaßt und sie mit Fragmenten ihrer früheren Aufzeichnungen, die aus Angst vor Repressalien von Freunden 1919 »irgendwo außerhalb der Stadt verscharrt« worden waren, angereichert. Später wurden die verschollenen Teile in den Petersburger Archiven aufgefunden, sind aber bisher nicht publiziert worden.

Sinaidas Vorwort zum *Petersburger Tagebuch* holt aus bis zur mißlungenen Revolution von 1905, welche die auf Veränderung drängende russische Intelligenzija tief enttäuscht und ihre Hoffnungen zunichte gemacht hatte. Die Sympathien von Sinaida Hippius und ihren Freunden hatten zweifelsohne der Partei der Sozialrevolutionäre gehört, die sich als Nachfolger der Narodniki, der Volkssozialisten der siebziger Jahre, verstanden. Ihr Anführer Kerenskij war für das Ehepaar Merezkowskij das unangefochtene Vorbild ihrer politischen Ideale und überdies ein enger Freund. Voller Skepsis stand jedoch die russische Dichterin dem Vorhaben der sogenannten Liberalen gegenüber. Sie schärfte ihren Blick für die hoffnungslose Lage ihres Landes: »So lag das ganze dürftige politische Leben Rußlands, das sich in der russischen Intelligenz, in den illegalen und legalen Parteien um die degenerierte Regierung und um das Schattenparlament – um die Duma – konzentrierte, vor unseren Augen … Und so wurde mein Tagebuch naturgemäß zu einer sozialpolitischen Chronik.«

1916 notierte sie geradezu prophetisch, wie das spätere Vorwort berichtet: »Es wird kommen, das steht fest. Aber was wird kommen? *Sie*, die wahre, notwendige, sichere Revolution, oder das gesichtslose elementare *Es*, der Zusammenbruch? Wenn wir alle klar erkannt hätten, daß die drohenden Ereignisse nahe sind und vor der Tür stehen, wenn wir alle sie gleich begriffen hätten und bereit gewesen wären, ihnen zu begegnen … so hätten sie vielleicht nicht zu unserem Zusammenbruch, sondern zu unserer Rettung geführt … Aber die Liberalen rückten immer mehr nach rechts, wodurch sie die linken Parteien erbitterten.« Als Augenzeugin der Revolution von 1917 schrieb Sinaida Hippius: »Mit dem Beginn der bolschewistischen Herrschaft fing der *Mensch* als Einheit zu verschwinden an … Allmählich verschwand auch die Revolution selbst, denn jeder Kampf hatte aufgehört … Was übrig war, verkroch sich ins ›Kellerloch‹ … Wieviel Schüsse, Morde, Tode es weiter gab, ist gleich: dann kam der langsame, bald schnelle Sturz, die Agonie der Revolution und ihr Tod.«

Dank ihrer scharfen Beobachtungsgabe fing sie den Petersburger Alltag exakt ein: »Gestern bot die Straße einen ungewöhnlichen Anblick. Fortwährend jagten dröhnend und rasselnd die klapprigen, stinkenden Autos der Bolschewiki hin und her. Irgendwelche mit Gewehren bewaffnete, zerlumpte Individuen marschierten vorüber. Verdächtige Gestalten trieben sich haufenweise herum. Mit einem Wort, alles war ungewöhnlich belebt … In einem Torweg sah ich eine alte Frau, offenbar eine gebildete Dame, sitzen; sie war so alt, daß man ihr einen zerfetzten Lehnstuhl aus der Wohnung gebracht hatte. So sitzt die Ärmste demütig da und bewacht ihr ›revolutionäres‹ Haus und das ›Rote Petrograd‹ vor den ›weißen Schurken‹ … die gar nicht daran denken zu kommen.«

Im Frühjahr 1919 notierte sie über die allgemeine Situation: »Kraft der zahllosen (oft einander widersprechenden und verworrenen, aber immer drohenden) Dekrete war fast alles ›nationalisiert‹, d. h. ›bolschewisiert‹. Alles gehörte formell dem Staat… Alles war der Idee nach in den Besitz und die Verwaltung des Staates übergegangen… Zum größten Teil führte es zur Zerstörung und Vernichtung dessen, was ›nationalisiert‹ wurde.« Eindringliche Schilderungen von Überfällen, Plünderungen, Verfolgungen der »Bourgeois«, vom Denunziantentum und düsteren Leben in den schmutzigen, verlassenen Petersburger Häusern, die dem »Komitee der Hausarmut« unterstanden, erzählen von der Not jener Zeit: »Wenn nachts die elektrische Beleuchtung funktioniert, bedeutet es, daß im betreffenden Revier Hausdurchsuchungen vorgenommen werden… Die Cholera ist noch nicht da. Dafür aber die Ruhr… Seitdem alle Telefone abgeschaltet sind, haben wir fast keine Verbindung zu unseren Bekannten. Wir wissen nicht, wer krank, wer gestorben und wer am Leben ist.«

Frühere Freundschaften gingen in die Brüche, als unerwartete und oft opportunistische Lagerwechsel stattfanden: »Mögen Blok und auch Belyj ›eine unschuldige Seele‹ haben: ich werde es ihnen niemals verzeihen. Es gibt Zeiten, wo man nicht verantwortungslos sein darf, wo jeder verpflichtet ist, Mensch zu sein.« Aber auch ungewöhnliche Begegnungen fanden mitten im Elend statt. Sinaida Hippius setzt dem »unvergeßlichen Menschen und wunderbaren Freund J. J.«, einem ehemaligen Freund Gorkis, der für sie den russischen Intellektuellen versinnbildlichte, ein ergreifendes Denkmal.

Sinaidas eigenwillige Einteilung der russischen Bevölkerung in Bauern (»der russische Bauer ist seiner Natur nach ein verschworener Anhänger des Privateigentums und seiner Erziehung nach ein Sklave«), Arbeiter (»die russischen Arbeiter schmachten unter einem Joch, wie sie es sich unter dem Zarenregime nicht einmal träumen ließen«) und städtische Bevölkerung, zu der die »Halbgebildeten, die Intellektuellen und die Beamten« gehören, nimmt breiten Raum ein. Ferner referiert Sinaida Hippius aus den verschollenen Tagebüchern und fügt spätere Einsichten und Erfahrungen hinzu: »Oh, wie haßte ich immer diese europäische Schmach, diese unsinnige Schlinge, in die die Menschheit selbst ihren Kopf gesteckt hat! Von Rußland spreche ich schon gar nicht. Ich spreche auch nicht von den Besiegten. Aber ich wußte gleich vom ersten Augenblick an, daß dieser Krieg *ganz* Europa, die Sieger und die Besiegten, mit unermeßlichem Unheil bedroht ... Die bolschewistische Gewalt in Rußland ist eine Ausgeburt, ein Kind des Krieges.« Durch eine Fülle von Beispielen erhärtet sie in ihren Tagebuchaufzeichnungen ihre Empörung über das verhaßte Regime: »Von den Offizieren, die mit ihren Frauen eingesperrt sind, werden jeden Tag zehn bis elf Mann erschossen. Man bringt sie in den Hof, der Kommandant, mit einer Zigarette im Mund, zählt sie nach, und man führt sie ab... einmal sagte er im Vorbeigehen zu einer vor Entsetzen erstarrten Offiziersfrau: ›So, jetzt sind Sie eine junge Witwe. Beweinen Sie ihn nicht, Ihr Mann war ein Halunke. Wollte nicht in der Roten Armee dienen.‹ Und zu dem siebzehnjährigen Sohn eines erschossenen Professors: ›Wissen Sie, wo die Leiche Ihres Herrn Papa ist? Wir haben sie an die Tiere verfüttert.‹«

Wie ein roter Faden zieht sich durch das Petersburger Tagebuch immer wieder die Frage: »Warum kommt es nicht zu einer inneren Revolution? Warum dauert die Herrschaft der Bolschewiki beinahe schon drei Jahre?« Die Lage ihres Landes verglich die Dichterin mit dem »Zustand einer fremden Besatzung«. Verzweifelt und resigniert schrieb sie kurz vor ihrem Exil: »Die Maiereignisse rollten wie eine Woge über uns hinweg und ließen Zonen der Verwüstung zurück, man hat uns noch mehr zusammengepreßt, durch neue Verordnungen und Dekrete, neue Verbote und Beschränkungen geknebelt – man hat an die Gefängnistür neue Schlösser gehängt...« Vergeblich hatte sie auf die Befreiung durch Europa gesetzt: »Wenn die Bolschewiki nur ›schließlich und endlich‹ gestürzt werden, wird unter den Gestürzten vielleicht ein ›leerer Raum‹ zum Vorschein kommen. Dann werden wir Europa gratulieren. Wenn es ›schließlich und endlich‹ überhaupt noch jemanden geben wird, dem man gratulieren könnte.«

Diese bisweilen fieberhaften Aufzeichnungen werden durch das sogenannte Graue Heft ergänzt, das Sinaida Hippius bis zum Tag ihrer Abreise nach Frankreich am 24. Dezember 1919 führte. Die Lage verschärfte sich zusehends: »Zwischen uns und den anderen Menschen ist jetzt für alle Ewigkeit eine Mauer und Schweigen. Man kann niemand etwas erzählen. Und selbst wenn man es könnte – man hat keine Lust ... Entfremdung für immer.« Hunger und Greueltaten nahmen zu: »Wißt ihr, was ›chinesisches Fleisch‹ ist? Die Außergewöhnliche Kommission gibt bekanntlich die Leichen der Erschossenen den Tieren des Zoologischen Gartens ... Die Henker sind Chinesen ... Sie liefern aber nicht alle Leichen ab; die jüngeren unterschlagen sie, um sie als Kalbfleisch zu verkaufen.«

Mehr denn je sah Sinaida Hippius in denen, die sich auf den Kommunismus als vollkommenen Ausdruck des Sozialismus beriefen, die Feinde des russischen Volks und der langersehnten Revolution. Ihr Tagebuch, das den herrschenden Terror, die Zwangsmobilisierung des Landes und die zunehmende Armut widerspiegelt, liefert dafür einen erschütternden Beweis. Am 10. Dezember (die meisten Aufzeichnungen sind undatiert) klagt sie, der Verzweiflung nahe: »Tauwetter, Schmutz und Finsternis. Auf den Straßen sieht man viel mehr Menschen liegen als gehen. Mein Gott, und wie soll man diesen ›Frieden‹ ertragen? Mauern von Finsternis umgeben uns von allen Seiten, Mauern von Finsternis! Man sagt, die Pest sei schon aufgetreten. Sonst spricht man von nichts. In den Zeitungen immer dasselbe. Freches und unflätiges Geschimpfe auf alle Regierungen der Welt ...«

Sogar der vertraute Umgang mit dem Tagebuch offenbart am Ende nur noch Leere und Sinnlosigkeit: »Ich bemühe mich, meine Seele mit eisernen Klammern zusammenzuhalten. Sie in einen Klumpen zu ballen. Soll man es übrigens beklagen? Ist das Leben nicht so geworden, daß jedes ›Tagebuch‹ das Tagebuch eines Toten ist, der im Grabe liegt?« Dennoch schließt das ihrige aller Ausweglosigkeit zum Trotz mit einem Hoffnungsschimmer: »Ich fürchte die Worte. Ich fürchte die Prophezeiungen. Aber auf diese schreckliche Frage ›Wann?‹ antwortet meine Seele dennoch: Bald.«

Fast zur gleichen Zeit ertönte in Rußland auch die Stimme von ALEXANDRA KOLLONTAJ (1872-1952), deren literarisches Werk hinter ihrer politischen Wirksamkeit zurücksteht, wie ihre leider größtenteils verschollenen oder zerstümmelten Tagebuchaufzeichnungen kundtun.

Alexandra Kollontaj, die den Spitznamen »la diva bolchevique« wohl verdient hat, war Tochter eines russischen Generals und Ehefrau eines zaristischen Offiziers. Russisches, finnisches, deutsches und französisches Blut floß in ihren Adern und vermittelte dem jungen Mädchen aus dem Petersburger Großbürgertum einen weiten kosmopolitischen Horizont. Eine frühe Leiderfahrung, eine nie verheilte Wunde prägte sie lebenslang: Ihre erste Liebe, der Vetter Wanja, erschoß sich im Alter von kaum siebzehn Jahren. Alexandra flüchtete sich sozusagen in die Sphäre des Geistes.

Schon früh bereiste sie weite Teile Europas und befaßte sich eingehend mit den sozialkritischen Schriften ihrer Zeit. Leitmotivisch durchzieht ihr Jugendtagebuch die Frage: »Was kann ich tun, damit das russische Volk die Freiheit erlangt?« Freiheit wurde denn auch das dringlichste Anliegen ihres Lebens. In Paris und Berlin hörte sie zum erstenmal die Namen von Bebel, Liebknecht, Marx und Engels. Hatte sie früher Schriftstellerin werden wollen, so war sie nun vom Verlangen beseelt, mit sozialkritischen Essays dazu beizutragen, die soziale Revolution herbeizuführen. Hierin stimmte sie mit dem jungen Wladimir Kollontaj überein, den sie kurz darauf heiratete und mit dem sie einen Sohn zeugte. Die Petersburger Atmosphäre erdrückte sie aber, und so zog sie es vor, Mann und Kind zu verlassen, um in die Schweiz zu ziehen, wo Heinrich Gerkner, ein Experte auf dem Gebiet der Sozialkritik, an der Züricher Universität ihr Mentor wurde.

1901 traf Alexandra Kollontaj Rosa Luxemburg in Zürich, 1911 Lenin in Paris. 1906 wurde sie Mitglied der deutschen sozialde-

11 *Alexandra Kollontaj (1872–1952)*

mokratischen Partei, die sie in Kopenhagen beim Zweiten Kongreß der Internationalen vertrat. Ihre schriftstellerischen Talente stellte sie immer ausschließlicher dem Kampf um die Frauenemanzipation zur Verfügung, während ihre Gefühle nun dem russischen Oberst Satkewitsch galten, der ihren umstürzlerischen Impetus teilte.

Als überzeugte Sozialistin bereiste Alexandra Kollontaj nunmehr die USA, um dort politische Vorträge zu halten. 1917 kehrte sie endgültig nach Petersburg zurück, wo sie das Amt einer Volkskommissarin übernahm und als militante Feministin und Anhängerin der »freien Liebe« für die Abschaffung der Familie eintrat. Damals hatte sie eine leidenschaftliche Beziehung zu einem siebzehn Jahre jüngeren Marineoffizier. Je höher sie beruflich aufstieg, um so jünger wurden ihre Liebhaber: Als sie 1922 Vertreterin der Sowjetunion in Norwegen war, lebte sie mit ihrem französischen Assistenten zusammen, der dreiundzwanzig Jahre jünger war als sie. Diese Vertreterin des »neuen« Rußlands, die in Mexiko, Norwegen und Schweden die Rolle einer Botschafterin der UdSSR einnahm, erinnerte mit ihrer erotischen Freizügigkeit und ihren Exzessen an die Zarinnen früherer Zeiten: Sie arrangierte prachtvolle Feste, bei denen der alte Adel mit den neuen kommunistischen Bürgern zusammentraf, verblüffte durch ihren Luxus und die Erlesenheit ihrer Kleidung, setzte sich öffentlich für sexuelle Freiheit ein. Eine recht widersprüchliche Existenz, die das Ende ihres Lebens, als sie in Stalins Ungnade fiel und ihren diplomatischen Status verlor, mit demütigenden Bittgesuchen fristete.

Die früheren Aufzeichnungen der Kollontaj spiegeln diese Ungereimtheiten wider: »Die Sowjetunion überlebt dank der intelligenten Politik Stalins«, ist da zu lesen, und einige Seiten weiter: »Eine gänzlich unvernünftige Politik … Unsere Außenpolitik ist kühl, zu rationalistisch. Wir räumen der Emotion zu wenig Platz ein, sie ist eine so überragende Kraft.« Alexandra Kollontaj fuhr zwar fort, politische Essays zu schreiben, diese wurden aber immer seltener veröffentlicht, da sie Kritik am Stalinismus übte.

Zeitlebens machte sie ihrem Amt entsprechend »offizielle« Tagebucheintragungen, die naturgemäß ein wenig konformistisch klingen: Sie schrieb aber auch ein »Journal intime«, das leider gnadenlos verstümmelt worden ist. Die aufmüpfige, extravagante Russin unterlag in ihren letzten Lebensjahren wie kaum ein anderes gefeiertes Mitglied des sowjetischen diplomatischen Dienstes der stalinistischen Zensur, dennoch legen die übriggebliebenen Fragmente ein beredtes Zeugnis davon ab. Die 1995 in Paris erschienene Biographie von Arkadi Vaksberg berichtet darüber.

In den Fragmenten ihres »Journal intime« meldet sich zunächst eine politische Passionaria zu Wort, später, durch die Lebenserfahrungen geprägt, ein weiblicher Talleyrand, am Ende eine leidende, gebrochene Frau, die sich ernüchtert fragt, was die politischen Umwälzungen – von Lenin bis Stalin –, die ihr Land heimgesucht haben, überhaupt bewirken wollten und bewirkt haben. Auch ihr Leben endet mit lauter unbeantworteten Fragen.

»Die Liebe? Es gab so viel davon! Sie hat die Hälfte meines Lebens besetzt, meine Seele befallen, mein Herz, meinen Geist, meine Kräfte gefangen gehalten, sie forderte einen extremen Kräfteverschleiß ... Warum? Was gab sie mir? Was habe ich in ihr gesucht? ... Im Felde der Liebe habe ich alles durchgemacht und in so verschiedenen Orten – auf der Krim, im Kaukasus, in Paris, London, der Schweiz ... Ein schillerndes Leben. Und die Bilanz davon?«

Politische und soziale Wahrheit durch Zeitanalyse waren das dringlichste Anliegen der zunächst feurig engagierten und dann klarsichtig resignierten Alexandra Kollontaj.

Das Schwanken zwischen Ideal und Realität, zwischen faktischer und erlebter Wirklichkeit, ist ein Merkmal der Tagebuchaufzeichnungen, die im Dritten Reich geschrieben wurden. Zwei vollkommen entgegengesetzten Gestalten kommt im Umfeld der Tagebücher schöpferisch tätiger Frauen besondere Beachtung zu: der Schriftstellerin Luise Rinser und der durch frühes Leiden zur

Reife gelangten Anne Frank, deren heißester Wunsch es war, »einmal Journalistin und später eine berühmte Schriftstellerin zu sein« (11. Mai 1944), wie der Sammelband *Geschichten und Ereignisse aus dem Hinterhaus* und ihre Märchen und Erzählungen verraten.

Luise Rinser (eigtl. Hermann), 1954-1959 mit dem Komponisten Carl Orff verheiratet, wurde 1911 in Oberbayern geboren. Sie studierte Psychologie und Pädagogik und war von 1935 bis 1939 als Lehrerin tätig. Ihr umfangreiches erzählerisches Werk wurde 1991 mit dem internationalen Literaturpreis »Ignazio Silone« ausgezeichnet. Heute lebt sie als freie Schriftstellerin in der Nähe Roms und in München. Lange Zeit hindurch galt Luise Rinser als »Erbauungsschriftstellerin«. Als engagierte Katholikin und ebenso engagierte Sozialistin hat sie auf beiden Seiten Irritationen hervorgerufen. Dies trifft auch auf ihr literarisches Werk zu, das seit jeher die Kritiker in zwei Lager gespalten hat. Sie gibt selbst zu, nie Literatur, sondern immer persönliche Bekenntnisse geschrieben zu haben, dennoch gehört sie zweifelsohne zu den bekanntesten Vertreterinnen der deutschen Literatur unseres Jahrhunderts. 1940 erschien ihr erster Roman *Die gläsernen Ringe,* der unter anderem als Plädoyer gegen die Strenge der katholischen Erziehung gedeutet werden kann. Die regimekritischen Äußerungen der Autorin in ihrer pädagogischen Tätigkeit, ihre Unerschrockenheit im Einsatz für die Freiheit führten dazu, daß ihr die Nazis zunächst die Lehrtätigkeit entzogen. 1944 wurde sie auf die Denunziation einer Freundin hin, deren Mann der »Feld-Gestapo« angehörte, wegen Wehrkraftzersetzung und Widerstand gegen das Dritte Reich verhaftet und ein halbes Jahr gefangengehalten.

Das 1946 erschienene *Gefängnistagebuch,* das die Zeit vom 22. Oktober bis zum 21. Dezember 1944 umfaßt, wurde heimlich in der Zelle eines nationalsozialistischen Frauengefängnisses auf Rändern von Zeitungspapier geschrieben, während in Berlin ein Prozeß wegen Hochverrats gegen sie geführt wurde. Diese Aufzeichnungen schildern die Erfahrungen jener bitteren Monate und sind gleichzeitig ein erschütterndes Dokument der Leiden ihrer Mitinhaftierten. Luise Rinser war von den Kriegsereignissen zutiefst geprägt und versuchte zeitlebens, sich für die Wirksamkeit des »geschundenen« Menschenverstands einzusetzen. Diese Sorge um die Menschen kommt im *Gefängnistagebuch* ganz besonders zum Ausdruck, aber auch in ihrem 1982 erschienenen Tagebuchband *Winterfrühling*. Den Aufzeichnungen des Gefängnistagebuchs hat Luise Rinser zwei Vorworte beigegeben. Im ersten aus dem Jahr 1946 bekennt sie: »Für mich wurde der Aufenthalt im Gefängnis zur Wende meines Lebens.« Das schriftliche Festhalten des »grausamen Spuks des Gefängnistages und damit der Leidenszeit von Tausenden« bewirkte in ihr, daß sie »umgebildet und frei und unabhängig vom Schicksal« anderer Menschen eine klarsichtige, ungeschminkte Zeitdiagnose vor Augen halten konnte. Im zweiten Vorwort aus dem Jahr 1973 berichtet sie, daß sie Ende der vierziger Jahre den Vorsatz gefaßt hatte, diese Eintragungen nicht mehr zu publizieren. Das Leid in den Konzentrationslagern ließ das ihrige so geringfügig erscheinen, daß ihre Aufzeichnungen im nachhinein für sie »hart, kalt, verfälscht« erschienen. Wiederholtes Bitten von Freunden, Gespräche mit Menschen, die ihre zweifelhafte Vergangenheit verdrängten, ließen sie aber verstehen, »daß es keine Zukunft gibt, die man von der Vergangenheit abtrennen und selbständig machen könnte«, und daß es eine verantwortungsvolle Aufgabe sei, »die dunkle Vergangenheit wieder in unser Bewußtsein zu heben«.

Das Tagebuch jener grausamen Monate beginnt schlicht und unpathetisch: »Seit zehn Tagen im Gefängnis. Sonntag. Ich schätze, es ist fünf Uhr. Ich besitze keine Uhr mehr ... Eine Pritsche, hart und schmal, mit einer Wolldecke ... und in der Ecke der Kübel, das ist alles ... In den Ecken sind Spritzer von braunem Unrat ... überwiegend sind Zeichnungen, durchweg obszöne Bilder ... Es ist streng verboten zu schreiben. Ich tue es trotzdem ... Das Wort schiebt sich gnädig isolierend zwischen mich und das nackte Erlebnis der Haft« (22. Oktober). Der Kontakt zu den Mithäftlingen, den Luise Rinser zunächst über politische Gespräche herzustellen versuchte, verlor sich bald in Banales, Alltägliches.

Luise Rinsers fast mikroskopisch genaue Beobachtungen sind die eines einfühlsamen, kreativen Menschen – es geht nicht um Gut und Böse, sondern um das widersprüchliche, verzerrte Antlitz des leidenden oder manipulierten Menschen: »Ich betrachtete ihr (der Aufseherin) Gesicht. Es ist nicht häßlich, es ist nicht einmal böse, es ist nur trocken, ausdruckslos, tot. Selbst ihre Ohrfeigen, ihre Härte, ihre Grausamkeiten entspringen nicht der Bosheit, sondern ihrem starren Pflichtbewußtsein. Ich habe sie einmal lachen gesehen, als eine Gefangene die Treppe hinunterfiel. Dieses Lachen, das nicht aus Schadenfreude kam, sondern aus plumper Belustigung über das kleine Schauspiel, war erschreckend. Es verriet die gänzliche grobe Verödung dieser Person, die kein Mensch mehr ist, sondern eine Aufsichtsmaschine« (28. Oktober). Zu den Mithäftlingen – Kindsmörderinnen, Betrügerinnen, mißlungene »Versuchsobjekte« der Nazi-Ärzte, Geisteskranke, selten politische Gefangene – entwickelte die Schriftstellerin allmählich eine Art Solidarität: Sie teilten miteinander die »Gefängnispsychose« ebenso wie das gestohlene Brot und die alltäglichen Entwürdigungen: »Wie leicht habe ich früher die Menschen abgeurteilt. Nun sehe ich jeden Menschen wie in einem Netz gefangen. Bei dem einen heißt das Netz Not, bei dem anderen Affekt und Leidenschaft, bei dem anderen Leichtsinn und Irrtum.« Dennoch bekennt sie zur gleichen Zeit: »Es bedarf großer geistiger Reserven, um hier Mensch zu bleiben. Man lernt die heimtückische Rache…, man verliert allmählich das Bewußtsein der Menschenwürde, man wird zum geprügelten, bösartigen, kriecherischen oder stumpfen Tier. Erst im Gefängnis lernt man seine bösen Instinkte kennen« (5. November).

Die Auseinandersetzung mit den Grundsätzen des Sozialismus und die Sorge um das Überleben der Familie wich der des nackten eigenen Überlebens. Der nagende Hunger, die eiternden Hände und die unerträglichen Nierenschmerzen in der endlosen Öde mechanischer Fabrikarbeit wurden immer bedrängender:

»In dieser Stunde habe ich das, was mein Verstand seit Jahren begriffen hat, mit meinem ganzen Wesen erlebt: die Kälte, Gleichgültigkeit und Roheit der Welt« (5. November). Das Tagebuch blieb ihre einzige Zuflucht, die aber stets gefährdet war: »Ich zittere um mein Tagebuch, das ich in meinem Strohsack so eingenäht habe, daß ich jedesmal nur ein paar Stiche der Naht an der Kante einer Schmalseite aufzutrennen und wieder zuzunähen brauche. Ich sah, wie die Wachtmeisterin den Strohsack abtastete. Sie kennt natürlich alle Kniffe und Verstecke. Aber sie fand nichts« (9. November).

Die wenigen Nachrichten, die von der Außenwelt durchsickerten, brachten statt Trost neues Entsetzen: »In Stadelheim wird geköpft. Das Fallbeil steht im Hof. Diejenigen Gefangenen, die irgendwie gegen die Gefängnisordnung verstoßen haben, müssen zur Strafe das Blut von der Guillotine putzen. In der Nacht um vier Uhr wird geköpft und morgens muß das Fallbeil wieder sauber sein« (17. November). Das Ausgeliefertsein an die Willkür und Gewalttätigkeit der Gefängnisaufseherinnen (»Wenn es ihr gefällt, kann sie mich schlagen, mir Arrest geben lassen, mir Strafarbeit geben, mich anpöbeln – ich bin wehrlos«, 2. Dezember) zerstörte fast den geschwächten Überlebenswillen von Luise Rinser: »Ich schaue mir die Gesichter an, diese Gesichter mit den offenen Mündern, grau, schlaff, häßlich geworden; diese mageren Figuren in den schmutzigen Lumpen … Ich hasse die Geschöpfe hier. Ich kann sie nicht mehr ertragen. Und noch kein Kriegsende. Schon wieder Alarm« (12. Dezember). Eine bohrende Frage quälte sie: »Was soll aus Deutschland werden, wenn die Nazis gewinnen? Ach, sie gewinnen nicht, ich weiß es. Aber ich bin verzweifelt.« Ihre letzte Eintragung kurz vor der Befreiung, als sie meinte, Weihnachten im Gefängnis verbringen zu müssen, klingt trotzdem gelassen: »In den Minuten, die hinter mir liegen, bin ich einen weiten Weg gegangen von wilder Verzweiflung und heftiger Todesangst bis zur Gefaßtheit« (21. Dezember). Kurze Zeit danach wurde sie entlassen.

Die Aufzeichnungen von Luise Rinser legen nicht nur Zeugnis

von der Nazi-Willkür ab, sondern sie stellen zugleich einen individuellen Prozeß der schmerzvollen Ablösung dar. Je schauriger der Katalog der Zwangsmaßnahmen wurde – Enge, Elend, Hunger, Krankheit, Nervenzusammenbrüche, Selbstmorde –, desto persönlicher, desto unpolitischer gestalteten sie sich. Die »innere Wende«, über die Luise Rinser spricht, führte zu einer neu errungenen Freiheit. In dieser extremen Schutzlosigkeit beim ständigen Wechsel zwischen Hoffen und Bangen brachte sie die Kraft auf, weiterhin Tagebuch zu führen, um auch im trüben Gefängnisalltag den unbeirrbaren Glauben an den Menschen kundzutun.

ANNE FRANK hat bis zuletzt am Glauben an den Menschen festgehalten und es ihrem Tagebuch anvertraut: »Die Menschen sind im Innern gut«, und doch zugleich: »Wer hat zugelassen, daß wir so schrecklich leiden?« Beide Pole bilden den Spannungsbogen der erschütternden Aussage des einsamen Amsterdamer Mädchens in seinem Hinterhofversteck.

Es besteht kein Zweifel an der Authentizität von Anne Franks Aufzeichnungen. Das Vorhandensein von mehreren Fassungen ist durch die Umstände zu erklären. Die Freundin und Helferin Miep Gies, eine ehemalige Mitarbeiterin von Anne Franks Vater, entdeckte im verwüsteten Zimmer des deportierten Mädchens eine unvollständig erhaltene Fassung, die vom 12. Juni 1942 bis zum 1. August 1944 reichte, und eine von Anne Frank selbst für die Publikation neu erstellte Fassung, deren Chronologie aber lückenhaft war. Letztere ging auf die Ankündigung des holländischen Erziehungsministers im Londoner Exil zurück, Briefe und Tagebücher aus der Kriegszeit sollten später veröffentlicht werden. Das junge Mädchen beschloß daraufhin, nach Kriegsende ein Buch auf der Grundlage ihres Tagebuchs herauszubringen. Da aber ihre ursprünglichen Aufzeichnungen nicht mehr ihren schriftstellerischen Ansprüchen genügten, schrieb sie ab Frühjahr 1944 ihre Eintragungen um, korrigierte sie, strich einige Passagen und fügte neue hinzu. Die dritte Variante ist die vom Vater Otto Frank zusammengestellte und aus Diskretion gekürzte Ausgabe:

Die Stellen, in denen Anne Frank über ihre pubertierende Sexualität sprach oder ihrem kindlichen Ärger über ihre Schicksalsgenossen freien Lauf ließ, wurden von ihm ausgemerzt. Der heutige, von Mirjam Pressler vervollständigte Text gibt alle drei Versionen wieder. Er ist zu einem Symbol für den Völkermord an den Juden durch den nationalsozialistischen Staat geworden und vermittelt ein ergreifendes Bild von Anne Franks Gefühls- und Gedankenwelt.

Anne Frank wurde am 12. Juni 1929 als zweite Tochter jüdischer Eltern in Frankfurt am Main geboren. 1933 emigrierte die Familie nach Amsterdam, wo sie zunächst unbehelligt lebte. Der Vater war dort Direktor einer Marmeladenfabrik, und die Mädchen besuchten das Jüdische Lyzeum. Im Mai 1940 brach der Krieg aus, die Kapitulation und der Einmarsch der Naziarmee in Holland folgten kurz darauf. Zwei Jahre später, als zu den Judendekreten grausame Verfolgungen hinzukamen, tauchte die Familie Frank mit Freunden in einem Hinterhaus an der Amsterdamer Prinsengracht unter. Im August 1944 wurde ihr Versteck von Nazischergen entdeckt – sie wurden alle festgenommen und nach Auschwitz deportiert. Anne Frank starb 1945 im KZ Bergen-Belsen, wo sie dem Hunger und Typhus zum Opfer fiel. Ihr Tod ist zwischen Ende Februar und Anfang März zu datieren, denn am 12. April 1945 wurde das Konzentrationslager von englischen Truppen befreit.

Anne Franks weltberühmtes Tagebuch stellt sich als eine Folge von Briefen an eine »ersehnte Freundin« dar. Kurz berichtet sie eingangs über ihre Freude, als sie zum 13. Geburtstag das Tagebuch geschenkt bekam: »Ich werde, hoffe ich, Dir alles anvertrauen können, wie ich es noch bei niemandem gekonnt habe, und ich hoffe, Du wirst mir eine große Stütze sein« (12. Juni 1942). Sie hält die Fiktion aufrecht, die sie auserkoren hat: »Es ist für jemanden wie mich ein eigenartiges Gefühl, Tagebuch zu schreiben … Papier ist geduldiger als Menschen … Nun bin ich bei dem Punkt angelangt, an dem die ganze Tagebuch-Idee angefangen hat: Ich habe keine Freundin … Um nun die Vorstellung der ersehnten

Freundin in meiner Phantasie noch zu steigern, will ich nicht einfach Tatsachen in mein Buch schreiben wie alle anderen, sondern ich will dieses Tagebuch die Freundin selbst sein lassen, und diese Freundin heißt *Kitty*« (20. Juni 1942). Besagte Kitty wurde zur Seelenvertrauten des phantasievollen Mädchens, das sich durch eine scharfe Beobachtungsgabe auszeichnete. Ihre Umgebung, ihre »Verehrer«, der Schulalltag wurden genau schriftlich fixiert, aber auch die zunehmenden Schikanen, die immer neuen Zwangsmaßnahmen, denen die jüdische Bevölkerung ausgesetzt war: »Jetzt merke ich erst, wie angenehm eine Straßenbahn ist… Aber dieser Genuß ist uns Juden nicht mehr beschieden, für uns sind Schusters Rappen gut genug« (24. Juni 1942). Die Schlinge wurde immer enger gezogen, eine Verordnung jagte die andere: »Vater ist in der letzten Zeit viel zu Hause. Im Geschäft hat er nichts mehr verloren… Als wir vor ein paar Tagen um unseren Platz spazierten, fing Vater an, über Untertauchen zu sprechen« (5. Juli 1942). Einige Tage später zog die Familie Frank mit einigen Freunden ins Hinterhaus des ehemaligen Bürogebäudes, wo ein mit einer Schranktür verborgener Wohnungstrakt sich als ideales Versteck anbot. Ausführlich berichtet Anne ihrer »Freundin« über die Lage und Ausstattung dieser Zufluchtstätte.

Das enge Zusammenleben wurde bald eine Qual. Unbekümmert schildert sie ihre Eindrücke und ihren Ärger. Das streitende Ehepaar van Daan findet in ihren Augen keine Gnade: »Frau van Daan ist unausstehlich. Ständig bekomme ich von oben Standpauken, weil ich zu viel schwätze. Ich mache mir aus ihren Worten aber nichts!« (21. September 1942) – Ein wenig später heißt es: »Um noch kurz bei Frau van Daan zu bleiben: Eine Quelle ständigen Ärgers sind für mich ihre Flirtversuche mit Vater… Mutter tut das doch auch nicht bei Herrn van Daan. Das habe ich ihr auch ins Gesicht gesagt« (1. Oktober 1942). Nur vom Vater fühlte sich die Pubertierende, die auch mit der Mutter und Schwester oft in Konflikt geriet, zutiefst verstanden und beschützt: »Papi verteidigt mich wenigstens, ohne ihn würde ich es hier bestimmt nicht aushalten« (27. September 1942).

Die Erfahrungen mit dem eigenen Körper nahmen allmählich einen wichtigen Platz im Tagebuch ein: »Ich habe noch vergessen, Dir die wichtige Neuigkeit zu erzählen, daß ich wahrscheinlich bald meine Periode bekomme. Das merke ich an dem klebrigen Zeug in meiner Hose und Mutter hat es mir vorausgesagt. Ich kann es kaum erwarten. Es scheint mir so wichtig! Nur schade, daß ich nun keine Damenbinden tragen kann, die bekommt man nicht mehr. Und die Stäbchen von Mama können nur Frauen tragen, die schon mal ein Kind gehabt haben« (2. November 1942). Und fast ein Jahr später: »Manchmal bekomme ich abends im Bett das heftige Bedürfnis, meine Brüste zu betasten und zu hören, wie ruhig und sicher mein Herz schlägt ... Ich gerate jedesmal in Ekstase, wenn ich eine nackte Frauengestalt sehe ...« (6. Januar 1944).

Auch der zunächst als störend empfundene Sohn der van Daans, Peter, erweckte plötzlich ihr Verlangen. Die drängende sexuelle Neugierde lief parallel zu melancholischen Träumereien und Sehnsucht nach Liebe: »Liebe, was ist Liebe? ... Liebe ist, jemanden zu verstehen, ihn gern zu haben. Glück und Unglück mit ihm zu teilen. Und dazu gehört auf die Dauer auch die körperliche Liebe.« (2. März 1944)

Anne Frank durchschaute die beklemmende, alptraumhafte Realität, in der sie sich bewegte und die von den schlechten Nachrichten, die von außen kamen, noch verdüstert wurde, aber ihr jugendliches Alter gierte nach Freude und Ausgelassenheit. So war sie verzweifelte Zeugin eines schweren Luftgefechts zwischen deutschen und englischen Fliegern, die abgeschossen wurden (siehe Eintrag vom 18. Mai 1943), konnte aber kurz darauf in schallendes Gelächter ausbrechen, wenn sie die Situationskomik ihrer Umgebung erfaßte. Anne Franks Wahrnehmung der Leidensgefährten wurde in der Abgeschiedenheit des Hinterhauses immer schärfer; mit unerbittlicher Genauigkeit »sezierte« sie ihr Verhalten und ihre Ängste. Ebenso unerbittlich beobachtete sie sich selbst, wobei ungebrochenes Selbstvertrauen sowie bohrende Zweifel die Selbstfindung der Heranwachsenden kennzeichneten. Ihre Selbstanalyse klingt wie die einer reifen Erwachsenen: »Wenn ich so über mein Leben vor 1942 nachdenke, kommt es mir so unwirklich vor. Dieses Götterleben erlebte eine ganz andere Anne Frank als die, die hier jetzt vernünftig geworden ist ... Ob ich bei all der Bewunderung nicht übermütig geworden wäre? Es ist ein Glück, daß ich mittendrin, auf dem Höhepunkt des Festes sozusagen, plötzlich in der Wirklichkeit landete, und es hat gut ein Jahr gedauert, bevor ich mich daran gewöhnt hatte, daß von keiner Seite mehr Bewunderung kam.« Trotz der Einsicht, daß Einsamkeit ihr Los sein würde, lautet ihre Maxime: »Geh hinaus und versuche, das Glück in Dir selbst zurückzufinden. Denke an all das Schöne, das noch in Dir und um Dich ist und sei glücklich! Und wer glücklich ist, wird auch andere glücklich machen. Wer Mut und Vertrauen hat, wird im Unglück nicht untergehen!« (7. März 1944)

Anne Franks Gefühle für Peter van Daan nahmen immer mehr Platz in ihren Aufzeichnungen ein. Der vertrauten »Kitty« wurde alles genau berichtet und »gebeichtet«: »Glücklicherweise merkt niemand etwas von meinen Gefühlen, außer daß ich mit jedem Tag kühler und verächtlicher gegen Mutter bin, mit Vater weniger schmuse und auch Margot gegenüber nichts mehr rauslasse, ich bin völlig zugeknöpft. Ich muß vor allem meine äußere Sicherheit bewahren, niemand darf wissen, daß in mir noch immer Krieg herrscht. Krieg zwischen meinem Verlangen und meinem Verstand: Es ist so schwierig, Peter gegenüber nichts zu zeigen, aber ich weiß, daß er anfangen muß. Es fällt mir schwer, all die Gespräche und Handlungen, die ich in meinen Träumen mit ihm erlebt habe, tagsüber wieder als nicht geschehen zu betrachten. Ja, Kitty, Anne ist verrückt, aber ich lebe auch in einer verrückten Zeit und unter noch verrückteren Umständen. Am besten gefällt mir noch, daß ich das, was ich denke und fühle, wenigstens aufschreiben kann, sonst würde ich komplett ersticken« (16. März 1944). Auch die glücklichen Stunden im Dachboden, wo sich Peters Kammer befand, werden genauso aufrichtig und ungeschützt dem Tagebuch anvertraut: »Ich habe das Gefühl, als teilten Peter

und ich ein Geheimnis. Wenn er mich anschaut, mit diesen Augen, diesem Lächeln und diesem Zwinkern, ist es, als gehe in meinem Innern ein Licht an.« (19. März 1944)
Anne Franks innere Entdeckungsreise erstreckte sich aber nicht nur auf die Sexualität, auch ihre ethische Einstellung zum Leben wurde immer entschiedener, ebenso wie ihr Vorsatz, später zu schreiben: »Peter erzähle ich auch viel lockere Dinge, die ich sonst nie rauslasse. So habe ich ihm gesagt, daß ich später schreiben will. Wenn ich schon keine Schriftstellerin werde, dann will ich doch neben meinem Beruf oder anderen Aufgaben das Schreiben nie vernachlässigen.« (25. März 1944)
Politisches – das Radio lief unermüdlich und brachte die neuesten Nachrichten in die Abgeschiedenheit des Hinterhaus-Refugiums – stand selbstverständlich im Mittelpunkt der Gespräche. Das junge Mädchen hörte begierig zu. Besonders nachdem am 29. März 1944 Minister Bolkenstein im Sender Oranje dazu aufrief, Tagebücher und Briefe aus der Kriegszeit zu schreiben, wurden die Eintragungen mit sachlichen Details angereichert: die knappe Nahrung, die nächtlichen Einbrüche, Plünderungen, mangelnde Arzneimittel, Sabotageversuche, Kriegsnachrichten. Immer stärker wurde Anne Franks Wunsch, später eine schriftstellerische oder journalistische Laufbahn einzuschlagen: »Ich bin selbst meine schärfste und beste Kritikerin hier, ich weiß genau, was gut und was nicht gut geschrieben ist. Keiner, der nicht selbst schreibt, weiß, wie toll Schreiben ist … Also weiter, mit neuem Mut. Es wird schon gelingen, denn schreiben will ich!« (5. April 1944) – Auch konkrete Pläne wurden vermerkt: »Nach dem Krieg will ich auf jeden Fall ein Buch mit dem Titel *Das Hinterhaus* herausgeben. Ob es mir gelingt, ist auch die Frage, aber mein Tagebuch wird mir als Grundlage dienen können.« (11. Mai 1944)
Im Hinterhaus der Prinsengracht spitzte sich die Gefahr immer mehr zu: »*Eingebrochen.* Polizei war im Haus, bis zum Drehschrank, weiter nicht. Einbrecher sind offenbar gestört worden, haben Lager aufgebrochen und sind durch den Garten geflüchtet … Keiner von uns hat sich je in solch einer Gefahr befunden

wie in dieser Nacht. Gott hat uns beschützt. Stell Dir vor, die Polizei an unserem Versteckschrank, das Licht davor, und wir blieben dennoch unbemerkt! Wenn die Invasion mit Bombardierungen kommt, ist jeder für sich selbst verantwortlich. Aber hier gab es auch die Angst um unsere unschuldigen und guten Helfer ... Wir sind sehr stark daran erinnert worden, daß wir gefesselte Juden sind, gefesselt an einen Fleck, ohne Recht, aber mit Tausenden von Pflichten ... Einmal wird dieser schreckliche Krieg doch vorbeigehen, einmal werden wir doch wieder Menschen und nicht nur Juden sein!« (11. April 1944) – Und kurze Zeit danach: »Zu unserem großen Leidwesen und zu unserem großen Entsetzen haben wir gehört, daß die Stimmung uns Juden gegenüber bei vielen Leuten umgeschlagen ist. Wir haben gehört, daß Antisemitismus jetzt auch in Kreisen aufkommt, die früher nie daran gedacht hätten. Das hat uns tief, tief getroffen. Die Ursache von diesem Judenhaß ist verständlich, manchmal sogar menschlich, aber trotzdem nicht richtig... Ich hoffe nur, daß dieser Judenhaß vorübergehender Art ist, daß die Niederlande doch noch zeigen werden, wer sie sind, daß sie jetzt und nie in ihrem Rechtsgefühl wanken werden.« (22. Mai 1944)

Die vielen, sich widersprechenden Nachrichten aus der Außenwelt brachten den Mikrokosmos des Hinterhauses aus den Fugen: »An einem Tag lachen wir über das Komische an unserer Untertauchsituation, aber am nächsten Tag, an viel mehr Tagen, haben wir Angst, und man kann die Spannung und die Verzweiflung auf unseren Gesichtern lesen. Ich frage mich immer wieder, ob es nicht besser für uns alle gewesen wäre, wenn wir nicht untergetaucht wären, wenn wir nun tot wären und dieses Elend nicht mitmachen müßten und es vor allem den anderen ersparten ... Laß das Ende kommen, auch wenn es hart ist, dann wissen wir wenigstens, ob wir letztlich siegen werden oder untergehen.« (26. Mai 1944)

Die Erfolge der Alliierten, die am 6. Juni verkündet wurden, ließen noch einmal Zuversicht aufkommen: »Sollte denn nun wirklich die lang ersehnte Befreiung nahen, die Befreiung, über die so viel gesprochen wurde, die aber zu schön, zu märchenhaft ist, um je wirklich werden zu können? Soll dieses Jahr, dieses 1944, uns den Sieg schenken? … Kitty, das Schönste an der Invasion ist, daß ich das Gefühl habe, daß Freunde in Anzug sind. Die schrecklichen Deutschen haben uns so lange unterdrückt und uns das Messer an die Kehle gesetzt, daß Freunde und Rettung alles für uns sind«, jubelte die junge Anne Frank, die tagtäglich das Voranschreiten der befreienden Truppen in ihrem Tagebuch vermerkte. Entschieden schmiedete sie jetzt Zukunftspläne und stellte erstaunlich reife Überlegungen an über die gleichberechtigte Stellung der Frau im modernen Leben. Die Aufzeichnungen der Fünfzehnjährigen offenbaren verblüffende Einsichten: »Wir, die Jüngeren, haben doppelt Mühe, unsere Meinungen in einer Zeit zu behaupten, in der aller Idealismus zerstört und kaputtgemacht wird, in der sich die Menschen von ihrer häßlichsten Seite zeigen, in der an Wahrheit, Recht und Gott gezweifelt wird.« (15. Juli 1944)

Die Nachricht vom mißglückten Attentat auf Hitler bestärkte das Mädchen in der Gewißheit, daß es unter den deutschen Offizieren und Generälen viele gäbe, die regimefeindlich seien und sich den Befreiern anschließen würden. Die Hoffnung auf Rettung erwies sich aber als trügerisch. Am 4. August 1944 drangen SS-Offiziere mit holländischen Henkershelfern in das Hinterhaus ein und führten alle Untergetauchten ab. Es steht fest, daß das Versteck verraten wurde. Die letzten Aufzeichnungen der Anne Frank am 1. August lauten: »Ich habe Dir schon öfter erzählt, daß meine Seele sozusagen zweigeteilt ist … Nicht wahr, die schöne Seite von Anne, die kennt niemand, und darum können mich auch so wenige Menschen leiden. Sicher, ich bin ein amüsanter Clown für einen Nachmittag, dann hat jeder wieder für einen Monat genug von mir … Wenn ich ganz ehrlich bin, muß ich Dir bekennen, daß es mich trifft, daß ich mir unsagbar viel Mühe gebe, anders zu werden, aber daß ich immer wieder gegen stärkere Mächte kämpfe.«

Das Tagebuch war für Anne Frank eine unschätzbare Überle-

benshilfe: In einer immer bedrohlicher werdenden Umwelt konnte sie nur dort ihrem Herzen Luft machen und der so ersehnten
Freundschaft leben. Für die Nachwelt sind diese Aufzeichnungen
nicht nur eine ergreifende menschliche Botschaft, sondern in erster Linie ein Zeugnis der entfesselten Barbarei und ein einzigartiges zeitkritisches Dokument.

Schlußbemerkung

Dieser Streifzug durch die europäischen Tagebücher einiger relevanter Schriftstellerinnen und Künstlerinnen, der keinen Anspruch auf Vollständigkeit erhebt, eröffnet einen Einblick in ungeahnte Welten. Menschliches, Allzumenschliches wird in diesen Aufzeichnungen bestechend transparent dank der emotional gefärbten Ich- und Welt-Analyse, die sich zu der rationalen gesellt. Diese Tagebücher zeigen uns nachhaltig Profile ebenso empfindsamer wie verletzlicher Frauen, junger und alter, die in Aufbruchstimmung die Welt erkunden und erobern wollten, sich leidenschaftlich für das Schicksal anderer Menschen eingesetzt oder sich in der Schreibkunst wie in der Liebe selbst gesucht haben. Trotz ihrer Grundverschiedenheit wird in all diesen Aufzeichnungen ein gemeinsamer Leitfaden durch die Jahrhunderte hindurch sichtbar: Im »Gedränge von Ambivalenzen« (Arthur Schnitzler), das jedes Tagebuch bestimmt, geht es vornehmlich um das sich selbst suchende Individuum, hier die europäische Frau, die im Schreiben ein mehr oder weniger ungeschminktes Selbstporträt entwirft. Diese unentwegte Selbstbeobachtung und -befragung, eine überreiche Fundgrube von Ich- und Welterkenntnis, ist nicht immer ethisch motiviert und verfolgt nicht nur selbsttherapeutische Ziele. Unersättliche Ichbezogenheit und Selbstbehauptungsdrang sind manchmal die Triebfedern des gewissenhaften, gar manischen Fixierens von Erlebtem und Gedachtem.

Die Findung oder »Erfindung des Ichs«, die zwischen dem Bedürfnis nach Wahrhaftigkeit und der Notwendigkeit von Versteck und Maske schwankt, findet in einem bunten Spiegelkabinett statt, dessen kontrastierende Widerspiegelungsmöglichkeiten vielfältig und faszinierend sind – eine Widerspiegelung in der heimlichen Introspektion oder im hemmungslosen Ich-Kult, in der liebenden oder vernichtenden Beobachtung des anderen, die

275

so viele Transfers im geschichtlichen oder kulturellen Umfeld und schließlich in der eigenen schöpferischen Begierde zuläßt. Der Leser von Tagebüchern wird immer deren Verfasser sozusagen vor dem Spiegel »ertappen«. Die Frage nach dem Sinn, der Kampf gegen die Zeit und die Einsamkeit, die explizit oder latent jedes Tagebuch durchziehen, münden im Ringen um einen Kosmos, der das Chaos des menschlichen Zwiespalts zu überwinden trachtet und vornehmlich dort angestrebt wird, wo es um künstlerische Prozesse geht (vgl. G. R. Hocke).

In diesen Aufzeichnungen dient die Ich-Suche nicht allein der Ich-Findung, sondern durch sie hindurch auch einem Übergreifenden: dem ersehnten Werk. Die fast täglichen Aufzeichnungen über den Abstieg ins eigene Ich schrumpfen daher nur selten zu einem mechanischen Registrieren von individuellen Erlebnissen oder Entwürfen zusammen; meistens sind sie durchsetzt mit scharf umrissenen Porträts und präzisen Zeitbildern, mit Urteilen über andere Künstler, selbstkritischen Kommentaren und fragmentarischen Skizzen. Selbst private Aufzeichnungen, die für eine nicht vorgesehene Veröffentlichung überarbeitet wurden, sind verhüllend und enthüllend zugleich. Lebensbedrohende Zeitgeschichte wie bei Anne Frank oder Imperative des literarischen Lebens wie bei Anaïs Nin haben teilweise den vertrauten heimlichen Partner in einen öffentlichen Partner verwandelt. Allen Spannungen, Widersprüchen, Irrungen und Wirrungen zum Trotz bietet das Tagebuch, dem stets etwas Fragmentarisches, Unabgeschlossenes anhaftet, dem Schreibenden Zuflucht und Schaffensraum zugleich.

Unvermindert ist auch heute noch die Aktualität des Tagebuchs, dieser Summe von *Jetzt*- und *Ich*-Punkten. Das Aufspüren komplexer psychologischer, historischer und ästhetischer Prozesse in autobiographischen Aufzeichnungen ist bezeichnend für unser auf »Enthüllungen« versessenes Jahrhundert. Nicht Erinnerungssplitter und autobiographische Fragmente bestimmen das Wesen des Tagebuchs, es geht dabei, wie Virginia Woolf über Montaigne schrieb, um das Bestreben, »sich selbst niederzuschreiben, mitzuteilen, die Wahrheit zu sagen«. Nicht über sich selbst, sondern *sich selbst schreiben* – das definiert die hier vorgestellten europäischen Frauentagebücher.

Ausgewählte Literatur

Gustav René Hocke, *Europäische Tagebücher aus vier Jahrhunderten,* Wiesbaden/München 1978

Béatrice Didier, *Le Journal intime,* Paris 1976

Michelle Leleu, *Les Journaux intimes,* Paris 1952

Alain Girard, *Le Journal intime et la notion de la personne,* Paris 1963

Philippe Lejeune, *Le moi des Demoiselles, enquête sur le journal de jeune fille,* Paris 1993

Elias Canetti, *Das Gespräch mit dem grausamen Partner,* in: *Das Gewissen der Worte,* München 1965

A. Gräser, *Das literarische Tagebuch, Studien über Elemente des Tagebuchs als Kunstform,* Saarbrücken 1955

Pierre Pachet, *Les baromètres de l'âme, Naissance du journal intime,* Paris 1990

Gerda Marko, *Das Ende der Sanftmut, Frauen in Frankreich 1789-1795,* München 1993

E. M. Cioran, *Dasein als Versuchung,* Stuttgart 1983

Samuel Pepys, *Memoirs of Samuel Pepys Comprising His Diary from 1659-1669,* London 1825

Benedikt Erenz, *Geheime Tränen im Wandsbeker Gehölz,* in: *Die Zeit,* 3. Juni 1994

Hilde Spiel, *In meinem Garten schlendernd,* München 1981

Nathalie Heinich, *États de femme, l'identité féminine dans la fiction occidentale,* Paris 1996

Ich-Erwachen und Ich-Kult im Tagebuch

Madame de Staël, *Journal de mon cœur,* in: *Cahiers Staëliens,* Nr. 28, Paris 1980, Kommentar von Jean Starobinski

Simone Balayé, *Madame de Staël, Lumières et liberté,* Paris 1979

Benjamin Constant, *Journaux intimes,* in: *Œuvres complètes,* Paris 1952

George Sand, *Journal intime,* Hg. Aurore Sand, Paris 1926

George Sand, *Geschichte meines Lebens,* in: Sämtliche Werke, Leipzig 1847-1856

George Sand/Gustave Flaubert, *Eine Freundschaft in Briefen,* München 1992

Renate Wiggershaus, *George Sand* mit Selbstzeugnissen und Bilddokumenten, Reinbek 1982

André Maurois, *Lélia ou la vie de George Sand,* Paris 1952

Journal de Marie Bashkirtseff, Paris 1898. Deutsche gekürzte Ausgabe, Hg. Gottfried M. Daiber, Frankfurt a. M./Berlin 1983

Jean Paul Potron, *Marie Bashkirtseff, écrivain et témoin de son temps,* im Katalog zur Ausstellung Marie Bashkirtseff, Nizza 1995

Colette Cosnier, *Marie Bashkirtseff, un portrait sans retouches,* Paris 1985. Deutsche gekürzte Ausgabe: Berlin 1994

Hugo von Hofmannsthal, *Das Tagebuch eines jungen Mädchens,* 1893, in: Reden und Aufsätze 1891-1913, Frankfurt a. M. 1979

Adele Schopenhauer, *Tagebuch einer Einsamen,* Hg. Hans Heinrich Houben, Leipzig 1921

Karl Otto Conrady, *Goethe,* München/Zürich 1994

Heinz Bluhm (Hg.), *Tagebücher und Briefe von und an Ottilie von Goethe,* 5 Bände, Wien 1962-1979

Journals of Dorothy Wordsworth, *The Alfoxden Journal 1798, The Grasmere Journal 1800-1803,* Hg. Helen Darbishire, London 1958

Max von Boehm, *England im XVIII. Jahrhundert,* Berlin 1920

Selbst- und Fremdbeobachtung

Fanny Mendelssohn, *Italienisches Tagebuch,* Hg. Eva Weissweiler, Frankfurt a. M. 1981

S. Hensel, *Die Familie Mendelssohn* 1729-1847, Leipzig 1929

Eva Weissweiler, *Fanny Mendelssohn. Ein Porträt in Briefen.* Berlin/Frankfurt a. M. 1985

Fanny Lewald, *Gefühltes und Gedachtes (1838-1888),* Leipzig 1900

Fanny Lewald, *Meine Lebensgeschichte,* Frankfurt a. M. 1980

Gabriele Schneider, *Fanny Lewald* mit Selbstzeugnissen und Bilddokumenten, Reinbek 1996

Fanny Lewald, *Römisches Tagebuch 1845/46,* Leipzig 1927

Nadežda Durowa, *Die Offizierin. Das ungewöhnliche Leben der Kavalleristin Nadežda Durowa erzählt von ihr selbst,* Leipzig 1994

Isabelle Eberhardt, *Dans l'ombre chaude de l'Islam,* Paris 1906

Isabelle Eberhardt, *Sandmeere 1-2,* Hg. Christian Bouqueret, Vorwort von H. Ch. Buch, Reinbek 1983

Edmonde Charles-Roux, *Un désir d'orient,* Paris 1988

Annemarie Schwarzenbach, *Tod in Persien.* Mit einem Essay von Roger Perret, Basel 1995

Nicole Müller/Dominique Grente, *Der untröstliche Engel,* München 1995

Franziska Gräfin zu Reventlow, *Tagebücher 1895-1910,* Hg. Else Reventlow, München/Wien 1971

Franziska Sperr, *Die kleinste Fessel drückt mich unerträglich. Das Leben der Franziska zu Reventlow,* München 1995

Polina Suslowa, *Dostojewskijs ewige Freundin – Mein intimes Tagebuch,* Hg. Verena von der Heyden-Rynsch, Berlin 1996

Sergej Dolinin, *Dostojewskijs und Apollinaria Suslowa,* Moskau 1925

Marc Slonim, *Les trois amours de Dostojewskij,* Paris 1955

Helena Volet, *La femme au temps des derniers tsars,* Paris 1992

Hannah Arendt, *Rahel Varnhagen. Lebensgeschichte einer deutschen Jüdin aus der Romantik,* München 1959

Heidi Thomann Tewarson, *Rahel Varnhagen* mit Selbstzeugnissen und Bilddokumenten, Reinbek 1988

Rahel Varnhagen, *Jeder Wunsch wird Frivolität genannt. Briefe und Tagebücher.* Hg. Marlies Gerhardt, Darmstadt/Neuwied 1983

Rahel Varnhagen, *Gesammelte Werke,* 10 Bände, Hg. Konrad Feilchenfeldt/Uwe Schweikert/Rahel E. Steiner. München 1983

Lou Andreas-Salomé, *Lebensrückblick, Grundriß einiger Lebenserinnerungen,* 1951, Hg. Ernst Pfeiffer, Frankfurt a. M. 1968

H. P. Peters, *Lou. Das Leben der Lou Andreas-Salomé,* München 1964

Lou Andreas-Salomé, *In der Schule bei Freud, Tagebuch eines Jahres 1912/1913,* Hg. Ernst Pfeiffer, Zürich 1958

Linde Salber, *Lou Andreas-Salomé* mit Selbstzeugnissen und Bilddokumenten, Reinbek 1990

Colette, *Journal intermittent,* in: *Œuvres complètes,* Paris 1948–1950

Colette, *Journal à rebours,* in: *Œuvres complètes,* Paris

Michele Sarde, *Colette libre et entravée,* Paris 1984

Herbert Lottman, *Colette,* Paris 1990

SCHÖPFERISCHE PROZESSE – WERKGESCHICHTE

Virginia Woolf, *A Writer's Diary,* Hg. Leonard Woolf, London 1953

Virginia Woolf, *Tagebücher,* Hg. Klaus Reichert, 5 Bände, Frankfurt a. M 1990 ff.

Virginia Woolf, *Augenblicke. Skizzierte Erinnerungen,* Stuttgart 1981

Quentin Bell, *Virginia Woolf. Eine Biographie,* Frankfurt a. M. 1977

Nigel Nicholson, *Portrait einer Ehe. Harold Nicholson und Vita Sackville-West,* Frankfurt a. M./Berlin 1990

Angelica Garnett, *Freundliche Täuschungen. Eine Kindheit in Bloomsbury,* mit einem Essay von Kyra Stromberg, Berlin 1990

John Lehmann, *Virginia Woolf and Her World,* London 1975

Werner Waldmann, *Virginia Woolf* mit Selbstzeugnissen und Bilddokumenten, Reinbek 1983

Petra Kipphoff, *Bloomsbury, ein Stadtteil, eine Clique, ein Mythos*, in: *Die Zeit* 5. Juli 1974

Michael Holroyd, *Lytton Strachey and the Bloomsbury Group*, London 1968

Katherine Mansfield, *Tagebuch*, Hg. M. A. Schwendimmann, Stuttgart 1975

Katherine Mansfield, *Das Leben sollte sein wie ein stetiges, sichtbares Licht, Briefe, Tagebücher, Kritiken*, Hg. Christel Schütz, Frankfurt a. M. 1983

Claire Tomalin, *Katherine Mansfield. Eine Lebensgeschichte*, Frankfurt a. M. 1990

Dora Carrington, *Letters and Extracts from her Diaries*, Hg. David Garnett, London 1970

Michael Holroyd, *Carrington*, Reinbek 1995, gekürzte Ausgabe von »Lytton Strachey« mit einem Vorwort von Michael Holroyd

Jane Hill, *Dora Carrington, Leben zwischen Kunst und Liebe. Eine Biographie*, München 1995

Catherine Pozzi: »*Paul Valéry. Glück, Dämon, Verrückter*«. *Tagebuch 1920-1928*, Hg. Max Looser, Frankfurt a. M. 1995

Catherine Pozzi, *Journal de Jeunesse 1893-1906*, Hg. Claire Paulhan und Inès Lacroix-Pozzi, Paris 1995

Friedhelm Kemp, »*... das Ohr, das spricht*«. *Spaziergänge eines Lesers und Übersetzers*, München 1989

Paula Modersohn-Becker, *Briefe und Tagebuchblätter*, Hg. Sophie Dorothee Gallwitz, München 1920 ff.

Liselotte von Reinken, *Paula Modersohn-Becker* mit Selbstzeugnissen und Bilddokumenten, Reinbek 1983

Marina Bohlmann-Modersohn, *Paula Modersohn-Becker, Eine Biographie mit Briefen*, Berlin 1995

Käthe Kollwitz, *Tagebücher und Briefe*, Hg. Hans Kollwitz, Berlin 1948

Käthe Kollwitz, *Die Tagebücher*, Hg. Jutta Bohnke-Kollwitz, Berlin 1989

Catherine Krahmer, *Käthe Kollwitz* mit Selbstzeugnissen und Bilddokumenten, Reinbek 1981

Eros und Sexualität

Anaïs Nin, *Die Tagebücher der Anaïs Nin*, Band 1-7, Hg. Gunther Stuhlmann, München 1979-1982

Anaïs Nin, *Das Kindertagebuch 1914-1919 und 1919-1920*, München 1981

Anaïs Nin, *Henry, June und ich. Intimes Tagebuch*, Bern/München/Wien 1989

Anaïs Nin, *Haus des Inzests*, München 1987

Anaïs Nin/Henry Miller, *Briefe der Leidenschaft 1932-1953*, Bern/München/Wien 1989

Henry Miller, *Mein Leben und meine Welt*, Reinbek 1974
Henry Miller, *Un être étoilique*, in: The Criterium, 17. Oktober 1937
Linde Salber, *Anaïs Nin* mit Selbstzeugnissen und Bilddokumenten, Reinbek 1992
Deindre Bair, *Anaïs Nin*, New York 1995
Elsa Morante, *Traumtagebuch, Diario 1938*, Hg. Alba Andreini, Zürich 1990
Manfred Hardt, zu Elsa Morante in: *Geschichte der italienischen Literatur*, Düsseldorf/Zürich 1996
Undine Gruenter, *Der Autor als Souffleur, Journal 1986-1992*, Frankfurt a. M. 1995

Das zeitkritische Tagebuch

Simone Weil, *Cahiers I-III, Aufzeichnungen*. Hg. Elisabeth Edl und Wolfgand Matz, München/Wien 1991-1995
Simone Weil, *Die Einwurzelung*, München 1956
Simone Weil, *Schwerkraft und Gnade*, München, 1952
Simone Weil, *Fabriktagebuch und andere Schriften zum Industriesystem*, München 1978
Simone Weil, *Lettre à un religieux*, Paris 1951
Jacques Cabaud: *L'expérience vécue de Simone Weil*, Paris 1957
Jean-Marie Perrin et Gustave Thibon, *Simone Weil telle que nous l'avons connue*, Paris 1952
Angelica Krogmann, *Simone Weil* mit Selbstzeugnissen und Bilddokumenten, Reinbek 1970
Simone de Beauvoir, *Memoiren einer Tochter aus gutem Hause*, Reinbek 1960
Simone de Beauvoir, *In den besten Jahren*, Reinbek 1961
Simone de Beauvoir, *Der Lauf der Dinge*, Reinbek 1966
Simone de Beauvoir, *Alles in allem*, Reinbek 1972
Simone de Beauvoir, *Journal de guerre*, Hg. Sylvie Le Bon, Paris 1990
Simone de Beauvoir, *Die Mandarins von Paris*, Reinbek 1955
Simone de Beauvoir, *Ein sanfter Tod*, Reinbek 1965
Simone de Beauvoir, *Für eine Moral der Doppelsinnigkeit*, Reinbek 1993
Simone de Beauvoir, *Das andere Geschlecht*, Reinbek 1951
Simone de Beauvoir, *Das Alter*, Reinbek 1972
Die Zeremonie des Abschiedes und Gespräche mit Jean-Paul Sartre, Reinbek 1983
Christiane Zehl Romero, *Simone de Beauvoir* mit Selbstzeugnissen und Bilddokumenten, Reinbek 1978
Alice Schwarzer, *Simone de Beauvoir heute*, Gespräche aus zehn Jahren 1971-1982, Reinbek 1983

Sibilla Aleramo, *Tagebuch einer Frau 1945–1960*. Hg. Alba Morino, München 1980

Manfred Hardt, zu Sibilla Aleramo, in: *Geschichte der italienischen Literatur,* Düsseldorf/Zürich 1996

Sinaida Hippius, *Petersburger Tagebuch 1919,* mit einem Nachwort von Christa Ebert, Berlin 1992

Arkadi Vaksberg, *Alexandra Kollontai,* Paris 1996

Luise Rinser, *Gefängnistagebuch,* München 1946

Anne Frank, *Das Tagebuch der Anne Frank.* In der Fassung von Otto Frank und Mirjam Pressler, Frankfurt a. M. 1988

Bildnachweis

Personenregister

Adler, Alfred *93*
Adorno, Theodor W. *49*
d'Agoult, Marie *40, 52*
Aleramo, Sibilla *218, 244 ff.*
Alexander I. Pawlowitsch, Zar *57 f.*
Alexander II. Nikolajewitsch, Zar *81*
Allendy, René *190, 193*
Amiel, Henri Frédéric *11, 16, 24*
Andreas, Friedrich Carl *88 ff.*
Andreas-Salomé, Lou (Louise) *51, 86 ff., 202*
Andreini, Alba *204*
d'Annunzio, Gabriele *245*
Apollinaire, Guillaume *246*
Arendt, Hannah *106*
Ariost, Ludovico *205*
Aristoteles *13*
Arnim, Bettina von *52*
Arnstein, Fanny von *104*
Aron, Raymond *240*
Artaud, Antonin *193*
August II., der Starke *36*
Augustinus *14*
Aurel, Marc *14, 24*

Bäumer, Gertrud *100*
Baker, Ida *127 f., 130 f., 133 f.*
Barbellion, W. N. P. *49*
Barbey d'Aurevilly, Jules Amédée *153*
Barlach, Ernst *176, 179*
Barrucand, Victor *62*
Bashkirtseff, Maria Konstantinowa *10, 22, 43 ff., 70, 136, 153, 156, 163*
Bastien-Lepage *43, 48*
Bataille, Georges *212, 238*

Bauck, Jeanne *162*
Baudelaire, Charles *18, 22 f., 36*
Beauchamp, Kathleen *126 ff.*
Beauvoir, Simone de *218, 221, 229 ff.*
Bebel, August *71, 258*
Becker, Mathilde *160*
Belbeuf, Marquise de (Missy) *96 f.*
Bell, Clive *117, 120*
Bell, Quentin *109, 112, 116*
Bell, Vanessa *113, 117, 144*
Belyj, Andrej *252, 255*
Bendall, Edith *128*
Berger, Ludwig *52*
Bernhardt, Sarah *153*
Bielinski, V. G. *58*
Bingham, Henrietta *149*
Bizet, Georges *153*
Blanchot, Maurice *108*
Blok, Alexander *252, 255*
Boccioni, Umberto *246*
Bogner, Inge *200*
Boine, Giovanni *247*
Bonnard, Pierre *167*
Boswell, James *15*
Bourdet, Claude *157 f.*
Bourdet, Edouard *157 f.*
Bourges, Michel de *41*
Bowden, George *130 f., 134*
Branch, Lesley *60*
Brenan, Gerald *139, 148*
Brentano, Clemens *103*
Breton, André *196, 212*
Brett, Dorothy *140, 144*
Brontë, Charlotte *109*
Brown, Thomas *49*
Buch, Hans Christoph *60, 64*

Byron, Lord *15*

Calderón de la Barca *205, 209*
Campana, Dino *247*
Camus, Albert *238*
Carco, Francis *131f.*
Carderelli, Vincenzo *246*
Carrington, Dora *109, 116, 139ff.*
Carrington, Noël *146*
Cassirer, Paul *175*
Cato *82*
Cavaillet, Mme de *153*
Cena, Giovanni *245f.*
Cervantes, Miguel de *205*
Chartier, Emile (Alain) *220f.*
Chopin, Frédéric *38*
Cioran, E. M. *17, 212*
Clarac, Claude *68*
Claudel, Paul *226, 232*
Coleridge, S. T. *34f.*
Colette, Sidonie-Gabrielle *95ff.,
149, 245*
Conrady, Karl Otto *29*
Constant, Benjamin *9, 11, 16, 25f.,
28*
Corinth, Lovis *178*
Croce, Benedetto *246*
Crusius, Martin *15*
Custine, Adolphe de *100*

Daan, Peter van *268ff.*
Damiani, Felice *245*
Dante Alighieri *75*
Darrington, Minette *142*
Debussy, Claude *46*
Dickens, Charles *109*
Didier, Béatrice *11*
Dos Passos, John *232*
Dostojewskij, Anna G. *20*
Dostojewskij, Fjodor Michailo-
witsch *36, 76ff., 112, 115, 132*
Drucks, Renate *200*

Dürer, Albrecht *14, 149*
Durell, Laurence *182*
Durow, Wassilij *58*
Durowa, Nadežda A. *55ff.*
Duse, Eleonora *247*

Ebbinghaus, Hermann *88*
Eberhardt, Isabelle (Mahmoud
Sadi) *50f., 59ff., 66, 70*
Eckermann, Johann Peter *18*
Einstein, Albert *179*
Eliot, T. S. *115, 218*
Elkaim-Sartre, Arlette *236, 243*
Eluard, Paul *250*
Emerson, R. W. *245*
Engels, Friedrich *258*
Erenz, Benedikt *21*
Ernst Heinrich von Sachsen, Prinz
180
Ernst, Max *196*
Esher, Viscount *140*

Fanchette, Jean *182*
Faulkner, William *232*
Fernet, André *157*
Feuerbach, Ludwig *87*
Fillossofow, D. W. *252*
Finck von Finckenstein, Karl Graf
102
Flaubert, Gustave *36*
Forster, E. M. *115*
Fourier, Charles *87*
France, Anatole *96, 153*
Frank, Anne *218, 262, 266ff., 276*
Frank, Otto *266ff.*
Freud, Anna *91, 94*
Freud, Sigmund *51, 92ff., 193*
Friedrich II., König *102*
Friess, Alfred *74*
Fry, Roger *109, 122, 140*

Gauguin, Paul *61*

Gauthier-Villars, Henry (Willy) *95ff.*
Genet, Jean *149, 238*
George, Stefan *160*
Gerace, Vincenzo *246*
Gerhard, Marlies *106*
Gerkner, Heinrich *258*
Gertler, Mark *140, 142 f.*
Giacometti, Alberto *238*
Gide, André *61, 95, 220, 232*
Gies, Miep *266*
Gillot, Hendrik *87, 90*
Giraudoux, Jean *227*
Goethe, August von *29*
Goethe, Johann Wolfgang von *11, 15, 18, 30, 32, 51, 104 ff.*
Goethe, Ottilie von *28 ff.*
Gombrowicz, Witold *215*
Goncourt, Edmond und Jules de *65, 153*
Gorki, Maxim *115, 245, 255*
Goudeket, Maurice *97 f.*
Gounod, Charles *53*
Goya, Francisco de *150*
Groethuysen, Bernhard *173*
Gruenter, Rainer *210, 213 f.*
Gruenter, Undine *181, 210 ff.*
Guiler, Hugh (Ian Hugo) *186, 191, 193 f., 197, 200 f., 203*
Gurdijeff, G. J. *137*

Häseler, Amelie *32*
Hamilton, Herzog von *43*
Hamm, Peter *153*
Hardenberg, Fürst von *104*
Hardt, Manfred *206*
Hauptmann, Gerhart *169 ff.*
Heidegger, Martin *212*
Heike, Ferdinand *30*
Heine, Heinrich *36, 52, 55, 100, 106*
Hemingway, Ernest *232*
Hensel, Wilhelm *52*

Herterich, Ludwig *170*
Herz, Henriette *53, 99*
Herzen, Alexander *80, 82, 85*
Hills, Jane *140, 143*
Hippius, Sinaida *218, 251 ff.*
Hitler, Adolf *94, 179, 222, 227, 237, 248, 273*
Hocke, Gustav René *9 f., 12 f., 15 ff., 19, 21, 23, 108, 173, 217, 276*
Hofmannsthal, Hugo von *22 f., 25, 44, 46*
Holroyd, Michael *142 f.*
Houben, Hans Heinrich *31*
Humboldt, Wilhelm von *26, 101*
Husserl, Edmund *232*
Hutchinson, Mary *35*
Huxley, Aldous *109, 139, 142*

Ibsen, Henrik *71, 90, 245*
Isherwood, Christopher *125*

James, Henry *109, 117*
Jean Paul *71*
Jouvenel, Bertrand de *97*
Jouvenel, Henry de *97*
Joyce, James *115, 120, 137, 244*
Jung, C. G. *93, 193*

Kafka, Franz *181, 232*
Kalmikoff, Alexandra *173*
Katharina II., Zarin *86*
Keats, John *136*
Kerenskij, A. F. *253*
Keynes, Maynard *143*
Kierkegaard, Sören *16, 24, 181*
Klages, Ludwig *74 ff.*
Kleist, Heinrich von *103*
Klinger, Max *170*
Königsmarck, Maria Aurora von *36*
Kollontaj, Alexandra *10, 218, 258 ff.*
Kollontaj, Wladimir *258*

Kollwitz, Hans *170, 176*
Kollwitz, Käthe *109, 169 ff.*
Kollwitz, Karl *170, 174 ff., 178 f.*
Kollwitz, Peter *170, 174 ff.*
Kosakiewicz, Olga *236*
Krogmann, Angelica *222, 226*
Kuliscioff, Anna *245*

Lafontaine, Jean de *95*
Lamartine, Madame de *20*
Lanzmann, Claude *241*
Lawrence, D. H. *131, 142, 187 f.*
Lawrence, T. E. *61*
Le Bon, Sylvie *243*
Le Clézio, J.-M.-G. *95*
Le Grys, Mrs. *114*
Leibniz, G. W. *232*
Leiris, Michel *238, 240*
Lenin, W. I. *258, 261*
Lessing, Theodor *51*
Letord, Eugène *61*
Levin-Varnhagen, Rahel *99 ff.*
Levi-Strauss, Claude *232*
Lewald, Fanny *36, 54 ff.*
Liebermann, Max *171*
Liebknecht, Karl *176 f., 258*
Liszt, Franz *40 f., 52*
Looser, Max *158*
Lorrain, Jean *153*
Loti, Pierre *61, 64*
Louis-Ferdinand von Preußen,
    Prinz *106*
Loyola, Ignatius von *17*
Luxemburg, Rosa *177, 225, 258*
Lyautey, Hubert *62*

Maata Mahupuka *127*
MacCarthy, Desmond *116*
Maillart, Ella *68*
Maillol, Aristide *167*
Mann, Erika *67 f.*
Mann, Heinrich *36, 179*

Mann, Klaus *67 f.*
Mansfield, Katherine *10 f., 22, 109,*
    115, 125 ff., 142, 153
Mantegna, Andrea *166*
Marcel, Gabriel *218*
Markewitsch, Marija M. *82*
Martin du Gard, Roger *67*
Marx, Karl *258*
Matacotta, Franco *247 ff.*
Maupassant, Guy de *43, 72*
Maurois, André *36*
Melville, Herman *205*
Mendelssohn, Franziska (Fanny)
    22, 51 ff., 102
Mendelssohn, Lea *52*
Mendelssohn, Moses *51, 103*
Mendelssohn-Bartholdy, Felix
    51 f.
Merezkowskij, Dmitrij *251 ff.*
Mérimée, Prosper *38*
Merleau-Ponty, Maurice *232, 240*
Mertens-Schaaffhausen, Sibylle
    32 f.
Meysenburg, Malwida von *87*
Miller, Henry *182, 18, 188 ff., 199*
Miller, June *182, 188 f., 192 f., 195*
Millet, Jean-François *43*
Millet, Kate *243*
Milow, Margarethe Elisabeth *21*
Mirabeau, Honoré Gabriel,
    Graf von *101*
Modersohn, Otto *160, 163, 165 ff.*
Modersohn-Becker, Paula *109,*
    165 ff.
Montaigne, Michel de *15, 276*
Montessori, Maria *245*
Moore, Leslie *128*
Morante, Elsa *181, 203 ff.*
Moravia, Alberto *203 ff., 207, 209*
More, Gonzalo *195, 197*
Morino, Alba *247, 250*
Moro, Aldo *205*

Morrell, Ottoline *113, 116, 133, 142*
Morrell, Philip *113, 116*
Müller, Nicole *67*
Murry, John M. *126, 131ff.*
Musset, Alfred de *38f.*
Mussolini, Benito *248*

Napoleon Bonaparte *25, 57, 103f.*
Necker, Jacques *28*
Neruda, Pablo *195*
Nietzsche, Friedrich *36, 87ff., 169*
Nin, Anaïs *9, 12, 16, 181ff., 204, 213, 276*
Nin y Castellanos, Joaquín *184f., 192f.*
Noailles, Anne de *96*
Novalis *101*
Nozière, Violette *99*

Olivier, Albert *240*
Opel, Margot von *68*
Orff, Carl *262*
Osann, Gottfried *31*
Oum-El-Hassan *97*
Overbeck, Johann-Friedrich *53*
Ozouf, Mona *96, 98*

Pagello, Pietro *39*
Papini, Giovanni *246*
Partridge, Ralph *146ff., 150*
Pascal, Blaise *24*
Pasolini, Pier Paolo *205*
Pasternak, Boris *91*
Paulhans, Jean *160*
Pavese, Cesare *181*
Penrose, Bernard *149*
Pepys, Samuel *15, 19, 109*
Perikles *18*
Perret, Roger *67f.*
Perrin, Jean-Marie *226*
Peter der Große, Zar *85*
Picasso, Pablo *238, 250*

Pineles, Friedrich *91*
Pirandello, Luigi *245*
Platon *13, 212*
Pogwitsch, Henriette von *29*
Pole, Rupert *199ff.*
Poletti, Lina *246*
Pontormo, Jacopo da *14*
Potocka, Gräfin *153*
Pozzi, Catherine *152ff., 209*
Pozzi, Samuel *153, 157*
Pressler, Mirjam *267*
Proust, Marcel *96, 153, 244*
Puschkin, Alexander S. *56, 58f.*

Quasimodo, Salvatore *247*
Quincey, Thomas de *34*

Rachilde *96, 246*
Ranke, Otto *193f.*
Rechenberg-Linten, Baron *76*
Rée, Paul *86f.*
Reventlow, Else *72, 74*
Reventlow, Franziska zu *70ff.*
Reventlow, Rolf *73, 75*
Richthofen, Frida von *131*
Rilke, Rainer Maria *23, 73, 90, 152, 160, 164ff.*
Rimbaud, Arthur *60*
Rinser, Luise *218, 261ff.*
Rodin, Auguste *167, 169, 172, 246*
Rolland, Romain *140, 169*
Rosanow, Wassilij *84f., 252*
Rougemont, Denis de *18*
Rousseau, Jean Jacques *105*
Russel, Bertrand *142*

Sackville-West, Vita *113, 115, 119, 121*
Sade, Marquis de *18*
Sainte-Beuve, Charles *39*
Salber, Linde *91*
Salomé, Gustav von *86*

289

Sánchez, Eduardo *186, 193*
Sand, George *20, 22, 36 ff., 78*
Sandeau, Jules *38*
Sartre, Jean-Paul *229 f., 232 ff.*
Satkewitsch, Oberst *258*
Scheler, Max *93*
Schlegel, Dorothea *53*
Schnitzler, Arthur *274*
Schopenhauer, Adele *22, 28 ff.*
Schopenhauer, Arthur *87*
Schopenhauer, Johanna *29 f.*
Schumann, Clara *52*
Schumann, Maurice *228*
Schwarzenbach, Annemarie *66 ff.*
Scott, Walter *109*
Seneca *14*
Senhouse, Roger *149*
Serres, Michel *217*
Sert, Misia *153*
Seurat, Georges *112*
Sévigné, Marquise de *100*
Silone, Ignazio *261*
Simmel, Georg *172*
Sitwell, Edith *115, 143*
Sitwell, Sacheverell *143*
Slimene Ehnni *62, 65*
Slonim, Marc *78*
Snitkin, Anna G. *83, 85*
Sokrates *13*
Solokow, Alexander *57*
Souvarine, Boris *225*
Spender, Stephan *115*
Spiel, Hilde *43, 109, 112, 125 f., 136*
Spitzemberg, Baronin von *20*
Staël, Anne Louise Germaine de
   (geb. Necker) *20, 22, 25 ff., 104*
Stahr, Adolf *55*
Stalin, Josef W. *260 f.*
Starobinski, Jean *26*
Stein, Edith *220*
Stein, Gertrude *115*
Stender-Petersen *252*

Stendhal (Henri Beyle) *11, 16, 108*
Stephan, George *110, 112*
Stephen, Leslie *109 f.*
Storm, Theodor *70*
Strachey, Alix *149*
Strachey, Lytton *109, 112 f., 115,*
   122, 139 f., 142, 144 ff.
Straus, Emile *153*
Strawinsky, Igor *112*
Stuhlmann, Gunther *182, 201*
Suslowa, Apollinaria *76 ff., 87*
Suslowa, Nadežda *86*

Talleyrand, Charles Maurice *260*
Tanguy, Yves *196*
Thibon, Auguste *228*
Tizian *166*
Tönnies, Ferdinand *88*
Tolstoi, Leo *17, 71, 91, 112, 115, 140*
Tolstoi, Sofja A. *20*
Trofimowskij, Alexander *60*
Trotzki, Leo *222*
Trowell, Arnold *127, 129*
Trowell, Garnet *129 f.*
Troyat, Henri *78*
Tschechow, Anton *115, 130, 136,*
   205
Tschernyschewskij, G. *77, 87*
Turnemir, Gräfin Salias de *82*

Uhde, Wilhelm *173*

Vaksberg, Arkadi *261*
Valéry, Paul *12, 153, 157 ff., 232*
Varnhagen, Rahel (s. auch
   Levin-Varnhagen) *51, 99 ff.*
Varnhagen von Ense, Karl August
   103 f., 106
Veit, Philipp *53*
Verga, Giovanni *205*
Vian, Michelle *241, 243*
Vidal, Gore *199*

Vinci, Leonardo da *14*
Voltaire *59*
Vuillard, Eduard *167*

Weil, Abraham *218*
Weil, Simone *21, 217ff., 237*
Weininger, Otto *46*
Weissweiler, Eva *53*
Wellington, Herzog von *104*
Wersthoff, Carla *91, 164, 166ff.*
Wiegand, Bernhardt *162*
Wiesel, Pauline *106*
Wilde, Oscar *61, 127f., 245*
Wollstonecraft, Mary *140*

Woolf, Leonard *22, 113f., 116f., 123f., 142, 145, 151*
Woolf, Virginia *12, 22, 108ff., 132f., 139f., 142, 144f., 148, 151, 199, 244, 276*
Wordsworth, Dorothy *20, 33ff.*
Wordsworth, William *34f.*
Wotton, Henry *151*

Young, Marguerite *200*

Zaza *231f., 234*
Zweig, Arnold *179*
Zweig, Stefan *245*